물의 신 나가

Naga: Cultural Origin in Siam and the West Pacific

First published by Oxford University Press, Singapore 1988
Second Printing in paperback by Oxford University Press, Singapore 1989
Third Printing in paperback by Chalermnit Press and DD Books, Bangkok 1997

Naga editions in Thai, Bangkok 1986; English, OUP Singapore 1988; and Japanese, Tokyo 1992.

This Korean edition first published in 2014 by Institute for Southeast Asian Studies, Busan University of Foreign Studies, Busan, South Korea

물의 신 나가(Naga): 태국과 서태평양의 문화적 기원

초판인쇄 2014년 10월 10일
초판발행 2014년 10월 10일

지은이 쑤멧 춤싸이
옮긴이 노장서 · 김인아
펴낸이 김재광
펴낸곳 솔과학

출판등록 제 10-140호 1997년 2월 22일
주소 서울시 마포구 염리동 164-4 삼부골든타워 302호
대표전화 02)714-8655
팩스 02)711-4656
⊙ 이 역서는 2014년 정부 교육과학기술부의 재원으로 한국연구재단의 지원을 받아 수행된 결과임
(NRF-2009-362-B00016)

ISBN 978-89-92988-68-1

물의 신 나가

태국과 서태평양의 문화적 기원

쑤멧 춤싸이 저
노장서·김인아 공역

솔과학

서문

나는 풀러(R. Buckminster Fuller) 교수와 이 책을 공동저술하기 위한 논의를 1977년에 처음 시작했다. 풀러 교수는 동남아시아에 뿌리를 두는 문명들의 기원에 관해 쓰고, 캠브리지 대학교의 조셉 니담(Joseph Needham) 교수와 조셉 릭쿼트(Joseph Rykwert) 교수의 학생 시절이었던 1960년대부터 수집한 자료들을 활용해 그의 종합적인 개념을 뒷받침하는 것이었다. 본서의 해양선사개관, 세계인구밀도분포의 중요성, 동아시아 및 동남아시아의 삼(三)방향짜기 및 서태평양 지역 고유의 해상건축에 관한 내용은 풀러 교수의 공적이다. 나는 조셉 니담 교수와 조셉 릭쿼트 교수에 대한 고마움을 결코 충분히 표현할 수 없을 것이다.

1979년부터 1982년까지 나의 관심은 태국의 문화적 기원을 다루었던 나의 기존 저서와 대응하는 주제를 다루는 쪽으로 바뀌었다. 락싸나타이(Lak-sana Thai)라고 명명된 시리즈의 하나로 1982년에 타이어로 발간된 『남』(Nam, 물-역자주)이라는 간단한 제목의 내 저서가 본서를 완성하는데 중요한 발판이 되었다. 나는 본서의 출간에 도움을 준 많은 이들에게 감사의 뜻을 전하고 싶다. 특별히 연구기금을 제공해 준 방콕은행(Bangkok Bank), 지도와 편집을 도와 준 멈 루웡 크릿 쁘라못(Kukrit Pramoj) 및 니언 싸닛웡(Ni-on Snidwongs) 박사, 그리고 내 연구 동료들인 분욕 탐타이(Bun-yok Tamthai), 분롱 씨까녹(Bulong Sikanok), 티라차이 깜푸(Thirachai Kambhu) 및 르타이 짜이쫑락(Rutai Chaichongrak) 등에게 고마움을 전

한다

『남』발간 후, 나는 다시 이 책을 완성하기 위한 작업을 시작했지만 다수의 건축 프로젝트를 수행해야 했기 때문에 간헐적인 진전만 이룰 수 있었다. 이 기간 동안 풀러 교수가 원래 서론이었던 부분을 집필했으나 내게 단독저자로서 이 책의 저술을 계속하도록 제안했다.

1983년에 그가 사망하여, 나는 입수할 수 있는 자료를 가지고 이 책을 완성하기로 결심했다. 본서는 나의 타이어 저서인『남』을 바탕으로 저술하였으며, 전체적으로 서태평양 지역을 보다 강조하기 위해 몇 가지 부분을 더 확대하였다. 아울러 저서의 일관성을 위해 풀러 교수가 집필했던 서론 부분을 별도의 장으로 두지 않고 본문 속으로 집어넣었다. 나의 개인적인 배경을 감안한다면, 본서에서 특히나 태국에 관한 자료가 강조되었다는 점은 피할 수 없는 일이다.

마지막으로 마이클 스미시즈(Michael Smithies) 교수가 이 책의 초안을 여러 차례 읽고 조언을 해준데 대해 감사드린다.

방콕 1987년 7월

쑤멧 춤싸이(Sumet Jumsai)

한국어판 서문

옥스퍼드대학교 출판부(OUP, Singapore)에 의해 초판(1988)과 재판(1989)이 발간된 지 얼마 지나지 않아서 『나가』(Naga. 본서의 제목인 나가는 뱀을 의미하는 싼스크리트어-역자주)는 절판되었다. 옥스퍼드대학교 출판부와의 저작권 계약에 따라 카지마연구소출판부(Kajima Institute Publishing)가 1992년 동경에서 출판한 일본어판도 마찬가지였다. 그 이후 출판권은 내게로 되돌아왔고 나는 책을 재출간하도록 재촉 받았다.

되돌아보면 『나가』는 아시아태평양 지역이 물을 기반으로 하는 공통의 문화적 기원을 공유한다는 명제에 있어서는 늘 도발적인 책으로 남아있다. 1988년에 이 책이 처음 등장한 이후, 새로 수집된 수많은 자료들은 이 주제를 더욱 강화시켰을 뿐 아니라 세계의 먼 지역과의 유사한 문화적 연계고리들로까지 지평을 확대시켰다. 이상적으로는 새로 취득된 정보를 포함시키고, 고대 이집트 및 전(前)-콜롬비아 아메리카에의 사례에서처럼 아직까지 인식되지 않았던 항해 특성을 포함하는 문화적 기원들을 포함시켜 이 책의 내용을 확대해야 했다. 잠정적으로 나는 빙하기말부터 이루어진 아시아 본토로의 연속적인 해양 이주 물결과 대륙 내부로의 연속적 침투에 대한 아이디어를 보다 상세하게 탐구하는 후속편을 쓰려고 했었다. 내가 마음에 두고 있던 책은 풀러 교수가 미처 실현하지 못한 저서인 『나가에서 에덴까지, 기원전 5만 년에서 기원전 만 년까지(Naga to Eden, 50,000 BC to 10,000 BC)』에 존경을 표하는 의미로 『나가에서 드래건까지(Naga to Dragon)』를 제목으로 하려고 하였다. 책의 내용은 서태평양의 해안과 니체의 『비극의 탄생과 도덕의 계보 (The Birth of Tragedy and the Genealogy of Morals)』에서 극적으로 묘사되고 있는 물기반 생활로부터 육지기반 삶으로의 다윈(Darwin)의 변형(이 책의 261, 262페이지를 보라)까지만 범위를 한정하려고 했다.

그러던 중 1998년에 스티븐 오펜하이머(Stephen Oppenheimer)가 저술한 『동쪽의 에덴(Eden in the East)』이 출간되었는데, 이 책은 동남아시아의 침수된 대륙에 관한 연구 분야에서 중요한 저서이자 이정표와도 같았다. 이 책의 저자는 과학자로서 빙하기말 해수면의 상승 이후의 사건과 문화전파를 심도 있게 탐구했다. 이 연구는 주로 언어와 유전적 정보를 바탕으로 하며, 아울러 동아시아, 이집트 그리고 성서에 등장하는 근동 지역의 신화와 상징을 포함한다. 나는 스티븐 오펜하이머와 故 버크민스터 풀러와 같이 자신들의 저술이 이미 확립된 학문분야를 침범하여 학계에 불쾌함을 야기할 수 있는 자들의 운명에 대해 공감하는 바이다.

방콕 2014년 6월

쑤멧 춤싸이(Sumet Jumsai)

역자 서문

이 책은 물의 상징 나가(naga)의 기원과 물기반 문명의 특성에 대해 논구하고 있는 쑤멧춤싸이 박사의 역저 「NAGA」의 제 3판(1997년)을 번역한 것이다. 옥스퍼드대학교출판부에서 1, 2판이 발간된 바 있으며, 1992년에는 일본어로 출간되기도 했다. 저자인 쑤멧춤싸이 박사는 영국 케임브리지대학에서 건축학 박사학위를 취득하고, 그곳의 강단에 선 바 있다. 태국을 대표하는 건축가로서 방콕의 로봇빌딩, 네이션빌딩 등 기념비적인 건축설계를 선보였으며, 그의 작품들은 1996년 베니스 비엔날레에 전시되었다. 이 같은 업적 때문에 그는 1998년에 태국국가예술가로 선정되었다.

저자는 문명의 형태를 물기반 문명과 육지기반 문명으로 구분하며 그 절충태로서 수륙양서의 문명이 존재한다는 주장을 펼친다. 물기반 문명은 주로 나무를 사용하여 건축하며 유연성과 융통성이 특징이다. 현대 문명은 그가 말하는 압축적 재료 기반의 고에너지 문명이다. 오늘날 도처에서 나타나고 있는 현대 문명의 폐해를 극복 또는 보완하기 위해서 물기반 문명의 본능을 회복해야 함을 시사하고 있다.

저자의 견해에 따르면 물기반 문명의 원천은 동남아시아이다. 빙하기말부터 시작된 해수면의 급작스러운 상승으로 육지가 후퇴하면서 동남아시아인들의 북상을 초래했다. 저자의 이 같은 주장은 최근 축적되고 있는 유전학적 연구 성과에 의해 상당 부분 지지된다. 2009년 발표된 아시아지역 인간게놈연구회(HUGO, Pan-Asia) 소속회원들의 아시아지역 73개 인종에 대한 유전자(DNA)분석 결과, 동남아시아인들이 동북아시아로 이동했음이 밝혀졌다. 이동경로는 벼농사 전파경로와 일치한다. 고고학적 성과나 신화학적 연구에 따르면 우리 민족의 기원은 북방 유목민사회와 벼농사를 가지고 들어온 남방 농경민사회의 결합을 통해 형성된 것으로 본다.

자 그렇다고 한다면 우리의 문화적 DNA는 어떤가? 과연 저자가 주장하는 물기반문명의 문화적 공통분모를 우리 문화 속에서 찾아볼 수 있을까?

우리의 전통 주거지인 한옥을 살펴보자. 한옥에는 물기반문명의 문화적 공통분모가 종합적으로 나타난다. 한옥의 대청마루는 남방식 고상가옥의 유산이다. 물론 한옥에는 구들장이라는 북방식 난방구조도 함께 있어 남방과 북방의 절묘한 조화를 볼 수 있다. 또한 우리는 주거공간에서 좌식을 기본으로 하는데 저자의 의견에 따르면 좌식생활은 남방 수상문화의 특징이다. 방문과 창의 문살에 창호지를 붙이는 것은 저자가 주장하는 물기반문화의 특징 중 하나인 '막 씌우기(diaphragm)' 전통의 하나로 해석할 수 있다. 게다가 평고대를 바탕으로 추녀와 처마가 만들어 내는 3차원적인 곡선은 인도네시아 바탁(Batak)족의 전통가옥과 상통한다. 한편 한옥의 건축 제의(祭儀)는 태국 고상가옥의 제의와 너무나 유사하며, 상량식에서는 용과 거북을 상량문에 써넣음으로써 물의 상징을 불러들인다. 한옥의 원형인 고상가옥의 존재는 가형토기, 고분벽화, 집터 등 고대의 유물과 유적을 통해서도 확인되는데, 특히 가야지역에서 발굴된 가형토기는 동남아시아적 요소가 강한 특징을 보여준다.

사진: 물기반 문화의 흔적을 보여주는 상여 행렬. 횡성 회다지소리 공연 중에서

삶의 공간이 아닌 죽음의 공간으로 눈을 돌리면 우리나라의 상여는 태국의 장례대차와 너무도 흡사하다. 태국과 마찬가지로 우리의 상여에도 앙장(仰帳)이라고 하는 덮개가 있으며 이는 저자의 주장에 따르면 배의 돛에서 유래

한 수생적 문화의 흔적이다. 게다가 태국의 장례대차는 쌍동선의 현외장치를 연상시키는 나가(naga)썰매가 있지만 우리의 상여에는 대신 두 마리의 용이 장식되어 있다.

이상 열거한 것들은 빙산의 일각에 불과하다. 만일 이 분야에 대한 본격적인 연구가 이루어진다면 먼 옛날 동남아시아로부터 유래한 우리의 수생적 본능에 대한 면모가 밝혀질 것이다. 이 책에서 저자는 마치 예언자처럼 우리의 수생적 본능을 일깨우라고 외친다. 이렇게 함으로써 우리는 저자의 표현대로 다가오는 빙하기를 대비할 수 있거나, 아니면 작금의 지구온난화 시대의 해법을 찾을 수 있을지도 모른다.

마지막으로 이 책의 발간을 결정해주시고 온갖 지원을 아끼지 않으신 부산외국어대학교 동남아지역원 박장식 원장님께 감사를 드리며, 어려운 용어에 대한 한국어 표기를 감수해 주신 부산외국어대학교 태국어과 김홍구 교수님께도 심심한 감사를 드린다.

2014년 10월

노장서 · 김인아

목차

서론

물의 상징

세상의 그 어떤 지역도 동아시아나 동남아시아만큼 수많은 물의 상징을 가지고 있지는 않은 것 같다. 특히 태국(저자는 본서에서 태국을 'Siam'으로 쓰고 있다. 본서를 번역함에 있어 'Siam'은 '태국'으로, 'Siamese'는 '태국–' 등으로, 'Thai'는 문맥에 따라 '타이–' 또는 '타이어(語)' 또는 '태국–'으로, 'Thais'도 문맥에 따라 타이족 또는 타이인으로 번역하였다. 이들 용어에 대한 자세한 설명은 본서의 용어해설 말미를 볼 것–역자주)에서는 제의, 문학, 무용, 민속, 회화, 조각, 건축 또는 도시계획 등 어떤 분야에서든 물과 관련된 다수의 속성들이 그 기초를 이루고 있다. 본 저술의 목적은 이 같은 현상을 설명하고자 하는 것이다.

이에 대해 뚜렷하게 드러나는 개념적 제약들이 존재한다. 한 가지는 문자의 발명과 더불어 시작된 역사와 문명이 비옥한 초승달지대(Fertile Crescent. 비옥한 초승달지대는 나일 강과 티그리스 강, 페르시아 만을 연결하는 고대 농업 지대를 일컫는다–역주)와 이집트에서 시작되어 일반적으로 북회귀선 북쪽에 위치하는 지중해 문명과 기타 문명들로 파급되었다고 보는 통념이다. 이 통념에 따르면, 북회귀선의 남쪽지역은 (북회귀선의 북부지역에서) 구축한 문명의 수용지다. 하지만 약 1만 년 전 문명의 저수지가 북위 20도에서 남위 20

도 사이에 있는 지역, 특히 동남아시아 지역에 존재했던 것으로 여기는 권위자들이 점차 증가하고 있다.

또 다른 제약은 동남아시아에서의 예술과 건축은 다른 문화부문과 마찬가지로 그 뿌리를 원칙적으로 힌두교-불교의 우주적 모델에 두고 있다는 주장인데, 그 모델의 근본 자체에 대해 의문을 제기해 볼 필요가 있다. 게다가 예술사학자들 가운데 특히 동남아 지역을 연구하는 예술사학자들은 비정형적 예술을 경시하고 정형적 예술과 건축만을 중시하는 경향을 보여 왔다. 본서에서는 문화적 기원의 맥락에서 과거와 연계되는 고리를 찾기 위해 이 두 가지 예술형태를 모두 살펴 볼 것이다.

비록 태국의 사례에 연구가 집중되기는 하겠지만, 전반적인 주제들은 동남아시아와 동아시아의 내륙지역을 포함한 서태평양 전역과 관련된다. 이 지역에서 등장하여 오늘날까지 이어지고 있는 행동과 건축 환경에서의 양식들이 본서에서 밝혀질 것이다.

태평양

문명의 발달을 야기한 인간의 활동이 지구표면의 3분의 1을 차지하고 있는 광대한 태평양에서 시작되었다고 상상하기란 쉽지 않을 것이다. 아마도 이것은 모든 문명적 활동이 육지에서 기원했다고 하는 편견 때문일 것이다.

세계 각지의 문명들은 상당 부분 겹치기는 하지만 일반적으로 그들의 기원과 전파 및 상호작용을 추적하고 설명해내는 것은 가능하다. 태평양을 중심으로 서로 반대편 대륙에 존재하는 문명들의 경우 그 문명들이 지니고 있는 유사성들을 어떻게 설명할 수 있을 것인가에 대해서는 의견이 나누어진다. 다수의 지지를 받고 있는 것은 알루샨 열도(Aleutian Islands)와 빙하가 아시아와 아메리카 사이를 연결하는 육로교를 형성했을 때 양 대륙 간 문화적 결합이 바로 육상에서 이루어졌다는 견해이다.

반면 선사문명의 혁신적 연구가인 토르 헤이에르달(Thor Heyerdhal)은 태평양 양안(兩岸)의 문명을 포함하는 주요 세계문명들이 해양의 항해를 통해 연결된 것으로 보인다는 시나리오를 제시하였다. 스스로의 항해 기록과 고고학적 탐사를 근거로 하는 그의 논지에 따르면 지중해 문명이 항해를 통해 대서양을 건너 신세계에 뿌리를 내리고 다시 거기에서 훔볼트 해류(Humboldt Current)(페루에 위치한 해류이다-역주)와 함께 태평양을 가로질러 폴리네시아로 흘러 들어갔다는 것이다. 서태평양과 동남아시아 문화가 알루샨 열도를 통해 아메리카로 전해 졌다는 간단한 언급을 제외하고는 그가 주장하는 문명의 이동 방향은 서쪽 방향이었다.

인류의 대이동

다윈의 이론은 영장류로부터 인류로의 진화가 통상 아프리카에서 발생한 것으로 간주하고 있다. 이것은 아마도 인류의 기원에 관한 조사가 아프리카에서 많이 실시되었기 때문인 것 같다. 근 반세기 동안 리키(Leakey)가문(영국의 고고학자인 루이스와 메리 리키 Louis and Mary Leakey 부부 및 아들 리차드 리키 Richard Leakey를 지칭한다-역주)이 동아프리카에서 발굴을 실시하여 이 지역에서의 인류 진화 규명에 상당한 공헌을 했다. 그가 북부 탄자니아에서 최근 발견한 발자국 화석은 인류의 역사가 4백만 년 전까지 거슬러 올라갈 수 있음을 증명했다. 『기원(Origins)』이라는 제목으로 발행된 저서에서 그들은 인류가 아프리카에서 유럽을 거쳐 아시아로 이주하였다고 추정한다[1].

하지만 1979년 5월 미얀마 만달레이(Mandalay) 서부에 위치한 뽕두앙(Ponduang)에서 영장류 화석들이 발견되었다. 4천만 년 전까지 거슬러 올라가는 동일한 종류의 화석 가운데 가장 오래된 이 화석들을 발견함으로써 영장류가 동남아시아에서 기원하여 서아시아를 거쳐 아프리카로 이주했다고 추측하게 되었다.

사실상 아주 최근까지도 영장류와 인류 진화의 긴 과정에 대해 알려진 바가 많지는 않다. 이것은 동남아시아의 경우 특히 더 그렇다. 지금까지 동남아시아에서 가장 앞선 원시인류는 호모 에렉투스(Homo erectus)타입의 아동 두개골이다. 이것은 백만 년에서 3백만년 가량된 것이며 동부 자바의 모조케르토(Mojokerto)에서 발견되었다. 1941년 메간트로푸스(Meganthropus)라고 불리는 타입의 인류화석이 중부자바의 상이란(Sangiran)에서 발굴되었는데 모조케르토 두개골보다는 약간 후기의 것이다[2].

빙하작용

인류와 그의 직계조상들은 적어도 4백만 년 간 지구상에 존재해왔으며 제 3기가 끝난 이후에도 수많은 빙하기를 거치면서도 살아 남아왔다.

세계는 전캄브리아기(Pre-Cambrian period)로 알려진 시기, 즉 6백만 년 전부터 시작된 빙하기를 여러 번 겪어왔다. 각 빙하기는 전

---

1) Richard E. Leakey and Roger Lewin, Origins, Macdonald and Jane's, London, 1977. pp.88, 117.

2) Peter Bellwood, Man's Conquest of the Pacific, Collins, Auckland, 1978, p. 38.

빙하기의 흔적을 지워버렸다. 그래서 빙하기에 대해 우리가 아는 것은 가장 최근의 빙하기와 일치한다.

지구가 차가워지면서 북반구에 서식하는 양족(兩足)동물이나 여타 생물체들이 남쪽으로 이주했다. 북회귀선 상부에서는 오직 소수의 집단만이 생존할 수 있었으나, 인간은 동결기후에 적응하는 놀라운 능력을 보여 주었다. 북위 40도에 있는 북경부근 초우코우티엔(Choukoutien: 周久店. 중국 베이징에서 남서쪽으로 약 40여 킬로미터 떨어진 것에 있는 지역-역주) 동굴에서 발견된 북경원인의 유골은 무려 50만년까지 거슬러 올라간다. 유럽의 호모 라인달렌시스(Homo rheindahlensis)와 그 보다 늦은 빙하기 후기에 살았던 네안데르탈인 및 크로마뇽인과 같은 원시인류는 훨씬 북쪽 위도에서도 존재했었다.

하지만 홍적세 빙하기는 단일한 빙하기와는 거리가 멀다. 최근의 연구는 스물 두 차례의 빙하기와 간빙기가 있었다고 지적한다. 지구 온도의 잦은 변동과 함께 남쪽에서 북쪽으로 그리고 북쪽에서 남쪽으로의 이주가 일어났다고 가정할 수 있다.

아마존 유역, 아프리카 중부 및 동남아시아를 포함하는 적도지대는 빙결의 확산을 피해온 인간들에게 생존에 적합한 환경을 제공한다. 하지만 아메리카 대륙에서는 마지막 해빙기와 일치하는 시기에도 인류의 자취를 찾아 볼 수 없다. 반면 중부 아프리카는 비록 적도지대이지만 눈에 덮인 고산과 고원지대로 구성된다. 빙하기동안 대부분의 육지는 춥거나 눈으로 덮여 있었고, 온난하지만 육식동물로 가득한 콩고유역을 제외하고는 해안이나 리프트밸리(Rift Valley: 동아프리카 열곡지대-역주) 지역에서나 생존이 가능했었다. 그러므로 주요한 인류화석이 주로 빅토리아 호수와 동아프리카 지역에서 발견되는 것은 우연이 아니다. 앞으로 살펴보겠지만 인간생존을 위해 가장 알맞은 조건을 갖춘 지역은 동남아시아였다.

동남아시아의 지구물리학적 변화

빙하기 동안 3킬로미터 두께의 대빙원이 양 극지방으로부터 확대되었다. 극지의 대빙원은 해수면을 약 120미터 정도 낮춘 주요 원인이었다. 동남아시아의 지리적 형상은 급격히 변화되었다. 바다가 물러가고 아시아의 본토는 남쪽으로는 발리, 동쪽으로는 필리핀까지 확대되었다. 그 결과 당시 동남아시아의 본토는 오늘날 중국 정도 규모의 대륙이었다[그림 1]. 그것은 순다 대륙붕(Sunda Shelf)과 본서에서 동남아시아 대륙이라고 부르는 현재의 동남아시아 본토로 구성된다.

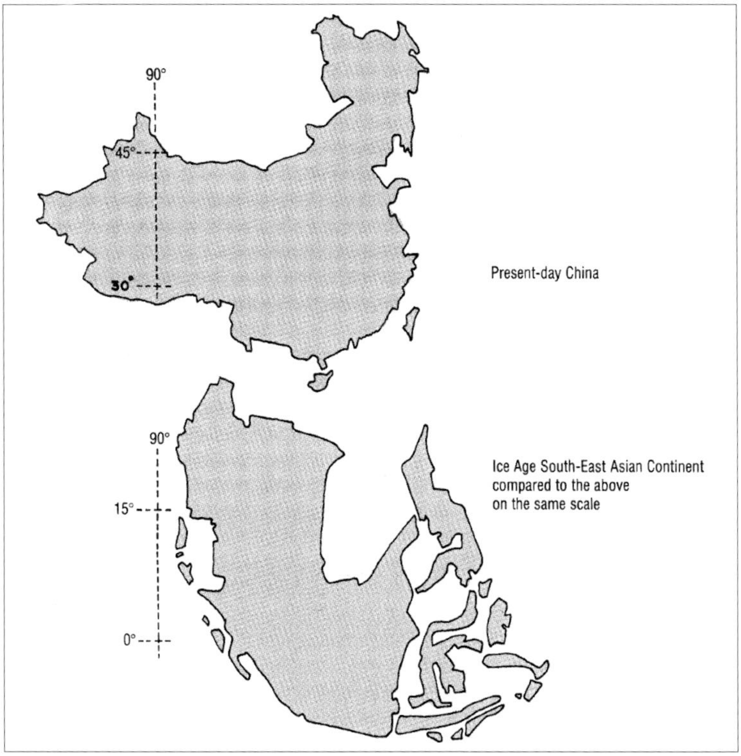

[그림-1]
같은 척도로 쟀을 때 규모가 동일한 오늘날의 중국과 빙하기의 동남아시아 대륙.

오늘날 태평양의 동쪽을 향해 뻗어 있는 무수한 점들은 한때 상호 연결된 육지 지대이거나 커다란 섬들이었다. 태평양에서 동남아시아 대륙과 육지 조각들은 아마존 유역을 제외하고는 대규모의 인구를 생존하게 하는 생명유지력을 지닌 가장 큰 열대지역이었다. 아마존이나 콩고 유역들과는 달리 동남아시아 대륙과 태평양에서 확대되고 있던 육지 조각들은 새로 형성되어 비교적 맹수들로부터 자유로웠기 때문에 인간생존을 위한 이상적인 구역이 되었다.

2차 간빙기(secondary interglacial)가 되자 빙원이 녹으면서 엄청난 물을 만들어냈고 해수면은 상승하였다. 높아지는 바다가 동남아시아 대륙을 침입하여 육지의 면적을 축소시키고 땅을 여러 개의 부분으로 나눠 놓았다. 사람들은 밀려들어오는 해안을 따라 퇴각하여 차지하는 땅의 규모도 훨씬 작아졌다. 상당히 많은 사람들이 이제 온난해진 북쪽으로 다시 되돌아가게 되었다.

또 다른 2차 빙하기(secondary glaciation)가 다시 동남아시아를 대륙으로 만들었다. 빙하기는 대륙이 팽창과 수축을 반복하게 만들어 마치 스스로 진동하는 것처럼 보일 수 있다.

약 3만 년 전부터 빙하가 마지막으로 물러가기 시작했다. 빙하기는 지금으로부터 1만 년 전에 끝났다. 해안선이 안정화되고 기후와 수계(水系)가 자리를 잡자 사람들은 자연으로부터 식물의 생장주기를 학습해 이를 모방하기 시작했다. 농업에 대한 이 움직임은 세계 각지에서 거의 동시에 시작되었는데 비록 의심의 여지는 있지만 세계에서 가장 빨리 식물재배가 이루어진 곳 중 하나가 태국이라는 연구도 있다.[3)]

---

3) Wilhem G. Solheim, 'North Thailand, Southeast Asia and World Prehistory', Asian Perspectives. Vol. I3, 1970.

인간들이 수렵을 중단하고 농경으로 전환하면서 정착 생활과 함께 문명이 시작되었는데 동남아시아에서는 정착 환경과는 모순적인 문명이 발전하였다.

수상족 (Water People)

빙하기에서 생존하기 위해 동남아시아 지역의 사람들은 물의 범람으로 대륙의 면적이 축소되는 것을 극복해야만 했다. 그들은 물가 혹은 물 위에서 거주해야 했는데 수생적(水生的. aquatic. '수생'의 사전적 의미는 생물이 물속에서 나거나 물속에서 사는 것이다. 본서에서는 '인간의 수상환경에서의 생존'의 의미로 확대해서 사용한다. 이 용어는 본서 전체를 통해 반복적으로 나올 것이다-역자주) 기술을 통해 생존하면서 서로서로 접촉을 유지했다. 기후가 안정화되고 온난해지면서 아시아의 섬들과 해안지대로부터 대륙 아시아(Continental Asia) 지역으로의 주가 대규모로 일어났다. 이 이동의 대부분은 오직 수상이동을 통해서만 가능했다.

히말라야의 남동부, 벵갈만으로부터 히말라야 기슭, 동남아시아, 남중국, 일본을 포함한 동아시아까지 뻗어있는 아시아 해안(Asian water front. 저자는 본서에서 이 용어를 반복적으로 사용하고 있는데 대륙 아시아의 내륙과 구분하기 위한 의도로 보인다-역주) 내부로의 진입은 수로를 통해 이루어진 것이었는데, 왜냐하면 강의 입구로부터 진입하는 것이 가장 쉬운 방법이었기 때문이다.

강은 또한 신선한 물과 함께 동, 식물 등 식량을 제공해 주었다. 몇몇 주요 수계(水系)가 이 지역에 접근할 수 있도록 해주었다. 사라져가는 동남아시아 대륙에서 정주 지역이 축소되는 가운데 주요 퇴각 방향은 시암만(타이만)과 접하고 있는 육지 쪽이었다[그림 2].

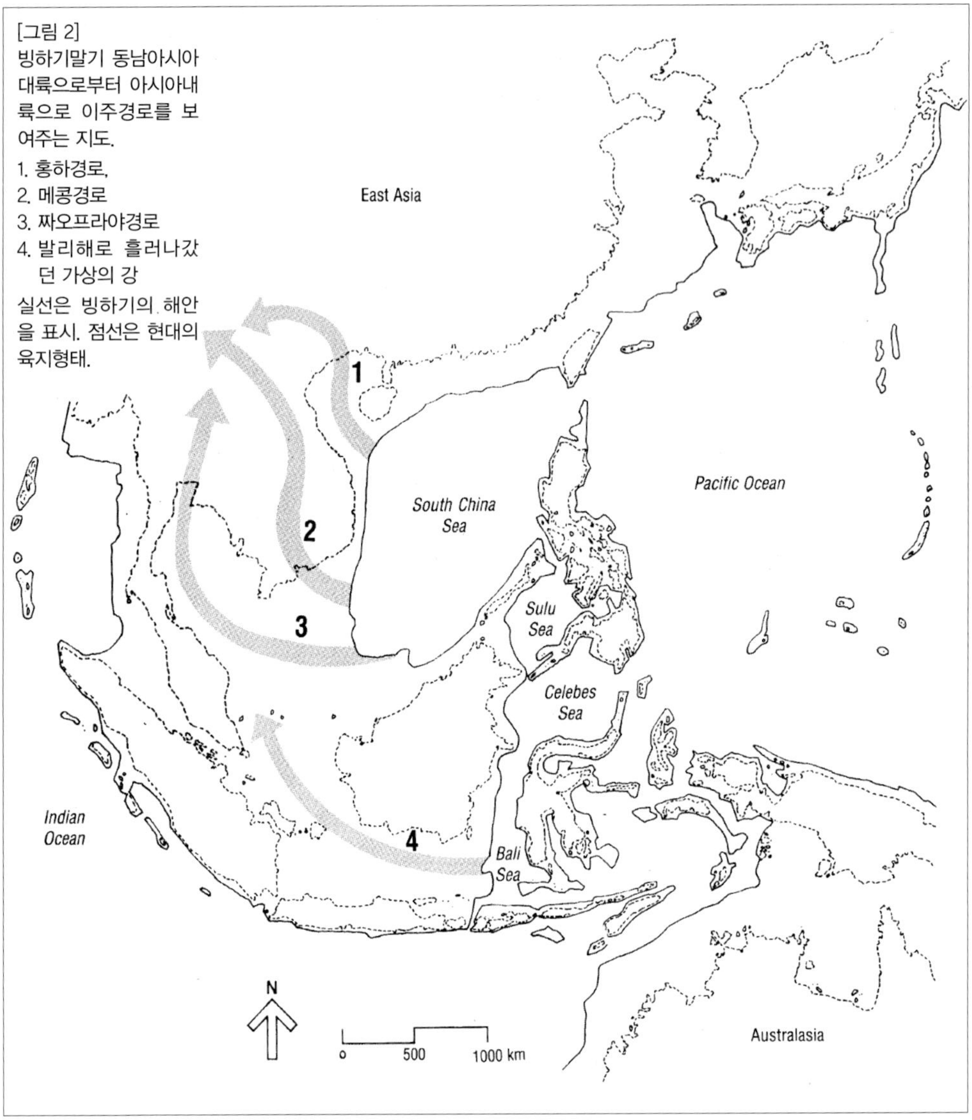

[그림 2]
빙하기말기 동남아시아 대륙으로부터 아시아내륙으로 이주경로를 보여주는 지도.
1. 홍하경로,
2. 메콩경로
3. 짜오프라야경로
4. 발리해로 흘러나갔던 가상의 강
실선은 빙하기의 해안을 표시. 점선은 현대의 육지형태.

최소한 4개의 주요 수계가 과거의 대륙에서 사라졌는데, 그 중 세 개의 강(홍하, 메콩강, 짜오프라야강)이 남중국해의 만(bay) 쪽으로 사라져 들어갔으며, 나머지 하나는 아마도 발리해(Bali Sea)로 빠져 들어갔을 것이다. 물이 육지를 침입하면서 사람들 중 일부는 새롭게 형성된 섬에 남게 되었고, 일부는 빙하기 최고조의 시기에는 발리까지 뻗어 있었던 말레이반도를 징검다리 삼아 북쪽으로 혹은 남쪽으로 조금씩 이동해갔다.

남쪽으로 이동했던 사람들은 오스트레일리아에 다다랐는데 여건이 좋지 않아 이 방향으로는 거의 이주하지 않았다. 훨씬 많은 수의 사람들이 짜오프라야 강의 원형(prototype)을 통해 육지였던 시암만 쪽으로 이동했고 확대된 메콩강과 홍하를 통해 인도차이나로 들어갔다.

해양 이주 방향

1944년에 풀러는 '유동지리학(Fluid Geography)'[4]이라는 논문을 발표했는데, 수년간의 항해관찰에 기초하여 빙하기 말기 동남아시아 지역의 인류 분산의 방향과 순서를 추론하였다. 그는 이 지역을 '문명의 주요 저수지 중 하나'로 부른다. 그의 주장은 다음과 같은 관찰에서 비롯된다.

제 1세대 항해자들은 뗏목을 사용하여 해류와 역난류(back-eddies)를 따라 이동하였지만, 다음 세대에서는 바람의 행태가 두 가지 기본 항해 형태를 결정지었다. 첫 번째 항해형태는 여름에는 남서풍, 겨울에는 북동풍을 따르는 순풍항해를 위한 형태로서 동남아시아와 중국연안 및 일본에 걸쳐 발견되는 바닥이 평평한 정크선과 횡범선을 이용하는 것이다. 두번째 항해 형태는 역풍항해로서 돛기술(tacking techniques)을 활용한다. 선체 양옆에 현외부재가 부착된 카누인 프로아(proa)와 종범장치가 장착된 쌍동선인 카타마란(cat-

4) Reprinted in James Meller (ed.), The Buckminster Fuller Reader, Pelican Books, London. 1972.

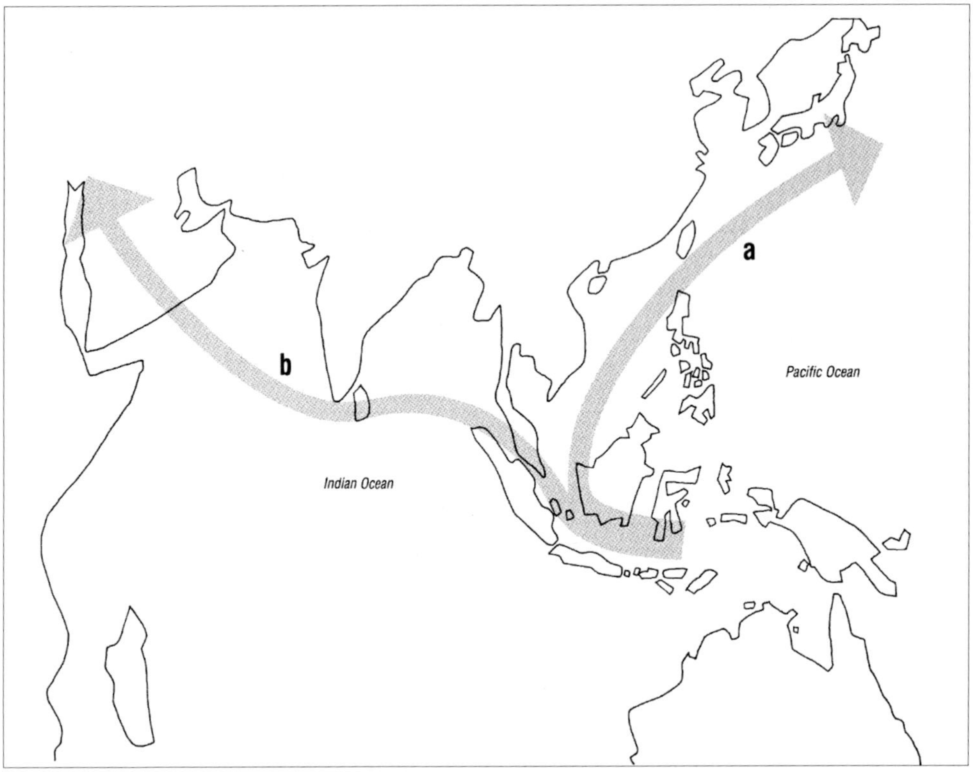

[그림 3]
해양이주 단계를 보여 주는 지도.
a. 뗏목을 타고 해류를 따라 이동하는 첫 번째 단계와 횡범선 혹은 정크선을 사용하여 항해하는 두 번째 단계
b. 남양의 프로아, 카타마란을 이용하여 복잡한 바람을 뚫고 서쪽으로 항해하는 세 번째 단계.

amarans)과 같은 배들은 빠른 남양(South Sea)에서 훨씬 복잡한 바람의 영향을 완화시키도록 고안된 것이다.[5] 이 배들은 인도양을 지나 페르시아만과 지중해에 걸쳐서 발견된다. 두 가지 항해 형태 모두 동남아시아에 존재하지만 말레이반도를 기준으로 분리되며 각 항해 형태는 제2세대 및 제 3세대 항해자들 각각의 이주경로와 관련을 갖는다[그림 3].

이 같은 이주방향은 현재의 세계 인구분포에 의해 확증된다. '아시아 해안' 지역은 지구표면의 5.4%에 불과하지만 총 인류의 54%를 보

5) See Adrian G. Herridge, Sailing Craft of Indonesia, Oxford University Press, Singapore, 1986.

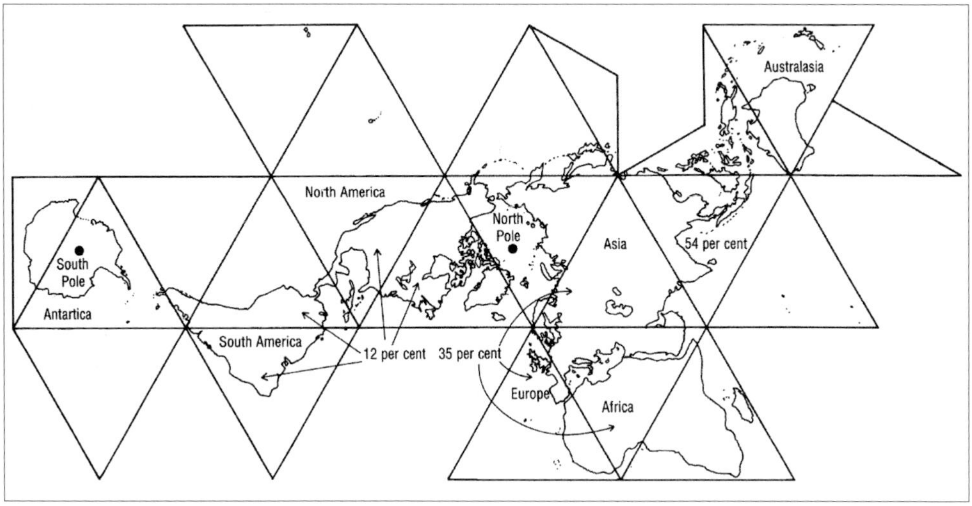

[그림4]
다이맥시온(Dymaxion) 세계지도와 인구밀도 (Buckminster Fuller Institute 제공)

유하고 있다[그림 4]. 다른 지역단위들은 '아시아 해안'지대로부터 멀수록 적은 인구를 가지고 있다. 풀러는 아시아, 유럽 및 아메리카의 북부 문명은 비교적 최근의 것이라고 결론짓는다.[6)]

풀러와 헤이에르달은 인류의 이주라는 주제에 대해 상당할 정도로 일치된 생각을 갖는다. 『초기인간과 대양(Early Man and the Ocean)』이라는 저서[7)]에서, 헤이에르달은 고대에 바다는 강과 마찬가지로 고속도로였지 장애물이 아니었으며, 오히려 장애물은 야생동물이 있는 숲이나 먹을 것과 마실 것이 없는 사막 그리고 산이었다고 주장한다. 그는 유럽인들이 지구가 둥글다고 의심하기 시작한 때보다 약 4,000년 전에 이미 문명은 인도양, 대서양 그리고 태평양을 건넜다고 확신한다.

헤이에르달은 세계적 규모의 대항해를 지금으로부터 6천 년 전 혹

6) 이것과 다른 많은 점들이 본서의 서론에서 그가 주장하려고 했던 것이다. 하지만, 이들은 그의 다른 책에서 다루고 있는 주제이다.: R. Buckminster Fuller, Critical Path, St. Martin Express, New York, 1981.

7) Published by Allen and Unwin, London, 1979.

은 빙하기 말기로 보는 한편, 풀러는 보다 이른 시기로 보며 동남아시아에서 시작된 것으로 본다. 기간이나 빈도가 어쨌든 간에 동남아시아 대륙이 사라지기 시작하면서 인간의 생존은 통상 남쪽에서 북쪽, 아시아 해안지대로의 수상이동을 통해 확보 되었다. 이것은 인류의 최종적이고도 가장 중요한 대량 이주였으며, 역사시기 동안의 후속 역이동(eddymovement) 혹은 역이주(backmigration)는 부차적 중요성을 갖는다.

야금술과 문화의 남에서 북으로 이동

그러므로 매우 초기의 문화들이 '아시아 해안'에서 발견된다. 기원전 1만년에서 7천년까지 번성했던 호아빈히안(Hoabibhian) 문화가 바다 바로 옆에 위치하고, 북부 일본에서는 기원전 8천 년까지 소급되는 줄무늬 토기(cord marked pottery)가 발견된다. 태국에서 최근에 발견된 출토물은 혁명적이다. 식물 경작의 증거가 기원전 9,700년까지 거슬러 올라가며, 줄무늬 토기는 기원전 6,800년경에 이르고, 태국 북동부 반치앙(Ban Chiang)에서는 가장 오래된 청동기 유물 중 하나인 기원전 2,000년경의 청동기가 발견되었다.

반치앙 청동기에 대한 연대측정은 태국에서 강을 통한 접근의 중요성을 명확히 하였다. 구리가 풍부한 대신 주석이 부족했던 근동, 지중해 및 인더스 계곡 등 전통적인 초기 청동기 지역들과는 대조적으로 태국과 메콩 지역은 두 가지 모두 풍부하다. 풀러는 합금의 존재가 알려질 수도 없었고 미리 계획될 수도 없었기 때문에 관련된 금속 성분들이 함께 존재하던가 우연하게 동시에 녹여져야 했을 것이라고 주장한다. 주석과 동이 메콩과 짜오프라야 강 모두에 매장되어 있었고, 반치앙 토기에서 엿볼 수 있듯 태국 북동부의 거주민들은 열처리를 할 수 있는 기술이 있었기 때문에, 비록 우연이라 할지라도 주석과 동을 함께 녹인 최초의 문명 중 하나라고 말하는 것이 전적으로 타당하다.

선사시대 기간 중 아시아에서는 문화가 남에서 북으로 전파되었다는 것이 것은 현재까지 잘 알려진 가설이다. 조셉 니담(Joseph Needham)은 남중국의 해양기원에 주목했고, 그 지역을 원타이(proto-Thai)로 언급했다.[8]폴 베네딕트(Paul Benedict)에 의한 오스트로타이(Austro-Thai) 어족에 대한 연구는 동남아시아와 중국과의 새로운 관계를 전적으로 밝혀 준다. 남쪽에서 북쪽으로의 문화 전파는 중국어의 오스트로타이어 차용에서 명백히 나타나는데, 이에 해당하는 것이 수학에 관련된 용어(100 이상의 숫자), 야금술, 항해 장비 및 도구, 원예 및 농업이다.[9]

이 지역에는 또 다른 공통분모가 존재한다. 1960년대에 솔하임(Solheim)과 그의 동료들은 태국의 물리학자이자 인류학자인 쌩 위치얀(Sud Saengvichien)의 도움을 받아 태국의 두 중요한 장소인 반나디(Ban Na Dee)와 릉녹타(Noen Nok Tha)에서 선사시대 인골들을 발굴하여, 한 미발표 보고서에서 이들이 폴리네시아인들의 것과 일치한다고 제시하였다. 태국의 선사시대 역사가인 친유디(Chin Yudee)는 반까오(Ban Kao)와 말레이족의 장례의식 그리고 일본과 시베리아 지역까지 스며든 도기의 형태 사이에서 유사성을 발견하였다.[10]아시아 해안 지역 전역에서 계속 나타나는 도구들도 있다. 예를 들어 특정 형태의 도끼가 뉴기니아, 동남아시아로부터 타이완 및 중국에 걸쳐 발견된다.

---

8) Joseph Needham, Science and Civilization in China, Vol. 1, Cambridge University Press, Cambridge, 1965, p. 89.

9) Solheim. 'North Thailand …', pp. 156-7.

10) Fine Arts Department Journal (in Thai), Vol. 1, Bangkok, 1961. pp.44-53.

아마도 가장 두드러지게 나타나는 문화적 공통분모는 벼농사, 고상가옥 및 세 방향으로 엮어 만든 바구니와 용구들일 것이다. 초기 불교 경전에는 쌀에 관한 언급이 나타나지 않으며, 동남아시아의 쌀이 인도에 도달한 것은 훨씬 늦은 시기에 남부 타밀인들을 통해 이루어졌을 것이라 추정하고 있을 뿐이다. 일본 인구 중 오스트로네시안계 구성원들은 자신들의 쌀 문화를 가지고 들어갔다. 이들은 또한 열대 남양의 고상가옥을 일본으로 가지고 갔는데 지역의 기온과 산이 많은 환경에 적합하지는 않았다.

고상가옥과 세 방향 엮기 기법은 중요한 요소들로서, 쌀처럼 서태평양과 '아시아 해안' 지역으로 스며들었지만, 한편 이들은 세계의 다른 지역에서는 거의 알려지지 않았다. 여기서 주목할 것은 마다가스카르 지역이 예외라는 것인데, 이 지역은 선사시대에 동남아시아에서 이주해간 사람들이 거주하였다.

항해자들의 우주적 사고

동남아시아를 차지하고 있는 사람들은 그전에 북쪽에서 사냥을 하였든 혹은 적도 부근 섬지대 출신이든 간에 빙하기 말기 남쪽에서 북쪽으로 이주하기 위한 다양한 항해기술을 일찍이 갖추고 있었음이 분명하다. 빙하기와 간빙기의 주기에 따라 하천, 해안, 혹은 해상 등으로 항해 경험은 달라졌다. 태평양 쪽으로 더 멀리 나가면 섬과 섬 사이의 장거리 항해는 늘 일상적인 일이었다.

1세대 뗏목 여행자들이나 후세대 항해자들에게 있어서 세계는 물과 하늘에 의해 시작된 것이었다. 창조에 대한 폴리네시안 사람들의 관점이 그랬다. 끝없는 하늘의 별들처럼, 그들의 섬들은 바다의 광대함 가운데 그저 작은 기준점들이었던 것이다.

이 같은 상황에서 섬과 섬들 사이의 교통은 대략 수 천 킬로미터에 달하므로 항해능력, 해양기술, 지도제작, 천문학 및 수학 등에 관한 지식을 필요로 한다. 이것들은 부호화되어 세대를 거쳐 전승되었다. 가장 기본적인 해양장비 및 생존 장비만을 가지고 바다 위에 떠서, 그 경험들을 부호화하는 것은 돌에 새기거나 다른 기록 방법이 없으면 이루어질 수 없는 것이었다. 전달하고자하는 메시지는 바다와 해안선의 복잡한 조건들을 요약하여 번거로운 기록 자료가 아닌 이미지를 이용한 방식과 같이 신속하고 포괄적으로 이해되기 쉽게 전달되어야 했다.

이미지들과 추상적인 생각은 천문학과 수학에 잘 적용된다. 폴리네시아어가 비범한 천문학 지식을 반영하고 있은 것은 우연이 아니다.[11] 중국에 차용된 오스트로타이 수학언어 이외에도 태평양 해안의 보다 서쪽에 거주하는 타이인 사이에서도 그들의 이름 부호를 매우 복잡한 숫자로 생각하는 정교한 수학적 사고를 보여 준다.[12]

이러한 경험 속에서 시간은 압축되어서 수십만 년의 시간이 일상생활 속 평범한 단편에 불과할 수 있다. 발리(Bali) 사람들이 100년 주기의 에카 다사 루드라 (Eka Dasa Rudra)축제를 12개월 주기의 신년처럼 치루는 것을 보는 것처럼 그들은 여전히 이렇게 압축된 시간 감각을 가지고 있다.

---

11) Austin Coates, Islands of the South, Heinemann, London, 1974. 106페이지에서 많은 언급을 하고 있으며, 폴리네시아, 마이크로네시아, 멜라네시아등으로 구성되는 오스트로네시아 대해서도 언급하고 있다.

12) 예를 들어 타이인들은 숫자를 10의 다른 힘들의 관점에서 생각한다. 마찬가지로, 시간단위는 거의 지구의 기원에 가까우며 지질학적 시간과 비교할 수 있다. 이들 (시간을 나타내는) 부호명들의 범위는 틀림없이 힌두교-불교에 기원을 두고 있다. 흥미롭게도, 타이인들이 끄릿따육(krit-yuk)이라고 부르는 시작시간과 까리-육(kali-yuk)이라고 부르는 끝나는 시간 사이의 기간을 마하-육(maha-yuk) 이라고 하는데, 1천 마하-육은 칼파(kalpa)라고 하여 43억2천만 년에 해당하며 이것은 지구의 나이인 46억년에 가깝다.

우주적 모델을 형성하기

한편, 추상적인 사고는 바다와 육지의 총체적인 환경을 부호화하는 것에서도 엿볼 수 있다. 발리인들의 분리된 문[그림 5]은 빙하기 말기에 발생했을 것으로 보이는 발리섬과 자바섬의 분리를 상징한다고 주장된다. 이 관점에서 가장 보편적인 부호는 힌두교-불교의 우주 모델이다.

힌두-불교적 우주모델의 시대는 최근에서야 등장한 것일지도 모르지만, 그렇다고 그 근원이 히말라야에 있다고 쉽게 추정할 수 있는 것

[그림 5]
분리된 문, 우부드 (Ubud), 발리

은 아니다. 이 같은 사고가 태평양이나 혹은 동남아시아 대륙 등 다른 곳에서 싹텄다고 하는 것이 불가능한 것은 아니다. 아궁(Agung)산이 세계의 배꼽 혹은 중심이라고 하는 발리인들의 우주론은 힌두교가 들어오기 이전에 형성된 것일 수 있으며, 구눙 티다르(Gunung Tidar)가 자바 섬을 바다 속에서 지지하고 있는 못이라고 하는 자바인들의 생각은 사일렌드라 왕조보다 오래된 기원을 말해 준다.

우주모델이 어디에서 최초로 고안되었는가는 특별하게 중요하지 않다. 화산활동을 통해 나타나거나 사라지는 환상(環狀) 섬들과 바다와 육지가 번갈아 나타나는 지역에서의 축적된 경험이 이 우주론을 형성시켰을 수도 있다. 수학적 사고와 우주적 사고는 시간적 차원이 중요한 역할을 하는 모델의 형성에 핵심적이다. 바다와 육지의 변동은 여러 번의 까리-육(kali-yuk)[13]이 하나의 순간으로 압축되듯 스스로를 드러낸다. 도형으로 표현하면, 경험은 다음과 같이 요약된다.

물결치는 윤곽으로 그려진 도형[그림 6], [도판 1]은 일련의 우주적 바다와 대륙을 표상한다. 평면도로 살펴보면 이 물결모양은 하나의 대륙과 바다의 원이 동심원의 형태를 구성한다. 힌두교에서는 6개의 대륙환(환 環은 원서의 ring을 번역-역주)과 7개의 바다환(대륙과 대륙사이에 위치하므로 내해 內海라고 칭하기도 한다-역주)이 있다. 불교에서는 대신 7개의 대륙환(이를 칠금산 七金山이라고 한다-역주)을 갖는다. 두 체계 모두 중앙에는 메루(Meru, Sumeru라고도 하며 수미 須彌로 음사한다)산이라고 부르는 산-대륙이 있는데 이것은 늘 히말라야와 동일시되어 왔다. 끝으로 마지막에 위치한 대륙환 너머에는 무한의 바다(the Ocean of Infinity. 외해外海라고 칭하기도 한다-역주)가 뻗어있다.

---

13) 하나의 까리-육은 432,000년이라는 시간단위이다.

[그림 6]
단면도(위)와 평면도(아래)를 보여주는 우주 모델. 가운데 메루산이 놓여있고 그 주위를 바다와 대륙이 교대로 둘러싸고 있다.

가장 간단한 형태로 보면, 이 우주모델의 모습은 태평양의 산호섬들을 닮았는데, 솟아오른 산을 중심으로 석호(lagoon. 潟湖)와 환초(atoll. 環礁)가 둘러싸고 있는 섬들의 모습과 유사하다. 프랑스령 폴리네시아의 보라보라(Bora Bora) 섬은 완벽한 실례이다. 비록 작기는 하지만, 이 섬은 석호로부터 가파르게 솟아오른 두 개의 산과 환초로 구성되어 있다. [그림 16]. 습도와 열의 대류가 산을 감싸는 비구름을 계속 만들어 내는데, 태평양 양쪽에 위치한 문명 모두의 우주적 도상들과 일치하는 모습을 보인다.

하지만 이 모델에서 중심부의 산과 바다의 동심환은 영속적으로

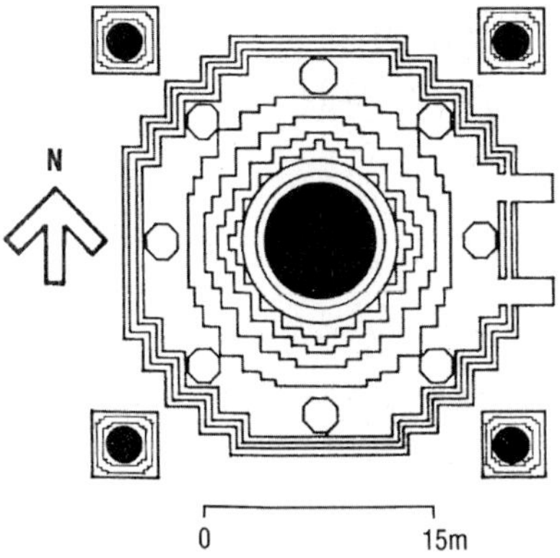

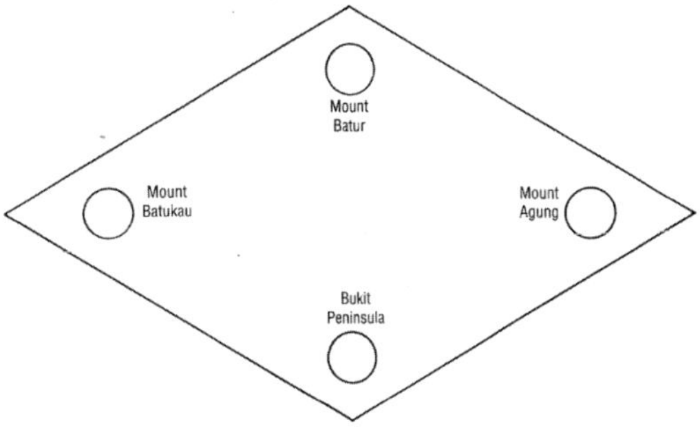

[그림 7]
아유타야 왓꾸디다오(Wat Kudidao) 사원 소재 탑(chedi. 쩨디)의 평면도.

[그림 8] 네 개의 코너를 보여 주는 발리의 도형 표상.

회전하는 형태를 형성한다. 불교의 모델은 마치 회전을 중지시키려는 듯 무한의 바다 위에 4개의 대륙이 첨가되어 있다. 이것은 사실 방위를 나타내는 것인데, 건축과 도시계획에 필요한 동서남북 기본 방위를 제공한다[그림 7]. 이들 네 코너의 대륙들은 네 개의 공간 지역을 표시하는 것인 바, 남쪽 지역에 있는 촘푸타윕(Chomphuthawip. 섬 또는 대륙을 의미하는 산스크리트어 Jambudvīpa의 타이어식 표기. 우리 불교용어로는 섬부주 贍部洲-역주)은 인간의 땅이다. 발리인들은 그들의 섬 모양이 네 코너에 위치한 네 개의 높은 지점-바투카우 산, 바투르 산, 아궁 산(수미산으로 간주) 및 부킷 반도를 가진 마름모꼴로 생각했다[그림 8]. 전통에 따르면 이것은 섬의 나선회전을 막는 것이다. 이 배치는 비록 추상적 방식이긴 하나 방향 감각을 수립한다.

남부 지역의 대륙

우주모델에서 구석에 떨어져 있는 대륙 촘푸타윕은 다양한 형태의 생명체를 포함하고 있기 때문에 가장 중요한 지역이다. 인류는 차치하고라도, 목가적으로 표현한다면 숲과 대륙의 동물들이 생생하게 묘사된다. 하지만, 촘푸타윕은 전적으로 대륙적이거나 육지기반적인 것은 아니다. 우주모델이 발리 판이든 타이 판이든 간에 모두 대륙적 생명체의 형태를 묘사하긴 하지만 해양적인 것을 묘사하는 경향도 보여준다. 남부 지역에 위치하고 있을 뿐만 아니라 한 때 대륙이었다는 사실 때문에 자연스럽게 촘푸타윕과 동일시되는 발리는 바다거북에 의해 지지된다[도판 2]. 이 거북은 북서쪽으로 몇 개의 산맥을 거친 내륙지역과 히말라야 기슭의 네팔 사원에서도 발견된다. 일본에서는 사원의 필수 건축요소의 하나인 카메바라(kamebara. 龜腹–역주)로 나타난다[그림 9]. 타이 판에서는 거북이 대신 쁠라아논(Planon)이라고 칭하는 거대한 물고기를 사용한다. 이들 해양 생명체들은 나중에는 육지동물들과 합쳐져, 발리와 타이 문화 모두에서 물고기–코끼리[그림 10]와 같은 이상한 변종들로 나타난다.

대륙의 융기와 침하는 바다의 상승과 하강의 반대이다. 하나의 하

[그림 9]
일본 사원의 바닥 밑에 놓인 카마베라 혹은 불룩한 석단. 우주거북을 표상한다. 키요미즈테라 사원, 교토.

[그림10]
물기반과 육지기반 생명체의 변종을 상징하는 물고기-코끼리. M.C. Pravich Choomsai의 오래된 목조인쇄.

강은 다른 하나의 상승이 된다. 대륙조차 바다의 관점에서 볼 수 있다. 왜냐하면, 바다 위로 솟아나온 우리 눈에 보이는 육지란 해저의 전체 굴곡의 4분의 1에 불과한 것이기 때문이다. 이들이 우주모델을 형성하는 사실과 이미지들이다.

이 시점에서 풀어야 할 문제는 모델과 관련한 히말라야의 중심적인 위치이다. 아마도 이것은 아래에서 도형적으로 구성된 이주 패턴에 의해 설명될 수 있을 것이다.

해류를 따라 이루어진 선사시대의 문화적 이동의 가능성과 초기 역사시대에 이루어진 문화적 역류를 재구축한 이 도형에서 제 1루트는 빙하시대 말기 동남아시아에서 아메리카로의 문화적 이동경로를 나타내는데, 풀러와 헤이에르달에 의해 상술된 루트이다. 이제까지 이 시나리오의 결점은 그것을 지지할 수 있는 강력한 고고학적 증거가 부족하다는 것이다.

제 2루트는 빙하기말에 동아시아와 동남아시아로부터 오스트로네시아로의 문화전파의 방향을 보여 준다. 이 루트는 고고학적, 언어학적 증거를 만들어 낸 고고학자들 대다수가 선호하는 루트이다. 하지만 도서부 동남아시아 너머의 해류 방향은 이 같은 주장과는 배치된다.

제 3루트는 서태평양 지역의 그림을 완성하기 위해 도형에 추가된 것이다. 점선은 역사시대 초기 역이민의 패턴 혹은 문화적 역류를 나타낸다. 이것은 히말라야 남쪽으로부터 본래의 문화적 원천이었던 동남아시아로 귀환하는 흐름으로서, 2천 년 전부터 시작된 이 지역의 인도화와 조응된다.

빙하기말 이 지역 사람들의 일반적 이동에 기초하여, 이주순서는 해양 또는 준(準)해양적 기원으로부터 시작하여 아시아 해안까지, 마지막으로 큰 강을 따라 상류로 이동하여 히말라야 기슭에 이르는 세 단계로 나눌 수 있다. 따뜻해진 기후와 남아시아 해안의 짧은 루트로부터 비롯된 내륙진입이 가장 먼저 일어났던 것이다(인도로부터 동남아시아로 문화전파 이전에 빙하기 이후 동남아시아 이주자들이 인도 내륙 진입을 먼저 했다는 점을 강조하는 의미–역주). 이주자들이 마침내 히말라야 남쪽 지역에 도달했을 때 해양적 본능과 함께 산악 경험이 혼합되어 우주론에 대한 가장 강한 표현을 발견했을 것이다. 빙하기 동안 지구의 변화에 대한 인간의 본능적 기억은 널리 수용되는 우주도상을 만들어냈을 것이다. 하지만 이 우주론은 나중에 인류가 한 지역에서 다른 지역으로 이주를 하면서 일련의 변화를 겪었다. 이 힌두–불교의 우주모델은 가장 최신판이며, 여러 변형 중 가장 정교한 것이다.

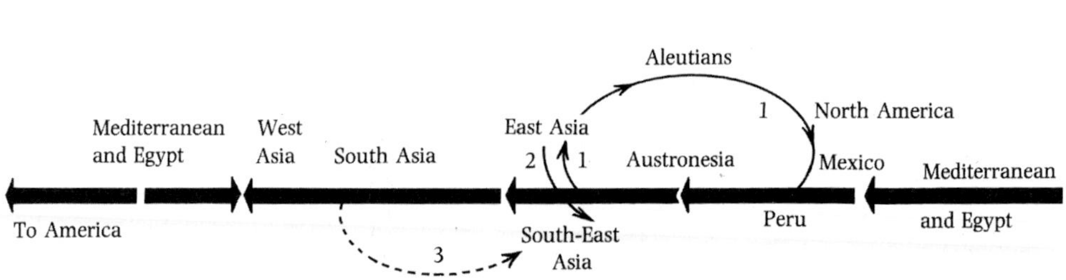

제1장

나가와 의례

"흥미롭게도 스스로를 물의상징 나가와 동일시하거나 문신으로 새겨 넣은 사람들의 범위는 이 지역은 물론, 동남아시아로부터 일본에 이르기까지 넓은 지역에 걸쳐 분포한다."

동심원 모양의 대륙과 바다로 구성된 우주 모델에서, 바다와 육지들의 융기와 침하를 나타내는 물결들은 물의 상징인 '나가'와 잘 들어맞는 것 같다. 형태의 계보를 살펴보면 물이 나가와 동일시되는 이유를 설명할 수 있다. 이 물의 상징은 다양하게 변화된 형태로 아시아 해안 전역에서 사람들의 일상생활 속에 널리 퍼져 있다. 그 형태는 순수한 수생적 형태로부터[그림 11], [도판 3-5], 태국의 '쌩(sang)'처럼 나가와 씽(singh, 사자)이 합쳐진 가공의 육지기반 생물[그림 12], 그리고 본래 수생적 특징을 지닌 뱀이지만, 작은 다리와 날개를 가지고 수륙양서로서 날기도 하는 중국 및 일본의 용[그림 13]에 이르기까지 다양하다.

[그림 11]
크메르 사원 카오파놈룽(Khao Phnom Rung)에 있는 나가 난간. 동부 태국.

[그림 12]
전형적인 태국의 씽. 나가와 씽의 합친 형태. (Tom Chuawiwat 사진)

[그림 13]
교토 키요미즈테라(Kiyomizudera)에 있는 일본 용.

나가의 분포

이 물의 상징이 중요하다는 증거는 고대 중국, 크메르와 다른 많은 아시아 문명에서 국가를 창시한 왕조들이 물 요소로부터 진화했다는 사실에서도 나타난다. 예를 들어 전설적인 중국의 하(夏)왕조는 뒤엉킨 암, 수룡(龍)으로부터 탄생되었다. 동일한 수생 상징이 한국과 부탄에서도 사용된다. 수메리아, 바이킹 및 콜롬버스 이전의 아메리카 등 아시아 해안 지역 밖의 고대문명들 또한 뱀을 물과 관련지었다. 바이킹의 기독교 이전의 항해문명을 알려주는 노르웨이의 목조교회(stave church)들은 전체적으로 용의 똬리(coil)가 조각되어 있고, 가장 강력한 건축적 상징은 지붕 용마루 끝의 용장식이다[그림 14].

[그림 14]
보르군(Borgund) 목조교회. 노르웨이. 1250년경 건축. (Glaurung 제공)

[그림 15]
바다를 젓고 있는 비쉬누. (출처: Etienne Aymonier, Cambodge, Paris, 1901)

후대에 들어 용은 그 수생적 속성을 잃어버리고 옛 문명의 폐허위에 수준을 높여야겠다고 느낀 성 조지(St. George)와 같은 신성한 저명 인사들에 의해 살해되어야하는 그저 혐오스런 동물로 전락했다.

산스크리트어로 나가는 뱀을 의미한다. 나가는 힌두고전에서 몇몇 주요한 상징적 장면의 주역으로 등장한다. 나가의 주요한 역할 중 하나는 비쉬누를 떠받치기 위해 자신의 몸을 감는 것이다. 여기에서 전능한 신 비쉬누는 주기적으로 반복되는 세계의 소멸과 갱신 기간 동안 뱀의 몸 위에 기댄 채 우주바다 위에서 잠을 자는 것으로 묘사된다. 나가의 또 다른 역할은 생명의 수액인 세상의 물을 모두 들이키고(아마도 빙하기 동안에) 쉬면서, 사지가 없는 뱀 구름의 형태로 메루산 위를 칭칭 휘감는 것이다. 이때 세상의 생명을 회복시키기 위해 인드라가 그를 죽이러 나선다. 인드라는 그의 무기인 금강저를 꼴사나운 뱀의 똬리 한복판을 향해 내리친다. 그 괴물은 마치 시든 골풀 더미처럼 산산이 부서진다. 마침내 물이 터지고 땅 위로 갈래갈래 흘러 세상의 중심부를 통해 또다시 순환한다.[14] '바다 휘젓기'로 알려져

14) Heinrich Zimmer, Myths and Symbols in Indian Art and Civilization, Harper Torchbooks. New York, 1962, p. 3.

있는 나가 정복의 또 다른 예는 비쉬누의 대리인들이 생명수를 짜내기 위해 해양적인 연관성이 명백한 나가의 머리와 꼬리를 잡아당기고 있는 모습이다[그림 15].[15]

콜럼버스 이전의 아메리카의 경우, 우리는 메히코 테노츠띠뜰란(Mexico Tenochtitlan)을 탄생시킨 떼스꼬꼬(Texcuco) 호수의 원주민들이었던 아스텍인들이 뱀을 도시의 우주적 중심인 테오칼리(teocalli)에 위치시킨 것을 알 수 있다. 테오칼리는 위대한 신전 피라미드로서 꼭대기에는 전쟁신인 우띠질로포취띠(Uitzilopochti)과 조개로 장식된 우신(雨神)인 뜰랄록(Tlaloc)에게 봉헌된 예배소가 있다. 테오칼리의 기단에는 동일한 중심을 가진 계층의 형태로 뱀의 머리들(coatepantli)이 정렬되어 있다. 뱀을 물로 바꾸고 신전 꼭대기의 우신을 물을 방출하는 뱀구름으로 바꾸면, 산과 물에 대한 힌두-크메르 우주론의 테마와 놀랍게도 유사하다[그림 16]. 아스텍인들은 뱀을 매우 존경하여 제국의 두 번째 계급인 부(副)황제는 시후아코아틀(Cihuacoltl. 여성뱀)이라는 명칭을 가졌다.

내륙지역을 포함하는 태평양 지역에서는 뱀의 똬리가 선사시대부터 주택의 조각과 배의 의장에 사용되었다[그림 17 및 18]. 이 예에서 똬리는 시계 방향과 반시계 방향으로 돈다. 여기에서 흥미를 끄는 것은 코리올리효과(Coriolis effect)를 상기시키는 형태인데, 바람과 해류는 지구의 동향 자전에 따라 적도의 북쪽과 남쪽에서 각각 시계 방향과 반시계 방향으로 선회하는 경향이 있다. 따라서 우리는 남양(South Sea)의 장인들이 똬리 의장을 양방향으로 묘사하는 반면, 세계문명의 대다수가 몰려 있는 적도 북쪽에서는 똬리를 시계방향으로 만드는 것을 발견하게 된다. 어쨌든 이것은 아시아 해안의 도시계획,

15) Bernard Ph. Groslier, Angkor, Hommes et Pierres, Arthaud, Paris,1956, p.163. 타이인들은 비쉬누 자체보다 비쉬누의 화신인 나라이(나라야나)를 숭배한다.

[그림 16]
메히코 테노츠띠뜰란의 아스텍(Aztec)피라미드 형태와 프랑스령 폴리네시아의 보라보라 섬과 비교된 힌두교-불교의 우주적 모델

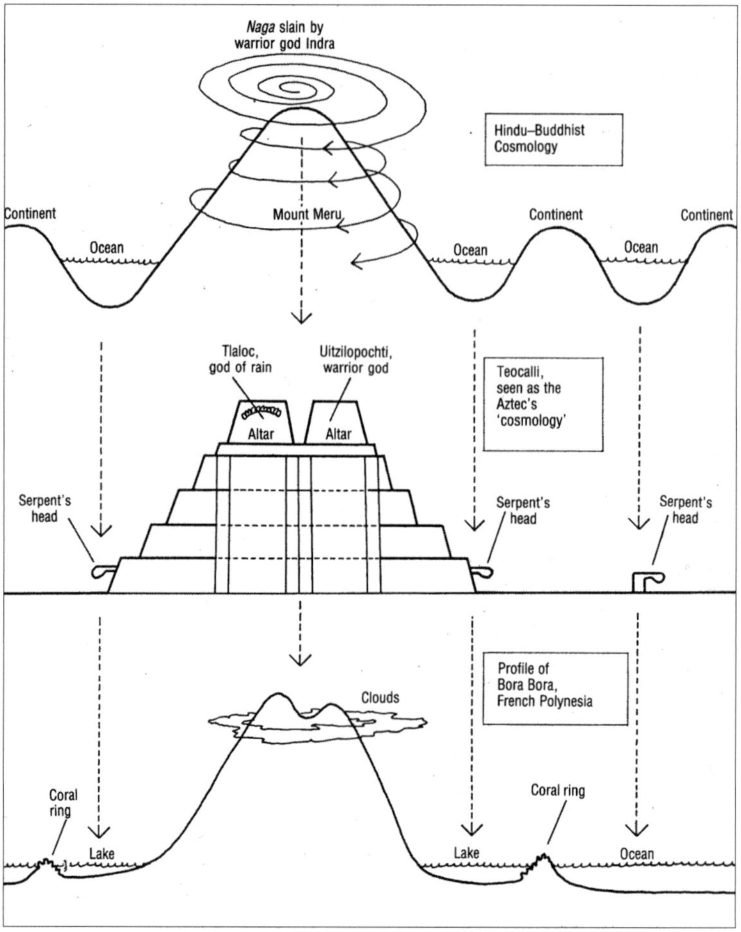

[그림 17]
필리핀의 선사시대 무덤에서 발견된 나가 똬리장식이 있는 배 모형. 다음 책의 삽화에 근거. (출처: Eric Casino, EthnographicArt of the Philippines, an Anthropological Approach, Manila, 1973)

[그림 18]
마오리족의 카누 뱃머리에 장식된 똬리 세부묘사. (출처: Taranaki Museum, New Plymouth, New Zealand)

건축 및 거의 모든 종류의 예술과 의례(세속적이든 종교적이든)와 관련하여 수많은 해석을 낳았다.

물의 상징과 타이 문화

태국의 벽화와 채색 필사본에는 나가(naga. 타이어로 '낙-') 혹은 물이 메루산을 시계방향으로 똬리처럼 감아 내려오는 그림이 많다[도판 1]. 우리는 이것을 7세기 중국의 인도 순례자인 현장(玄奘. Hio-nentsing)이 사실적으로 그린 훨씬 오래된 그림과 비교해 보고 싶은 유혹을 받는다. 이곳에는 아시아 대하천들의 원천인 생명의 물들이 히말라야를 나선상으로 내려오고 있는 모습이 묘사되고 있다. 이 그림의 입면도를 만들어보면 우리는 우주적 모델에 도달한다. 이 우주 모델의 윤곽에서 앙코르와트 같은 위대한 건축군의 입면도가 발견될 수 있다. 그림 19는 방콕의 왕실전용사원 경내에 설치된 앙코르와트 모형과 함께 이들을 비교해 보이고 있다.[16] 옛 캄보디아의 인도화된 위계사회에서는 왕은 스스로를 메루산 정상의 뱀구름을 죽이는 인드라, 나가를 항복시키는 비쉬누 그리고 생식과 다산의 시바신의 상징인 링가(linga)등과 동일시하였다. 신의 현존을 나타내기 위해 왕은 사원의 정상에 그의 상징물인 시바의 링가를 설치하였고, 산과 우주의 왕이라는 명칭을 스스로에게 부여했다. 본래 링가는 메루산과 비교될 수 있다. 링가와 메루산 모두에게서 생명의 물들이 흐르며, 각각의 기저에 물을 받는 용기가 있는데 링가의 경우에는 이를 요니(yoni)라고 한다. 요니는 또한 생명이 형태를 갖추는 여성의 생식기를 의미하므로, 링가와 상보적 대극을 나타낸다. 링가와 요니의 상징

16) Sumet Jumsai, 'Mountain and Water, how cities strove for harmony by being macroscopically planned', Ekistics, September 1975. p. 181.

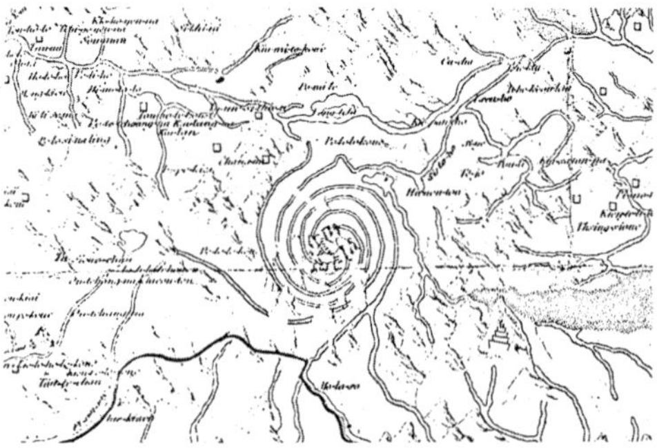

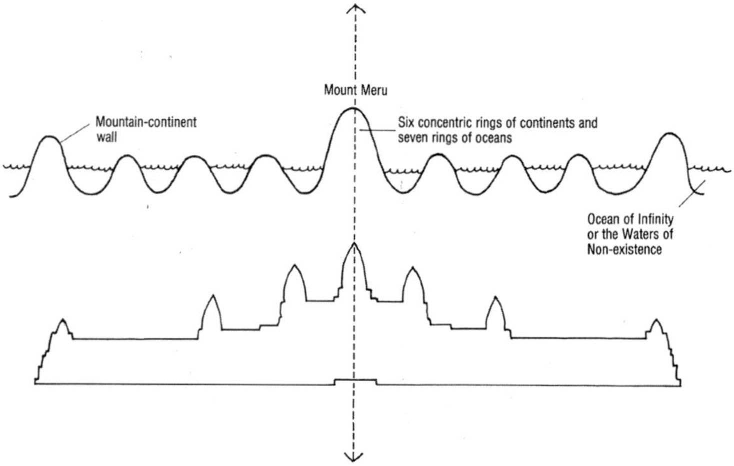

[그림 19]
히말라야를 추상화한 지도와 앙코르와트의 윤곽, 그리고 방콕왕실사원에 있는 앙코르와트 모형 의 비교. (출처: Joti Kalyanamitra)

은 농업과 인간의 생산에 관한 것이다.

비록 타이인들이 왕권에 관한 크메르의 개념을 취했다고 하나, 힌두의 모든 상징들을 다 채택한 것은 아니다. 분명한 것은 링가는 결코 크메르와 같은 맥락에서 사용된 적이 없었다. 게다가 메루산과 이를 둘러싼 대륙 및 바다들은 대체로 유사한 의미를 갖기는 하였으나, 강한 불교적 영향 때문에 그 적용의 수준은 달랐다. 메루산 상징은 궁극적으로 건축에서 거의 모든 층 쌓기 요소에 적용될 수 있는 신성하고 수비학적인 상징으로 일반화되었다. 또 다른 힌두 상징인 나가의 똬리는 앞서 살펴본 것처럼 메루산을 나선형으로 흘러내리는 물을 상징하므로 그 자체로서 우주적 모델인데, 불교경전에 따르면 석가모니에게 도움을 줌으로써 불교에 봉사하는 존재가 된다. 이 주제와 관련된 전형적인 이미지는 부처가 무차린다(Muchalinda) 위에 앉아 명상하는 모습을 묘사하는데, 여기서 무차린다는 뱀의 왕으로서 그의 몸으로 보호덮개를 만들어 부처를 보호한다.

제 3장에서 별도로 살펴볼 건축 이외에도, 크메르의 신왕(神王) 우주론에 가장 유사한 태국의 인공 구조물들은 어좌와 닫집 그리고 이에 부수되는 찻(chat. 본래 산스크리트어 chattra에서 온 타이어로서 의장용 양산 또는 그 같은 모양의 장식물을 의미한다. 보통 여러 개의 층을 가지고 있다. 산개 傘蓋 또는 일산 日傘으로 번역할 수 있다. 본서에서 저자가 chat이라고 쓴 경우 번역하지 않고 그냥 찻이라는 용어를 사용했고, parasol이라고 쓴 경우에는 일산 日傘으로 번역했다-역주) 혹은 여러 개의 층을 가지고 있는 일산(日傘)이다. 왕은 상징적으로 메루산 정상에 앉아 신민들의 복리를 보존하기 위한 생명수의 흐름을 지배한다. 따라서 왕은 스스로가 지고한 존재로서의 역할을 자임했는데, 나라이 왕(재위 1656-88)의 이름에서 보는 나라이(Narai. Narayana. 힌두신 비쉬누의 명칭 중 하나-역주)와 방콕

왕조의 왕들에게 적용했던 라마(Rama. 힌두신 비쉬누의 화신 중 하나-역주)라는 명칭처럼 실제로 많은 왕들이 비쉬누의 화신에 해당하는 이름을 채택했었다.

왕들과 고위 귀족들이 죽으면, 향유를 바른 시신들을 나무로 만든 인공산인 메루에 안치하였다. 이 형태의 가장 아름다운 건축물 중 하나는 라마 5세의 화장을 위해 1911년에 건축한 메루였다. 시신이 놓이는 메루의 축이 중앙에서 위로 솟아 있었다. 다층의 기단부분과 주위에 높이 설치된 단들이 동심원 모양의 대륙과 바다를 표상하며 모서리에 설치된 누각들은 불교 우주론의 네 대륙을 상징한다[그림 20]. 이들과 관련된 세부내용이 제 3장에서 추가로 다뤄질 것이다.

[그림 20]
1911년 라마 5세의 메루.
(방콕 국립도서관 제공)

나가 족

일상생활을 영위하는 평범한 백성들에게는 물을 흘려보내는 신성한 의례에 참여할 자격이 부여되지는 않는다. 그럼에도 불구하고 그들은 나가를 일상적으로 사용한다. 따라서 물의 상징 나가는 마을 수준까지 스며들어 있다.

나가와 물의 가장 직접적인 연관은 낙하이남(nak-hai-nam. 문자적으로 물을 주는 나가라는 의미)에서 찾을 수 있는데, 이것은 농업에 필요한 물의 양과 관련하여 태국의 시골사람들이 사용하는 역(逆) 측정체계이다. 만일 좋은 연도라면 물이 풍부하고 이에 따라 하나의 나가가 있다고 얘기한다. 만약 가뭄이 가장 심한 경우라면 일곱 나가가 물을 다 삼켰다고 얘기한다.

한 지역에 사는 전 인구가 나가 족으로 확인되는 곳의 사례에서는 나가와 인간의 연관을 가장 직접적으로 보여준다. 라오스, 북부 베트남, 남부 중국의 따이족 남성들과 더불어 많은 오지의 남성들이 그들의 몸에 나가 문신을 새겨 넣었다. 옛 중국과 안남의 기록들은 중국의 따이족들을 그렇게 묘사하고 있으며, 중국인들은 위대한 뱀을 의미하는 킨만(Khin-man)이라는 이름으로 그들을 부르곤 했다. 태국의 옛 연대기에 따르면, 베트남 북부 십송차오따이(Sipsong Chao Tai)의 어딘가에 있었던 도시국가 요녹(yonok)의 이름 요녹낙판(yonok-nak-phan)이 한 나가 종족으로부터 나온 것이라고 전한다. 현 인도 아쌈(Assam)주의 일부가 된 아홈(Ahom)이라고 하는 옛 따이족의 나라에는 일군의 사람들이 여전히 스스로를 나가라고 부르며 자신들의 나라를 나가랜드(Nagaland)라고 칭한다. 흥미롭게도 스스로를 물의 상징 나가와 동일시하거나 문신으로 새겨 넣은 사람들의 범위는 이 지역은 물론, 동남아시아로부터 일본에 이르기까지 넓은 지역에 걸쳐 분포한다[그림 21].

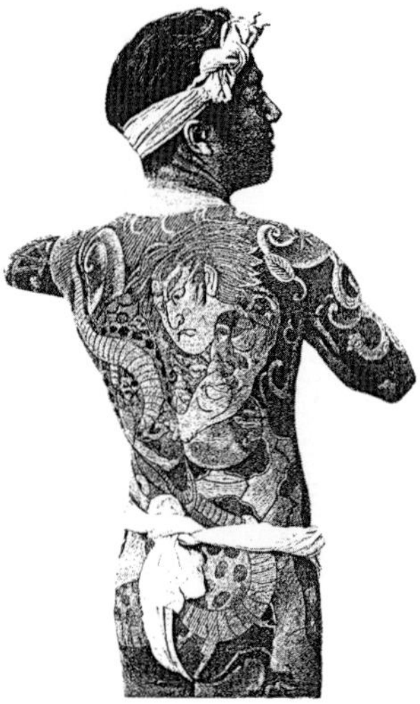

[그림21]
용처럼 생긴 똬리와 인물을 문신해 넣은 한 일본인. (출처: Paul Bonnetain, L'Extreme Orient, Paris, 1887)

중요한 거의 모든 것에 수생 상징이 나타난다. 현악기[그림 22], 가지 촛대[그림 23], 북을 받치는 지지대, 낫, 정교한 쟁기, 바구니를 옮기는 어깨받이[그림 24], 그리고 타이어로 통차이(tung chai)로 알려진 사원의 장식 등 거의 모든 형태의 실용품에서 나타난다. 통차이에는 두 가지 형태가 있다. 한 가지는 북부 태국 왕자들의 문장(heraldry.紋章)의 일종으로서 나가 모티프로 조각된 긴 나무가 사원에 수직으로 걸려 있는 것이고[그림 25], 다른 한 가지는 긴 종이 혹은 천을 장대에 걸어 길게 펴 놓거나 걸어 놓은 것이다[도판 6]. 종이 통차이는 나가 모티프를 가지고 있지는 않지만, 나가 모티프가 새겨진 나무 통차이와 관련을 맺고 있으며 수생적 속성을 지닌다. 미얀마의 경우 꼬리가 위로 향하고 머리가 아래쪽으로 향한 나가로 분명하게 묘사된다. 머리를 아래쪽으로 향한 용이 새겨진 중국사원의 석조 기둥도 아마도 유사한 전통을 표상하는 것이다[그림 26]. 발리 섬에서는 이것을 움불 움불(umbul umbul)이라고 칭하며, 폴리네시아의 파히(pahi) 혹은 더블카누의 돛처럼 생겼다[그림 27 및 28]. 단순하지만 종종 꼬리가 장대의

[그림 22]
나가 머리가 장식된 옛 태국 현악기. (사진: Sangaroon R. Kasikorn)

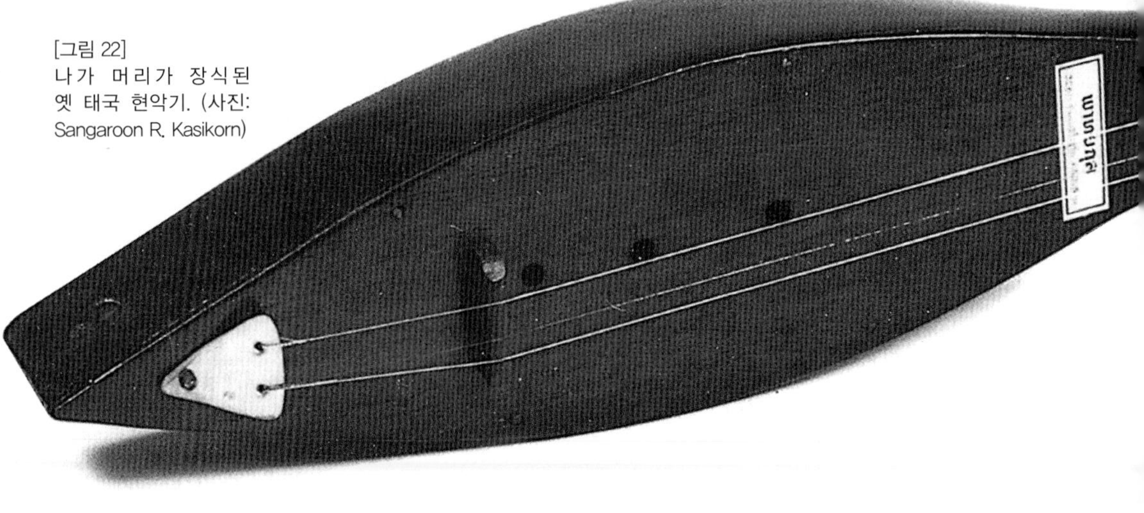

위로 향하고 머리는 아래 지상 쪽을 향한 나가를 그려 넣는 경우도 있다.

하지만, 궁극적 물의 상징은 배 자체에서 발견되는데, 왜냐하면 나가가 가장 잘 나타나고 있는 곳이 여기이기 때문이다. 선사시대 혹은 전(前)힌두시대 이래로 나가의 형태로 만들어진 배들은 극단적으로 정교했다.[17][28] 하지만 나가가 장식된 배의 완전한 형태는 17세기 아유타야의 배들과, 아유타야 말기 및 방콕시대 초기(18세기 후반-19세기 초)의 배들이다. 아난따낫카랏(Anantanakraj)으로 불린 왕실 의장선(意匠船. 의식용 장식배-역주)은 아마도 현재까지 존재하는 이 형태의 배들 중 가장 아름다울 것이다[그림 29], [도판 7]. 아난타 혹은 우주바다를 상징하는 일곱 개

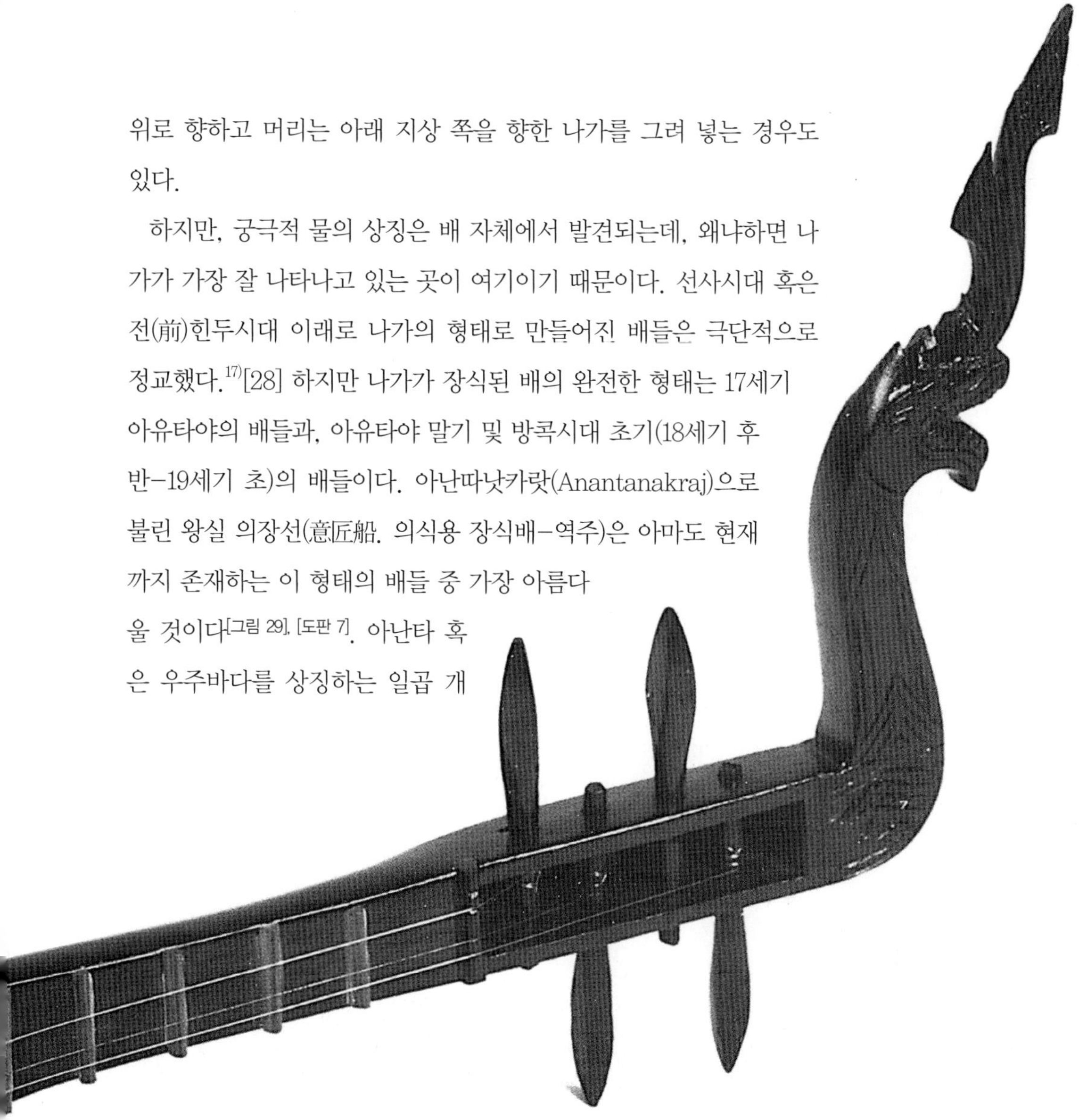

의 머리를 가진 뱀 형태가 전장에 걸쳐 솜씨 있게 장식되고 있다. '배'라고 하는 본래의 요소 속에서 물의 상징 나가가 이곳에서처럼 눈부시게 표현되고 있는 예는 다른 어디에서도 찾아보기 어렵다.

17) Eric Casino, Ethnographic Art of the Philippines, an Anthropological Approach. Bookman Printing House, Quezon City, 1973, p. 42.

[그림 23]
가지촛대(Sattaphan).(치앙마이 국립박물관 제공)

[그림 24]
경작 의식에 사용되는 바구니 운반용 어깨받이. (Tom Chuawiwat 사진)

[그림 25]
북부 태국에서 문장으로 사용되는 조각된 통차이(tung-chai). 왓프라탓람빵루앙(War Phra That Lampang Luang) 사원, 람빵(Lampang), 북부 태국

[그림 26]
중국식 용기둥. 왓텝티다(Wat Thepthida) 사원, 방콕

[그림 27]
움불 움불(Umbul umbul), 발리 섬의 사원 깃발

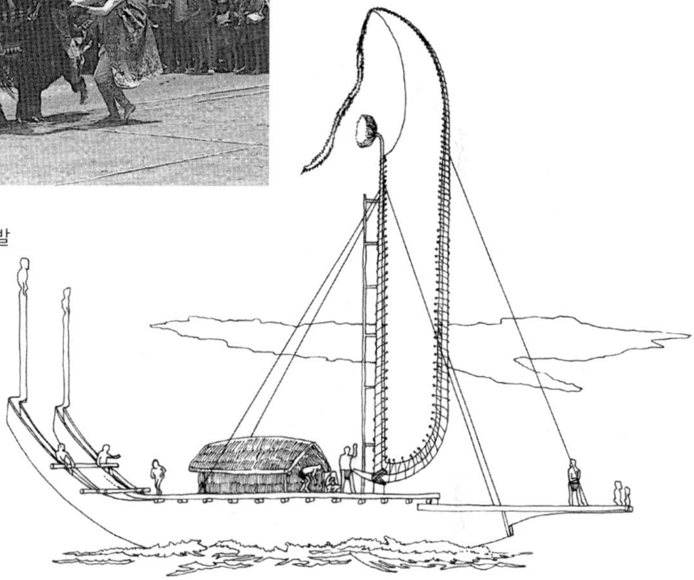

[그림 28]
고대 폴리네시아 파히(pahi)

[그림 29]
아난따낫카랏(Anantanakraj)으로 불린 왕실 의장선의 19세기 사진(국립도서관 제공. 방콕)

[그림 30]
아난따낫카랏 의장선의
뱃머리에 장식된 일곱 개
머리의 나가

소라

또 하나의 해양 혹은 수생 상징은 바다고둥과의 소라 혹은 조개이다. 그것의 정교한 상징성은 힌두교와 함께 특히 브라만에 의해 동남아시아에 전해졌다. 하지만 그 이전, 힌두교 자체도 아직 형성되기 전에, 소라가 아닌 무늬개오지(cowric)라는 바다 조개가 특별한 가치를 지닌 것으로서 이미 통용되었었고, 훗날 화폐의 형태로 전 지역에 걸쳐 사용되었다. 우리는 이 조개들이 선사시대 매장지와 북부 태국의 고고발굴지에 흩어져 있는 것을 발견할 수 있다. 힌두교가 전해지지 않은 해양지역에 사는 폴리네시아인들은 소라를 오랫동안 상징적으로 사용해 오고 있는데, 항해자들이나 해안지역 거주자들에게 가장 아름답고, 영원하며 가장 손쉽게 손에 넣을 수 있는 가치 있는 물건은 분명 조개였을 것이다. 그러므로 바다조개가 궁극적으로 돈(타이어로 '비야(bia)')으로 사용되어, 태국과 중국에서 다양한 형태[그림 31]를 가진 조개 모양의 '폿두앙(pod-duang)' 화폐를 탄생시킨 사실은 우연의 일치가 될 수 없다. 오늘날까지도, 방콕증권거래소는 문자 그대로는 '조개에서 자라난 것'이라는 의미의 '덕비야(dawg-bia)'라는 말을 이자율을 지칭하는 의미의 용어로 사용하고 있다.

서양에서는 소라가 그리스 신화에 나오는 반인반어의 해신 트리톤(Triton)의 트럼펫과 상징물로서 사용되고 있음을 볼 수 있다. 힌두 신화에 근거한 타이 신화에서는 소라는 비쉬누의 태국판 화신(av-atar)인 나라이의 무기로 소개된다. 나라이는 동심원 모양의 바다와 산으로 둘러싸인 메루산의 심연에서 저주받은 소라모습으로 문제를 일으키는 신을 복종시킨다. 승리한 나라이는 이때부터 소라를 '쌍카빤짜찬야(Sangkhapanjachanya)'라고 알려진 그의 전쟁도구로 삼는다. 이 신화는 이 지역에서 왜 소라를 부는 것이 쇠뿔을 부는 것보다 먼저 발생했는가를 설명해준다. 쇠뿔을 부는 것은 대륙 내부의 육

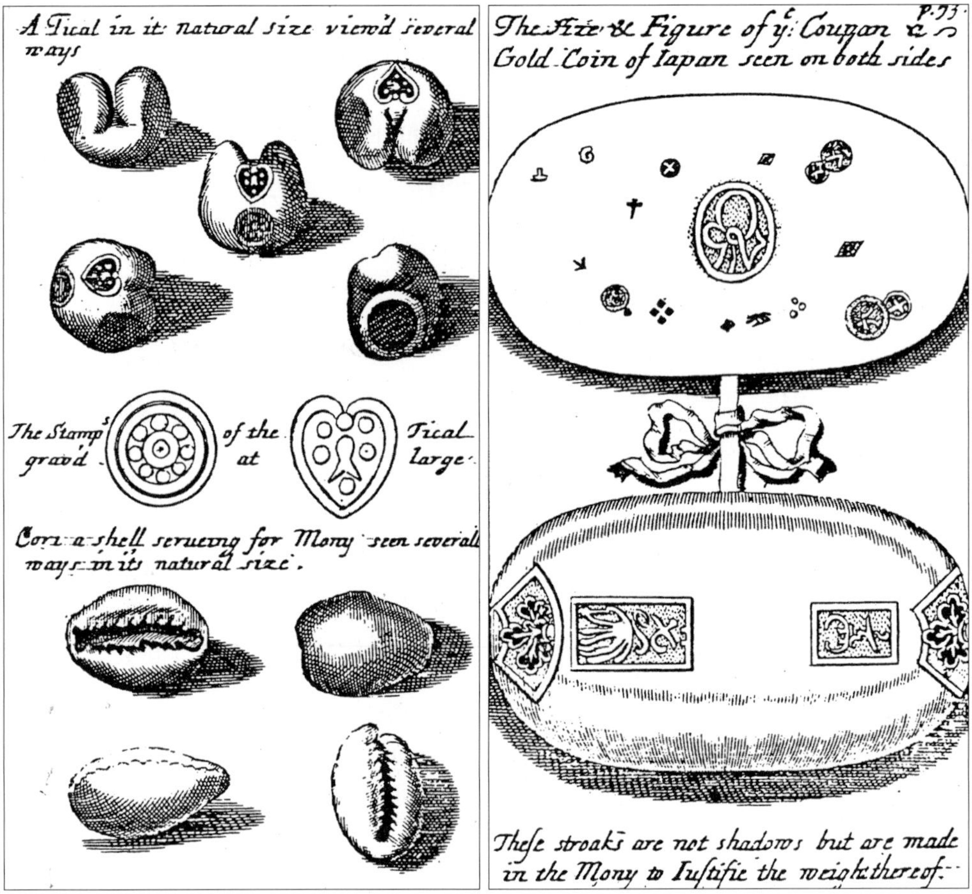

[그림 31]
화폐로 사용된 바다조개. 왼쪽은 태국의 '폿두앙' 화폐이고 오른쪽은 바다조개를 닮은 일본의 동전. (출처: Simon de la Loubere, A New Historical Relation of the Kingdom of Siam…. London, 1693)

지기반 사냥꾼들에게 속하는 것이다.

왕은 소라를 승리와 정의의 상징으로 전쟁터로 가지고 가는데, '프라티낭푸탄(Phrathinang Phuttan)'이라고 하는 우주적 모델의 모습으로 코끼리의 등위에 올라앉는다. 신호의 도구인 소라의 소리는 거리를 재는 수단으로 사용되었다. 소라는 상서로운 상징으로서 거의 모든 의식에 사용되어왔으며 현재도 그러하다. 사실, 소라는 왕위 표상 중 가장 중요한 반열에 위치한다. 1782년 태국의 라마 1세가 즉위할 때, 인도 사람인 쿠다와시(Kudawasi)가 가장 먼저 앞으로 나와 왕에게 소라를 전해줬다. 그 소라는 왕국에서 가장 성스러운 곳인 왕실 사원(방콕의 왕실 전용사원인 왓프라깨오-역자주)에 설치한 것으로 보이는데, 왜냐하면 그것(혹은 유사한 것)은 왕실 삭발의식에서 왕위 표상의 일부가 되었기 때문이다. 그 후 또 다른 소라가 연례 환복 의식 거행시 에메랄드 불상 위에 정화수를 뿌릴 때 사용하기 위해 왕실 사원에 설치되었다. 즉위 절차에 관한 책을 보면, 왕은 즉위식의 일부로서 성스러운 소라에 담긴 물로 얼굴을 씻어야 할 것이 분명히 요구되었다. 왕실의식 이외에도, 이 책의 5장에서 논의될 주제인 도시계획을 포함하여, 소라의 활용 예는 무수히 많았다.

우주적 의식

힌두교도냐 불교도냐에 관계없이, 비쉬누 신앙의 메루산 혹은 시바 신앙의 카일라스(Kailas, 태국의 발음은 '끄라이랏'이다-역주)산은 나가 및 소라와 더불어 오늘날에도 모든 의식과 의례의 기본적인 수단을 형성한다. 사실 우주적 상징을 가진 의식들 혹은 단순히 수생적 요소와 연관된 의례들은 낮은 신분부터 최고의 신분에 이르기까지의 모든 사람들을 탄생부터 죽음, 그리고 심지어 그 이상의 영역과 관계를 맺도록 한다. 사실 태국에서는 그렇지 않은 의식이 없다. 왕들과 신하 모두 매달 발생하는 연례 의식들을 거행한다. 궁정에서 행하는 의식들은 라마 5세(재위. 1868-1910)가 저술한 논문인 '12개월의 왕실의식들'에 기술되어 있다. 단순한 민초들, 특히 북동부 인들에게는 매월마다 하나의 주요한 보시행사가 일어난다. 게다가 다른 수많은 축제들과 의례들이 연중 거행된다.

모든 태국의 의례들 중 가장 정성을 들이는 것은 의심할 바 없이 대관식인데, 이것은 불교화된 힌두교 의식으로서 왕의 변화와 관련된다.

서양에서 이해하는 대관식이라는 용어는 이곳 태국의 의식과는 맞지 않는데, 왜냐하면 왕관은 왕을 변화시키는 으뜸의 요소인 물에 대한 보충적 역할만을 하기 때문이다. 심지어 왕관 자체도 유럽의 의미와는 일치하지 않는다. 대신, 왕관은 진정한 우주적 모형을 표상한다. 실제로, 이 의식에서 왕은 우주적 모델 이외에도 시바의 목걸이 같은 장식띠(프라쌩완투람(Phrasaengwalthuram))를 착용하고 시바의 칼과 비쉬누의 원반을 잡음으로써 시바신앙의 신인 이쑤안(이쓰바라(Isvara))과 비쉬누 신앙의 화신인 나라이(나라야나(Narayana))의 역할을 떠맡는다. 지극히 긴 왕의 이름을 구성하는 다수의 접두어 중의 하나가 명백히 비쉬누의 한 화신으로 해석되며, 그리고 왕의 명령(옹칸(ong-karn)) 또한 비쉬누의 화신에 의해 선언되는 것처럼 그렇게 표현된다.

비록 이쑤안이 시바의 한 측면을 표상하더라도 그가 널리 받아들여지게 된 것은 지역 고유의 신들과 혼성되었기 때문이라는 사실을 주목해야 한다. 크메르 왕들의 경우에는 시바의 상징이 직접적으로 링가의 형태로 나타난 것과는 대조적으로 이쑤안은 시바에 대한 별도의 지시(reference)를 표상한다. 시바에게서는 대양-대륙의 우주구조론에서의 육지기반 요소가 발견된다. 왜냐하면 베딕(Vedic) 시대에 이 신은 숲속의 신이자 동물과 황야의 주인으로서 북유럽의 신인 야생의 사냥꾼 워데워단(Wode-Wodan)과 친연관계가 있는데, 이 점은 남성 상징화를 의미하는 것이다. 베딕 시대 이후에는 브라흐마, 시바 및 비쉬누가 현저해졌다. 브라흐마는 나중에 번갈아 가면서 인기를 끈 다른 두 신들에 의해 돌이킬 수 없이 가려졌다. 때로 비쉬누와 브라흐마는 시바신의 속성이 되었고, 또 때로 시바 그 자신도 비쉬누의 일부가 되었다.[18)]

18) Zimmer, op. cit., p. 125.

라마1세가 즉위할 때, 아유타야의 고대 관습에 따라, 인드라 신이 왕과 혼합되도록 유인되는 또 다른 변화의례(인트라피쎅(Indra-phisek))가 거행되었다. 이 의례를 거행하기 위해, 왕궁 내에 인드라의 임재를 불러일으키는 암마린피쎅(Amrintharaphisek)이라는 전을 특별히 건립하였다.

1782년에 이 의례를 위한 준비는 (이어진 치세에서도 약간의 변화와 함께 그랬던 것처럼) 왕국 내에서 가장 상서로운 몇몇 지방으로부터 물을 모으는 것(무라타피쎅 (Murathaphisek))으로부터 시작되었다. 당시 선별된 지방에 대한 기록은 남아있지 않으나, 현재의 왕인 부미폰 왕의 즉위식의 경우에는 남쪽으로 가장 먼 지방인 파타니로부터 북동쪽에 있는 프라탓파놈(Phra That Phanom)에 걸쳐 18개의 지역이 사전에 정해졌다. 수도에서, 불교 승려들이 천신에게 선포하고 주문을 암송하는 동안 각 지방에 올라온 물은 합수되어 성스러운 면실과 합쳐졌다. 행사는 3일 동안 계속되었다. 나흘째 되는 날, 왕은 닫집과 찻(chat, 여러 층의 일산(日傘) 형태로 된 우주적 모델) 밑에 앉아 성스러운 물로 씻었다[그림 32]. 그리고 왕의 변화가 진행되었다. 아직 우주적 현시에는 도달하지 않은 왕은 파이싼탁씬(Phai-santhaksin) 전에서 왕보다는 약간 낮은 지위를 상징하는 7층의 찻 밑 팔각 보좌(Phrathinang Athathi, 프라티낭앗타팃)에 앉았다. 파이싼탁씬이란 남쪽을 지칭하는 탁신이라는 이름에 의해 메루산의 물이 본래의 회전으로 되돌아가는 중요한 의미를 갖는다. 한편 팔각의 보좌는 고대인들이 방향에 대해 몰두했었다는 점을 보여준다. 특히 왕의 학자들과 브라만 성직자들이 8개로 분리된 공간에서 각각 지켜서서 왕에게 성스러운 방향을 보호하고 지켜 줄 것을 간청하는 문구를 낭송했다. 그리고 각 8개의 방향으로부터 정화수가 왕에게 바쳐지고 축복이 뒤따랐다. 그 이후 왕은 또 다른 보좌 프라티낭 파타라

[그림 32]
1873년도 라마 5세의 즉위식. 의례의 일부로 왕은 성스러운 물로 몸을 씻었다.(방콕 국립도서관 제공)

빗(Phrathinang Phattharabith)으로 나아갔고, 그곳에서 브라만의 수장이 메루산의 변형인 카일라스 산을 칭송하는 것을 포함하여 보다 많은 주문을 외었다.[19] 이 브라만에게 답례하면서, 왕은 그로부터 다음의 표장을 받았다.

1. 왕관, 프라마하피차이몽꿋(Phra Mahaphichaimongkut). 왕이 자신의 머리 위에 놓으면, 브라만들은 소라를 불고, 신하들은 드럼 연주와 트럼펫을 불며, 군인들은 축포를 쏘고, 전국의 불교승려들은 종을 치며 염송을 한다.

19) 카일라스산은 티베트에 있으며, 히말라야에서 가장 높은 산 중 하나(6,714m)이다. 힌두교에서는 시바의 휴양지로 인식하며, 티베트 불교에서는 메루산으로 생각한다.

2. 프라쌩 캄차이시(Phrasaeng Khamchaisi), 캄푸체아(Kampuchea)의 상징적인 칼.
3. 프라쌔자마리(Phrasae Jamari), 인도 왕들의 전통적 표장인 채찍.
4. 타루프라콘(Tharuphrakorn), 팔받침과 흰 코끼리 꼬리로 만든 채찍.
5. 라마의 샌들을 상징하는 왕의 샌들.

마지막으로 마법으로 고쳐된 원로 신하 프라머타오(Phra Maw Thao)가 왕에게 왕권을 의미하는 9층의 찻을 바쳤다.

왕에게 바쳐진 이 봉헌물들 이외에도 다른 찻들이 바쳐졌으며, 장구(裝具)나 무기 형태의 보다 많은 도구들이 뒤따랐다. 이 순간 이후부터 왕의 변화는 종료되었고, 왕은 성수를 부으며 정의로서 다스릴 것을 서약하였다. 소라, 나팔, 북의 터질 듯한 소리가 울려 퍼지는 가운데, 모든 참석자들은 마치 비쉬누의 화신에게서 방사되는 듯한 왕의 선언을 받아들였다. 다음으로, 왕은 다른 옷을 입고 짝끄라팟팁피만(Jakraphadiphiman) 홀에 나타나 불교평의회의 축복을 받음으로써 의식의 오전 부분을 마쳤다. 오후에 왕은 아마린위니차이(Amrintharavinichai) 홀에 나타나 왕족들로부터 축복을 받고, 장관들로부터 선물을 받았으며, 이후 파이싼탁씬(Phai-santhaksin) 홀에 다시 등장하여 왕실로부터 선물을 받았다. 그는 왕실 사원으로 이동하여 종교의 보호자인 승려들과 만난 후, 이어 열린 의식에서 그는 조상들에게 예를 드렸다. 왕은 집들이와 유사한 의례를 거행함으로써 바쁜 하루를 끝냈는데, 그것은 바로 짝끄라팟팁피만 홀에서 상징적으로 하룻밤을 자는 것이었다. 거기서 그는 다시 왕실의 연장자들로부터 도구들과 함께 많은 축복을 받았다. 그 이후 며칠간 수많은 알현이 이루어지고 난 후, 왕이 수도를 순회함으로써 대관식은 막을 내렸다.

목욕의례

모든 의식 중 가장 물이 많이 사용하는 왕실의 목욕의례(Phr-arajphithi Longson)에 대해 설명하고자 한다. 이 의례를 거행할 때 젊은 왕세자는 짜오프라야 강에 들어가 강물로 목욕을 해야 했다. 이 의례는 옛 수도 아유타야에서 거행된 것으로 알려지고 있으나 방콕에서는 1812년과 1886년 오직 두 차례만 거행되었다[그림 33]. 두 시점간의 큰 시차를 고려할 때, 매 100년마다 거행되는 발리 섬의 에카다사루드라(Eka Dasa Rudra)처럼 매번 복잡한 의례를 재창조해내는 것은 의례를 기억하고 계속해내는 거대한 전통을 필요로 한다. 사실, 이 의례에 대한 방콕 시대의 기록들만이 문서로 살아남았고, 보다 오래된 기록은 사라졌다. 다음은 1812년에 거행된 의례에 대한 설명이다.

[그림33]
왕실목욕의례용 수상누각. 방콕. 1886.(방콕 국립도서관 제공)

"…왕실 목욕의례에서는 몬돕(mondop)[정점을 향해 점차 좁아지는 다층의 지붕을 가진 정방형 건물]을 지지하는 뗏목을 만들어야 한다. 수상누각의 앞에 고정된 뗏목은 그 중앙에 우툼폰나무(Moraceae Ficus Racemosa Linn. 뽕나무과 무화과나무속에 속하는 나무로 우담화 또는 우담바라로 알려진 식물-역자주)로 만들어 백색 천을 덮은 몬돕을 설치한다. 몬돕 안에는 뗏목 바닥에 판자를 깔아 목욕실(recess)을 만든다. 목욕실은 얇은 널조각을 둘러쌓은 다음 대나무 우리와 그물로 그 주변을 다 감싼다. 모든 방향을 천으로 덮은 목욕실의 북쪽과 남쪽에는 2개의 내려오는 계단이 있다. 동쪽에는 반다이깨우(Bandai Kaew)라고 부르는 주 계단이 있어 뗏목을 수상누각과 연결시키며, 뗏목의 서쪽에는 이중의 단을 세워 나라 각지에서 수집한 성수가 담긴 그릇을 올려놓아 왕세자가 이 성수로 몸을 씻는다. 목욕실 안에는 금박, 금동합금(naak)), 은 등으로 만든 인조물고기와 새우, 그리고 금과 은박으로 감싼 야자가 설치된다. 몬돕은 구멍이 난 나무병풍으로 두르고 각 방향에 문을 낸다. 이 전체는 다시 3중의 정사각형 나무병풍들로 가리는데, 각 병풍들은 각각 금박, 금동합금박 및 은박으로 마감한 것이다. 소라에 담긴 정화수가 궁정 브라만들에 의해 네 구석에 설치된 탁자 위에 놓인다. 칼을 찬 군인들이 두 번째 공간 즉, 몬돕을 둘러싼 중간 병풍과 세 번째 병풍 사이의 3면에 배치되며, 아울러 뗏목과 이웃한 배들에도 10명, 25명, 16명, 16명씩 그룹을 지어 배치된다. 그리고 8명의 총병들이 서서 북쪽을 지킨다. 39척의 작은 배들이 뗏목 주위에 계류한다. 그 배들은 보좌가 있는 배, 누각이 있는 배(르어 깐야(Ruea kanya)), 원숭이 배(르어 끄라비(ruea krabi)), 가루다 배, '르어 댕(ruea dang)'이라고 칭하는 의례용 배 그리고 다른 동물들과 유사하게 조각한 기타 배들인데 노잡이들은 모두

붉은 옷을 입고 붉은 모자를 쓴다. 이 선단에는 악어잡이를 태운 배들과 위험한 수중 생물을 잡기 위한 그물을 실은 배들도 있다.[20)]"

이 광경은 카일라스 혹은 메루산이 실제의 물로 둘러싸인 모습인데, 이 경우에는 나라의 탯줄인 짜오프라야 강에 의해 둘러싸인 광경을 나타낸다. 전체적 형태는 이동하고 떠다니는 모습의 우주적 모델이었다.

1886년에 거행된 의식은 전과 마찬가지로 성대하게 치른 것으로 보인다. 이때 빅토리아 여왕은 라마 5세에게 축하전보를 보냈고, 특히 영국의 총영사인 사토우 (E.M. Satow)에게 의례의 세부사항을 알아보도록 요청하였었다. 의례를 참관한 증인들에 따르면, 선상 악단의 연주가 울리는 가운데 축포가 발사되었다. 수백 척의 보트에 올라탄 사람들이 강에서 의식을 참관하였고, 의식이 끝난 후에는 모든 도구들이 그대로 놓여있는 뗏목을 견학할 수 있었다.

매년 왕과 백성이 함께 수많은 메루산을 짓고, 동시에 물에 흠뻑 젖는 의식이 있다. 모래로 성스러운 산 쌓기라는 의미의 '깨우프라싸이(kaw-phra-sai)'라고 칭하는 이 의식은 연중 여러 차례 거행하지만, 4월에 치러지는 태국의 신년축제인 쏭끄란과 일치할 때가 가장 중요하다. 모든 계층의 사람들이 모래를 가지고 절에 모여 메루산 모형을 건설한다. 만들어진 모래 산은 깃발과 꽃으로 장식되며 종교적 봉헌물이 되는데, 쏭끄란 때는 사람들이 서로에게 물을 뿌리는 것이 특징이다.

왕실에서는 상당기간 동안 거행되지 않고 있는 이 의식은 엄숙한 행사였다. 버롬마꼿왕(Boromkot, 재위 1733–58) 시절 아유타야에

---

20) Prince Damrong, Bangkok Chronicles, Second Reign (in Thai), published for cremation of Mom Kaew Thinakorn, Bangkok, 31 January 1955, pp.97-199. 저자 역.

서 이 의식이 거행되었다는 기록이 남아있다. 이 기록은 모두 100개의 우주모형을 왕이 어떻게 감독하고 스스로 만들었는지를 매혹적으로 설명한다. 모래산 만들기와 관련된 의식들은 왕실사원(Wat Phra Sisanpech. 왓프라씨싼펫) 앞과 아유타야의 다른 주요 사찰 및 왕궁의 광장에서 거행하였다. 찻(chat)은 물론 바이씨(baisi)라고 하는 잎사귀로 만든 원뿔형 장식과 같은 수많은 우주적 장식물로 치장을 아끼지 않았다. 염송과 행진, 그리고 악단이 연주하는 가운데 의식은 4일간 지속되었다.

1782년 방콕에 새 수도를 수립하자마자, 라마 1세는 고대의 관례대로 의식을 거행하도록 명하였다. 이 행사에서 40개의 우주적 모래산이 세워졌고, 나중에 왕은 의식의 일부로서 강으로 내려가 물속에 특별히 설치된 울타리 안에서 목욕을 했다.

다른 유사한 의식이 쏘깐(sokan)으로 알려진 왕실 삭발의식이다. 물론, 통과의례로서 삭발은 동방정교회와 1973년까지 시행했던 로만 카톨릭을 포함하여 다양한 종교들에게 퍼져 있었다. 불교에서는 석가모니가 출가 후 삭발한 전례를 따라, 승려가 될 때 삭발의식이 거행된다. 하지만, 어린 아이에게 적용되는 태국의 삭발의식은 힌두 성년식에 바탕을 두고 있다.

옛날 소년들은 머리 중앙의 타래 혹은 매듭만을 남기고 머리카락을 모두 면도했다. 5세와 8세 사이에는 청년기로 들어간다는 표시로서 매듭도 깎았다. 의식은 세련된 정도에 따라 가장 단순한 수준으로부터 고상한 수준에 이르기까지 다양하였고, 왕의 자녀들의 삭발의식의 경우[그림 34] 다른 궁정의례와 마찬가지로 엄숙하면서도 한편으로는 축제와 같은 행사였다. 이 의식은 비록 왕궁 경내의 땅위에서 거행되기는 했지만, 우주 모형을 건설하는 일도 포함하고 있었다.

이 우주 모형은 누각에 찻을 올리거나 카일라스 산 위에 이쑤안(시

[그림 34]
삭발식에 들어가기 전 머리의 타래를 지니고 있는 모습의 어린 시절의 라마 5세. (출처: Anna Harriette Leonowens. The English Governess at the Siamese Court…. London, 1870)

바) 상을 봉안한 누각 혹은 부싸복(busbok. 몬돕의 작은 복제물)을 올리는 형태로 구성했다. 이 부싸복은 또 다른 다양한 우주적 상징들에 의해 둘러싸여 있었는데, 그 중에는 더 작은 부싸복들이 4방위에 배치되어 네 코너에 있는 대륙을 표상하였다. 왕의 자녀를 목욕시키는 욕조는 카일라스산 자락의 북쪽에 세워졌다. 여러 신화적 동물들,

[그림 35]
왕궁(방콕의 그랜드팰리스로 알려져 있는 Phra Borom Maha Racha Wang-역주)에 세워진 카일라스산, 방콕, 1890. (방콕 국립도서관 제공)

새들 그리고 나무들이 이 인공산의 나머지 부분을 장식하였다[그림 35].

라마5세가 총애하는 딸을 위한 의식이 1888년도에 거행되었다. 첫째 날, 불교승려들과 브라만들이 주문을 외는 가운데 왕은 두씻마하쁘라쌋(Dusir Mahaprasat)전에 있는 제단의 초에 점등함으로써 의식을 시작했다. 둘째 날, 어린 공주는 가마에 태워져 행진을 하였는데, 왕궁을 한 바퀴 돈 다음 승려들이 더 많은 주문을 외는 가운데 두씻마하쁘라쌋전에서 행진을 마쳤다. 셋째 날에는 악단 연주와 곡예공연이 벌어졌다. 의식은 다섯 째 날에 절정에 이르렀는데, 궁정 관리들이 공주의 머리 형태를 우주형상을 모방하여 중앙의 매듭을 중심으로 4면의 타래가 배치된 형태로 만들었다. 그 후, 왕이 음악과 염송의 소리가 울리는 가운데 주요 왕족들의 시중을 받으며 공주의 머리카락의 매듭과 타래를 자르고 소라에 담긴 정화수를 공주의 머리 위에 부었다. 그 이후 그녀는 카일라스 산으로 인도되어 네 신수(神獸)의 입으로부터 분출되는 물로 목욕을 하였다. 목욕의식이 끝나기 전까지 더 많은 정화수가 공주에게 부어졌다. 이제 통과의례를 완전히 끝낸 공주는 다른 옷으로 갈아입고 다시 나타나 그의 아버지와 관리들로부터 금박에 새겨진 그녀의 공식 이름과 그녀의 새로운 신분에 합당한 많은 표장들을 받았다. 여기에는 우주의 상징적 머리장식으로 간주될 수 있는 왕관(王冠)도 포함되어 있었다. 모든 의식은 궁정 브라만들이 왕궁 주위를 다섯 바퀴 도는 것을 마지막으로 하여 종료되었다.

의식들은 그 목적이 무엇이든 간에 항상 우주적 상징들의 전시 행사였다. 우주적 산(메루산-역주)의 회전축을 따라 흐르는 최초의 물이 거시적 환경을 변형시켰듯, 오늘날에도 여전히 이 물은 언젠가는 죽을 수밖에 없는 인간들의 존재 및 영적 상태를 변화시키는 실체가 되고 있다.

물과 관련된 다른 의식들

태국에서는 왕에 대한 충성맹세 의식에서도 물이 사용되었는데, 이는 흡수될 때 대상을 변형시킬 수 있는 물의 속성을 반영한 것이다. 이 목적을 위해 브라만의 수장이 왕실사원에서 비쉬누의 화신인 나라이를 칭송하는 주문을 암송하며 성스러운 칼을 물에 적셔 물의 강력한 파괴력을 스며들게 한다. 모든 고위 관리들은 왕을 알현해야 했다. 이 의례는 브라만의 주문 속에 엄숙하게 거행되었고, 성스러운 칼이 이 맹세의 물에 적셔지면, 궁정 관리들이 소라와 나팔을 불었다. 이 다소 감동적인 의식이 끝나고, 그 성화된 물을 마신 자라면 누구라도 왕에게 절대적으로 충성하지 않을 수 없었을 것이다.

이 의식은 즉위식이나, 피난민이 이 나라에 남기로 결정한 때, 그리고 최근에는 고위공직자들이 새로 임명되거나 추밀원의 멤버가 된 경우와 같이 특정한 경우에도 거행되었다. 무기를 가진 군인들 또한 성수(聖水)를 매월 마시도록 요구 받았다. 충성맹세는 때로 부활되기도 했지만, 절대군주제가 폐지된 1932년도에 중단되었다.

물 요소와 관련된 의식들은 많은 형태를 띨 수 있지만, 마치 메루산에 있는 뱀 구름을 통제하는 인드라처럼 중요한 의식들마다 태국의 국왕이 의식을 관리한다. 농사와 관련해서 말하면, 물이 많아져 홍수가 일어나는 경우 비가 그치게 하는 것은 왕이 해야 할 일이었다. 이 목적을 위해 두 가지 의식들이 존재했었다. 첫 번째는 문자적으로는 배 몰기로 알려진 '프라라치피티 라이 르어(Phrarajphithi Lai Ruea)'라는 의식으로 매년 홍수가 너무 오래 지속되어 수확이 위협을 받았을 때 거행되었다. 이 의식에서 왕은 그의 가족 그리고 고위 신하들과 함께 모든 표장을 갖춘 채로 왕의 배에 올라 홍수와 맞섰다. 두 번째는 '물 추적하기'라는 의미의 '프라라치피티 라이 남(Phrajfhithi Lai Nam)'이라는 의식으로서 본질적으로 동일한 의식이며, 라마 1세(재위 1782-1809)와 라마 3세(1824-51)의 재위시기에 단 두 차례 거행되었다.

가뭄이 발생해도 왕의 행위가 요구되었다. 비를 부르기 위해 왕은 '프라라치피티 피룬쌋(Phrarajphithi Phirunsat)'이라고 하는 의식의 거행을 명하였다. 옛 수도 쑤코타이에서 종종 거행되었던 이 의식은 전적으로 브라만적인 것이었다. 방콕에서 이 의식은 불교의례와 결합되었는데, 브라만적인 부분은 담이 쳐진 별도의 공간 안에서 거행되었다. 왜냐하면 그 의식은 데바(deva), 나가(naga), 물고기로 장식된 저수지 앞에 남녀의 성교를 노골적으로 묘사한 조각상을 두고 거행해야 했기 때문이었던 것 같다. 이 조각상을 제외하고 의식에 사용되었던 모든 주요 도구들이 오늘날 왕실사원 경내에 있는 특별한 불당에 보관되고 있다. 이 의례의 일부로서, 불교승려들과 브라만들이 약 1주일간 쉬지 않고 경문들을 암송하는 가운데, 왕은 계속 목욕을 하고 씻으며 여자와 접촉을 하지 않았다.

태국에는 비를 달래는 다른 방법들이 있었다. 그들 중 가장 대중적인 것은 오늘날까지 북동부지역 전역에서 농부들에 의해 왕성하게 실시되는 '방파이(bang-fai)'라는 의식이다. 이 의식은 한 신화적인 크메르 왕으로부터 기원한 것으로 알려져 있는데, 그의 영토에서 한때 심각한 가뭄이 발생했었다고 한다. 가뭄의 해결을 위해 그 왕은 '방파이'라는 대형로켓을 하늘로 발사하여 이쑤완(시바)를 즐겁게 함으로써 비가 내리게 할 수 있었다고 한다.

의식적 측면은 차치하더라도 방파이는 '위싸카부차(Visakha Bucha)'라는 불교의 성일(聖日)을 축하하는 하나의 큰 축제이다. 사실, 방파이 축제는 5월에 거행하며, 고대 12월 음력 주기의 여섯째 달의 보시(布施)의식을 대표한다. 방파이 축제 시기가 다가오면, 지역사찰들은 축제의 일부가 되어 비밀스럽게 로켓조립에 전념하는 사람들

[그림 36]
방파이. 기우(祈雨)에 사용하는 태국의 전통적인 대나무 로켓

의 활동장소가 된다. 각 사찰 혹은 마을은 로켓의 기술력을 두고 다른 곳들과 경쟁하는데, 예를 들면 공중에 미치는 거리, 장식, 대차(floats. 臺車. 행렬의 장식 수레 또는 화물운반용의 차-역주), 그리고 행진과 같은 분야에서 경쟁한다.

방파이는 화약을 채운 대나무로 만들며 그들의 핵심적인 장식적 상징은 나가이다[그림 36]. 때때로 마을 주민의 대부분이 정연한 행렬을 구성하여, 가수들과 무희들이 뒤따르는 화려한 대차에 실린 방파이와 함께 마을을 돈다. 종종 나무로 조각된 성기가 행진의 뒤에서 수레에 실려 간다. 이 성기와 나가 발사체(방파이-역주)는 추론컨대 생명수를 방출하는 원초적 뱀 구름을 암시하며, 따라서 지구상에 있는 생명의 풍요와 관련된다. 축제참가자들이 큰 사찰의 경내에 있는 발사 장소에 도착하면, 그들은 로켓을 가진 또 다른 그룹들과 만난다. 저녁의 남은 시간 동안 온갖 축제 행사들이 이어지고, 다음날 발사가 시작된다. 첫째로 점화되는 로켓은 하늘에 다다르는 높이에 따라 비가 잘 오는 계절이 될지의 여부를 알려주는 신탁용 방파이이다. 이 이후로는 환호 속에서 로켓의 경쟁이 뒤따른다.

태국의 전통적인 새해인 송끄란(Songkran)은 비를 달래는 것과 관련된 또 다른 의식이다. 이 의례는 승려들이 불상을 목욕시키기 위해 특별히 만든 축소형 누각 안에 불상을 봉안하여 밖으로 가지고 나옴으로써 시작된다. 대도시에서는 매년 대규모의 행진이 조직되어, 목욕의례가 거행되기 전 공들여 만든 대차(float, 臺車)에 사찰의 주불상을 운반하면서 대규모의 군중들이 뒤따른다. 전형적인 마을 공동체에서는 불상목욕을 위해 꽁팟(khong-phad)이라고 하는 독창적인 기구를 사용한다. 이것은 여섯 개의 작은 파이프가 비스듬히 붙어 있는 대나무로 만든 물그릇이다. 축제참가자들이 불상 위에 매달린 그릇에 물을 부으면, 물이 분출구를 빠져 나와 전체 기구를 빙글빙글 돌린다. 비록 지금은 어느 누구도 그 상징적 의미를 생각하지는 않겠지만, 불상 위로 나선형으로 떨어지는 분출수는 힌두교-불교의 우주형상론에서 중앙의 메루산 주위의 동심원적 지형과 훌륭하게 일치한다. 오후 늦게 불상을 목욕시킨 후 사람들은 봉헌을 하기 위한 꽃을 모으기 위해 숲으로 들어간다. 행사는 항상 행진을 이끄는 떠들썩한 광대들과 악사들이 동반한다. 저녁에는 사찰의 광장에서 다양한 축제행사가 열려 밤늦게까지 이어진다.

태국에서는 송끄란 축제가 약 15일간 지속되며 사람들은 그 기간 중 철저하게 물로 젖는다. 노소를 불문하고 거리로 나와 서로에게 물을 뿌리며, 나가의 왕이 물에서 노는 것을 모방한다. 이 의식에서는 서로를 가능한 한 많이 젖게 만드는 것이 절대적으로 필요하다. 왜냐하면 그렇게 하지 않는다는 것은 그 해에 충분한 비가내리지 않는 것을 의미하기 때문이다. 이 상징을 정확히 실행하기 위한 것인 양, 많은 이들이 강으로 나가 서로에게 물을 튀긴다.

메루와 나가

나가 놀이를 하는 것 이외에도, 사람들은 또한 그들만의 단순한 방식으로 많은 우주모형들을 사용한다. 이것은 꽃의 배열, 종이장식, 그리고 접은 바나나 잎의 형태를 띤다. 일반적으로 기능이 중요할수록 모형은 커진다. 하지만 거의 대부분의 성스러운 행사의 경우, 사람들 사이에서는 비록 모형이 단순하거나 단순화된 것이라도 대체적으로 중요한 역할을 한다. 태국의 평민들이 결혼식이나 집들이, 또는 행진을 할 때 사용하는 바나나 잎사귀나 종이로 만든 찻(다층의 상징적 일산(日傘))은 궁정에서 사용되는 값비싼 우주적 모형들에 대한 대체물이다. 식사 때 조차도 고대 우주형상도를 상기시키는 음식장식을 하는 경우가 있다(비록 누구도 그것을 의식할 수는 없겠지만). 그리고 그 경우에는 하나의 의례가 된다. 이 장식은 음식이나 요리 주위를 잎사귀와 꽃을 테마로 구성하는데 바이씨빡참(baisi-pakcham)으로 알려져 있다. 하지만 이것은 '바이씨'라고 부르는 원뿔 형태의 바나나 잎 장식으로 만들거나, 더욱 정성을 들여 바이씨-똔(baisi-ton)이라고 하는 겹겹의 꽃 장식으로도 만들 수 있다[그림 37]. 원뿔과 겹겹의 꽃장식은 종종 세 개의 대나무토막으로 받치고, 꼭대기에 꽃다발을 얹기도 한다. 이 원뿔은 카일라스산을 표상하고, 나무토막은 위로 올라가는 계단을, 꽃다발은 이쑤안의 거처를 각각 상징한다. 바이씨가 더욱 정교해지면 먹는 것과의 연관성은 사라진다. 바이씨가 점점 더 복잡한 장식을 띠는 형태를 찾다보면, 피

할 수 없이 만나게 되는 것이 보시축제에서 사용되는 딴꾸워이싸락(tankuay–chalak)이라고 부르는 장식 대차이다[그림 38]. 이처럼 바이씨는 보잘것없는 음식으로부터 출발하였음에도 불구하고 축제로부터 상징적 식사에 이르기까지 거의 모든 성스러운 행사에 이용하게 되었다. 일례가 탐콴(tham–khwan)으로서, 바이씨는 탐콴의 제물로서 이용되는 바, 탐콴은 떠는 영혼을 회복하거나 연장자에게 예를 표하거나 종교적인 혹은 다른 이유로 어떤 종류의 탄원을 하는 의례이다. 흥미롭게도 잎으로 다양하게 장식된 바이씨 스타일의 음식을 먹는 것은 발리 섬에서 일본까지 아시아 해안의 여러 지역들에서 행하여지고 있다[그림 39].

[그림 37]
바이씨. (Tom Chawiwat 사진)

[그림 38]
딴꾸워이싸락. 혹은 장식된 대차. (Sangiroon R. Kasikorn 사진)

이미 설명한 것처럼, 태국의 왕은 국가적 행사에서 종종 메루산에서의 원형적 현시(顯示)를 재현한다. 왕이 인드라의 뱀 구름과의 싸움을 재현하는 동안 신하들은 메루산의 측면을 따라 선회하면서 내려가는 물과 관련한 역할을 재현한다. 몇 가지 의례들 속에는 쁘라–탁씬(pra–thaksin 또는 thaksina 탁씨나)이라고 하는 특정한 의식

[그림 39]
제물로 사용되는 발리 섬의 장식 접시. 태국 바이 씨와 유사하다.

이 포함되는데, 이는 참가자들이 사원의 주탑이나 봇(bot-포살당. 승려의 참회식 등이 열리는 불당으로서 태국 사원의 중심-역주) 주위를 걸어서 시계방향으로 도는 특정한 의식이다. 사실 탁신은 오른손 편을 의미하며, 시계방향으로 돌 때 우리는 당연히 오른 쪽으로 돈다. 또한 이 말은 남쪽과도 관련을 갖는데, 만약 사람이 상서롭게 여기는 동쪽을 향하여 서있으면 오른 손은 남쪽을 가리키게 된다(43쪽의 코리올리(Coriolis) 효과 참조). 종교적 랜드마크의 주위를 시계방향으로 행진하는 것은 불교도와 힌두교도 모두 거행한다. 인도에서는 소원을 비는 사람들이 신전 주위를 몇 차례 돌며 전통적으로 브라만들도 일하러 가기 전에 집 주위를 시계방향으로 걸어서 돈다. 태국, 미얀마, 라오스 및 캄보디아와 마찬가지로 중국에서도 세 바퀴의 시계방향 돌기가 표준이다.

그런데 흥미롭게도 태국에서는 시계 반대 방향으로 돌기 또한 존재한다. 이것은 오직 장례식에서만 적용되는데, 나가가 끄는 차 위에

망자의 관을 싣고, 친척들의 행렬이 뒤따르는 가운데 메루 즉 화장장 주위를 시계 반대 방향으로 세 차례 돈다. 생명의 물이 메루산을 시계방향으로 선회(gyrate)하기 때문에, 시계 반대방향으로 가는 것은 그 생명의 과정을 되감는 것이고 동시에 망자의 영혼을 중앙에 있는 메루산의 정상으로 돌려보내는 것이라고 추측해 볼 수 있다.

쁘라탁신 또는 시계방향으로의 행진은 종종 태국의 출가 의식에서 볼 수 있는 바, '낙(naak, 즉, naga 나가)'이라고 칭하는 승려 희망자가 흰 옷을 입고, 머리를 삭발하거나 때때로 나가 머리장식을 하고서 가마, 말, 혹은 심지어 코끼리 위에 태워져 절을 향해 떠들썩하고 화려한 행진을 하는 데에서도 나타난다[도판 8]. 이 때 그는 친척과 친구들, 때로는 마을이나 지역의 모든 사람들과 함께 봇 주위를 걸어서 도는데, 그 이후에야 승단에 정식으로 받아들여질 수 있다.

탁씨나 행진들 중 가장 인상적인 것은 아마도 위엔티얀(vienthien)일 것이다. 이 행사는 석가의 첫 번째 설교를 기념하는 마카부차

[그림 40]
위엔티얀. 촛불을 가지고 봇 주위를 도는 행진. (출처: Tom Chawiwat 사진)

(Makha Bucha)와 석가의 출생, 성도, 열반을 기념하는 위싸카부차(Visakha Bucha) 때 거행된다. 특히 위싸카부차의 경우 다수의 공동체 구성원들이 함께 참여하는데, 꽃과 촛불을 들고 새벽 미명부터 저녁 늦게까지 봇 주위를 쉬지 않고 행진한다. 비록 종교적 의례이기는 하지만, 봇을 중심으로 도는 사람들의 흐름은 우주의 축 주위를 선회하는 물 혹은 뱀의 똬리, 다르게는 힌두신화의 바다 휘젓기(Churning of the Ocean)를 강하게 상기시킨다. 사실 전통적으로 돌기 의식의 참가자들은 머리에 나가를 썼었다. 위엔티얀은 원형적 우주형상에 대한 형태적 변화를 무의식적으로 모사하는 모든 의식들 중 가장 감동적이다[그림 40].

축소판 뗏목들

물에 관한 의식을 설명할 때 반드시 포함되어야하는 것이 태국의 러이끄라통(Loy Krathong. 러이는 뜬다는 의미이고 끄라통은 물에 뜨는 연꽃모양의 장식을 의미-역주) 축제인데 몬순 시즌이 끝나가는 11월 보름에 거행된다. 이 행사에서는 전 국민들이 저녁에 밖으로 나와, 가까이 물이 있는 곳, 강, 운하 혹은 연못을 찾아 꽃, 향불, 촛불을 실은 끄라통을 띄운다. 도시든 농촌이든 물이 있는 곳이라면 어디든지 수많은 작은 불빛들이 깜박거린다. 그 광경은 믿을 수 없을 만큼 아름답다[그림 41].

태국의 북부에서는 러이카못(Loy Khamod) 혹은 러이파이(Loy Fai)라고 부르는 축제가 러이끄라통과 연계하여 개최되며, 집과 절을 청소하고 찻, 깃발, 호롱을 장식함으로써 축제를 시작한다. 축제 기간 중 갖은 종류의 활동들이 벌어지는데, 붓다의 머리카락이 봉안되어 있다는 천상(天上)의 쭐라마니(Chulamani. 수미(메루)

[그림 41]
러이끄라통 축제의 대형 끄라통. 러이끄라통은 끄라통을 강이나 연못에 띄우는 축제. 이 그림은 축제의 주제를 위해 태국의 옛 수도인 쑤코타이에서 제작된 대형 끄라통을 보여준다.

산 정상에 있는 도리천에 설치된 탑-역주) 탑을 향해 봉헌물인 연기연(smoke-kites) 혹은 열기풍선을 시끄러운 폭죽과 함께 하늘로 날리는 의식도 벌어진다. 마지막 날 저녁이 되면 촛불을 실은 끄라통을 띄우면서 축제는 절정에 다다른다. 축제의 종교적인 부분을 위해 필수적인 것은 부처의 가르침 혹은 도덕적 설화로부터 따온 13개의 구절을 암송하는 것이다. 암송하는 승려는 대개 먼 지방으로부터 모셔온 노승으로서 중심적인 인물이다. 그는 연극배우들과 광대들 그리고 악사들을 도덕적 설화에 조화되도록 감독한다. 그는 기억에 의존하여 경이로운 솜씨로 구절들을 실제로 암송하며, 암송은 3일 동안 지속된다. 이 시간 동안 청중들을 최면에 빠진 듯 경외심에 사로잡히게 된다.

이 축제에 대해 몇 가지 기원들이 제시되어왔으나, 대부분의 설명들이 바다건너 혹은 바다 속에 있는 조상들과 정령들에게 제물을 보낸다고 하는 아이디어와 관련되어 있다. 러이끄라통이 약간 다른 시기에 거행되는 인도, 중국, 캄보디아 등 다른 나라에서는 각자에게 맞게 다른 중요성을 갖는다. 즉, 음력 및 물과 연관되는 달 숭배, 그리고 불교 및 힌두교적 제물들 등이 이에 해당한다. 인도에서 이것은 끼띠까윗타남(kitikavithnam)으로 알려진 15일간 지속되는 의식으로서 비쉬누가 신앙의 대상이며, 호롱이 달린 꼬마 뗏목을 강을 따라 바다로 내보낸다. 잘 알려진 타이식은 이 의식을 물에 대한 숭배의 한 형태로 보는데, 프라 매 콩카(Phra Mae Khong-kha)라는 물의 정령에 대한 감사와, 물이 남용된데 대한 사과의 표시로 제물을 바친다. 왕실 의장선단에 승선한 태국의 왕과 신하들이 강 위에 공들여 만든 끄라통을 띄우는 궁정 식은 아마도 쑤코타이가 태국의 수도였던 13세기에 거행된 행사와 관련이 있는 것 같다. 쑤코타이에서는 왕의 배우자였던 낭놉파맛(Nang Nophamat)이 의식을 처음으로 실시했다고 전해지고 있다. 방콕 시대나 쑤코타이 시대 기록보다 더 오래된 기록이 전해지는데, 10세기의 요녹(Yonok)과 짬테위웡(Jamthewiwong) 연대기들을 보면, 북부 태국의 람푼(Lam-phum)으로부터 홍사와디(Hongsaeadi, 미얀마)에 살고 있는 혈족에게 선물을 보내는 수단으로 행해졌던 고대의 의례를 서술하고 있다. 람푼으로부터 홍사와디까지의 길은 육로로서 수많은 산맥이 가로막고 있으나, 선물들이 물위에 떠서 목적지에 도달하기를 상상했다는 것이다.

하지만, 이것이 상상일 뿐일까? 지금까지 설명한 의식들은 이 지역에 남아있는 것들의 단편들로서 두 가지 상보(相補)적인 측면을 보여주었다. 한 가지는 기회만 있으면 우주적 모형을 만들려고 하는 충동이며, 다른 한 가지는 물 요소에 대한 끝없는 끌림이다. 명백히 여기에는 단순한 상상 이상의 것이 작동한다. 이 같은 심리구조를 형성하는 일련의 기본적인 조건들이 틀림없이 처음부터 존재해왔을 것이다.

제2장

물기반 문명

"...가벼운 가정용 삼방향 격자자기 이외에도, 잦은 범람이나 해안의 수면위에서 살아가려면 그들의 거주공간은 문 위에 떠있거나 지주 위에 서있어야 했다."

우주적 모형과 관련 상징들을 통해 본원적인 경험을 부호화하고 전달하는 것은 동남아시아 대륙이 마지막으로 갈라질 때(빙하기가 끝나고 해수면이 상승하면서 육지가 잠기거나 서로 떨어지게 되던 시기라는 의미–역주) 형성된 일련의 본능 및 행동 양식과 관련이 있는 것으로 볼 수 있다. 이주 순서를 보여주는 도형(36쪽)에서 후빙기(後氷期. 빙하기가 끝난 시기–역주)로부터 이주한 첫 번째 문화집단은 두 개의 부분으로 구성되었던 것으로 볼 수 있다. 즉, 중부태평양과 서부태평양이 그것이다. 폴리네시아와 마이크로네시아로 구성된 중부태평양은 보다 강한 해양속성을 필수불가결하게 유지해온 반면, 도서부 동남아시아인 서부태평양은 그것이 대륙이었을 당시 이미 부분적으로 육지기반 요소들과 혼합되었고, 이후에 현재의 대륙부 동남아시아로부터 두 번째 이주가 발생했을 때 물–육지 혼합문명으로부터 많은 혜택을 보았다. 후빙기에 대륙 내부로 침투하여 제 2, 제 3의 범주들을 만들어 낸 것이 바로 서부태평양이다. 여기서 관심을 불러일으키는 부분은 서부 태평양의 사람들과 내륙 사람들 간의 문명 교류이다.

기억, 구전 전통 및 문학

태평양의 광대함 속에서 바다의 경관, 천문, 그리고 항해는 정교하게 부호화되고 전수되었다.

천문을 배우는 학생은 마네아파(오스트로네시아의 공회당)에서 7년간의 힘든 과정을 거쳤는데, 별을 직접 참고하지는 않았다. 학생은 마네아파의 바닥 한 가운데 앉아 천장의 서까래와 도리에 의해 만들어진 직사각형의 분할들을 참조해 가면서 별들과 별자리들의 명칭, 모양 그리고 위치들을 가슴으로 배웠다.[21]

21) Austin Coates. Islands of the South, Heinenmann, London, 1974, pp.113-14. Maneapa는 폴리네시아어이다.

이 별자리들은 바다의 경관과 함께 나뭇조각 등에 도상화하여 기억했는데, 재료가 가벼워야 바다를 건너갈 때 배에 싣고 갈 수 있었다. 이 도구들은 썩기 쉬운 재료로 만들어졌으므로 아주 자주 교체되고 복제되어야 했다. 이 같이 일시적이고 덧없는 과정이 반복될 수 있었던 것은 기억과 본능이라는 강한 전통이 있었기 때문이다.

상징화와 구전의 전통은 태평양 유역의 사람들에게 강하게 이어졌던 것 같다. 가장 동쪽의 섬들에서는 폴리네시아인들이 30대 이상의 족보를 기억할 수 있는 능력을 가졌고, 태평양의 서쪽 끝 연안에 사는 타이인들은 며칠간 경전을 암송하거나 낭송할 수 있다. 타이인들은 구전전통을 가지고 있는 불교 이외에도, 주택 건축, 바구니 짜기, 즉흥 작시 등의 경우에도 긴 경전을 내용을 암송하거나 해양관련 구절들을 낭송하는 전통이 풍부하며, 끝날 때까지 며칠씩 소요될 수 있다. 마찬가지로, 말레이인들도 빤뚠(pantun) 암송이 있는데 이 역시 그들의 비상한 구전 기억 능력을 보여준다.

그러므로 대부분의 타이 문학은 옛 구전 전통이 기록의 형태로 바뀐 것이다. 게다가, 타이 문학은 강과 바다의 물과 관련된 표현이 풍부한 점이 독특하다. 태국의 고전과 민속 문학을 섭렵해 보면 물리학, 종교적 구절, 도덕적 주제와 속담, 축복, 출산, 동요, 경사, 운명과 신탁, 사랑 및 구애, 게임 이기기, 무수한 뱃노래들, 선상의식에서의 암송 및 건축용어 등 수많은 서로 다른 분야에서 뿐만 아니라, 여행, 가정생활, 금전적 문제 및 일상생활에서의 각종 활동에서 물과 관련된 상징을 발견한다.

타이 문학에 내재되어 있는 물에 관한 느낌을 전달하는 것은 불가능하다. 왜냐하면 통상적인 번역상의 문제 이외에도, 물에 관한 기술(記述)은 단순히 물 자체에 대해서만 이루어지는 것이 아니고, 타이인의 생활방식에서 필수불가결한 물이 나타내는 표상 요소에 대해서도 이루어지기 때문이다. 물은 적대적인 것이 아니고, 상보적이며 상서롭다. 홍수를 재난으로 간주하는 육지기반의 상황과는 달리, 태국의 노래와 시는 항해와 범람을 당연한 것으로 표현한다. 태국에서는 항해에 대해 기술할 때 중부 태국의 삼각주와 범람원을 가지고 쉽게 설명할 수 있지만, 해양적 표현으로는 설명하기가 어렵다는 점은 의미심장하다. 수세기 동안 타이인들은 바다에서의 거친 삶을 피하고 내륙의 수역에서의 안전한 여건을 선호해왔으며, 인도, 일본 및 한국 등과의 해상교역로를 왕복하는 수많은 정크선을 위해서는 외국인들을 고용했었다. 타이인들이 바다로 나가 단기간에 세계에서 가장 큰 어획선단을 만들게 된 것은 최근의 일이다. 그러므로 망망대해의 문학적 이미지는 먼 과거와 연계되어 있는 것에 불과하다.

항해 행동양식

언급된 항해 표현은 특정한 행동의 양식 및 형태와 매우 밀접한 관계를 갖는다. 태국의 맥락에서 보면 타이인들은 내륙에서의 항해 및 수륙양서적인 생활방식과 필수적으로 관련되어 있거나, 관련되어왔다. 이 같은 생활방식은 본서 서론의 이주 도형에서 묘사하고 있는 첫 번째와 세 번째 문화적 범주 사이에서 문화적 이전과 통합의 결과인 두 번째 문화집단에 속한다.

중국인들은 아마도 그 현상과 의미를 가장먼저 파악한 사람들이었는데, 기원전 2세기경에 다음과 같이 기록하고 있다.

진과 월의 땅은(양자강 남부 지역, 원시 따이족의 거주지를 포함) (중략) 풍부한 식량을 제공해서 기근의 위험이 없다. 사람들은 따라서 게으르고 (중략) 저장해두지 않으며 (중략) 이강(I river)과 수강(Suu river)의 북쪽 지역들은 인구가 매우 밀집되어 있다. 사람들은

홍수와 가뭄의 공포로부터 고통 받고 있으며 창고에 저장해두는데 익숙하다.[22)]

한참 이후인 18세기, 훨씬 남쪽에 있는 짜오프라야강 유역에서 1년 중 6개월간 일어난 하천의 범람이 토양을 비옥하게 만드는 것을 목격한 한 프랑스인 저자가 유사한 경험을 얘기했다. "이 주민들은 완벽한 자연을 선물 받은 자들이다. 왜냐하면, 논에 물을 대기 위해 열심히 일할 필요가 없다. 그들이 해야 할 일이라고는 쟁기질과, 씨뿌리기인데, 온난한 기후와 자연적 범람이 벼를 자라게 하고 금방 익게 만든다. 하지만 풍요가 그들을 게으르게 만든다."[23)]

옛 수도 아유타야에 거주하던 한 예수회 수사는 '게으르다'라는 말에 대해 보다 상세히 기술했다. "그들은 심각한 부족함이 없는 사람들이지만 일하기를 좋아하지 않는다. 그러나 때로 쉬지 않고 며칠씩 노를 저어갈 때만큼은 에너지로 가득하게 된다."[24)]

여기서 중요한 점은 표면적인 게으름의 이면에는 육지인들에게는 알려져 있지 않은 해양적 행동양식이 숨겨져 있다. 육지에서는 일반적으로 무기력한 것과는 달리, 물가나 물위에서는 사람들이 활력으로 가득 차게 된다. 옛 수도에서 목격한 물과 관련한 장면은 수많은 배들과 노 젓는 사람들의 독특한 버릇 때문에 아마도 특별히 눈에 띄는 사례로 간주될 수 있다. "노잡이들은 목청껏 노래를 부르며, 배를 우아하고 쉽게 다룬다. … 여자들도 배를 완벽할 정도로 정확하게 몬다." 게다가 그 광경이 장관이다. "우리가 강 위에서 끝없이 목격하는 사람들의 다양한 움직임은 굉장하다. 우리는

22) Erwin Anton Gutkind, Revolution of Environment, Kegan Paul, Trench, Trubner and Co., London, 1946, p. 195

23) M. Turpin, Histoire civile et naturelle du royaume de Siam, 2 vols., Paris, 1771. Vol. 1. pp. 15-16.

24) Joachim Bouvet. Voiage de Siam du Pere BouVet, Cornell Southeast Asian Program, E. J. Brill. Leiden, 1963, p.108.

지나가는 배의 노 젓는 사람들의 숫자를 보고 그 주인의 사회적 계급을 알 수 있다."[25]

수상 행진

물과 관련한 의례나 축제기간 중 초라한 쪽배부터 귀족들의 신분 상징인 화려한 선박에 이르기까지 무수히 물위를 떠다니는 배를 타고 나오는 사람들의 숫자는 한 순간 50만 명 이상에 도달했을 수도 있다. 국왕만 해도 배를 건설하기 위해 매년 만 명에서 3만 명의 인력이 필요했다는 아유타야 거주 화란인 금융업자 반블리엣(Van Vliet)의 증언에 따르면, 이 환상적인 배의 숫자는 신뢰성이 있다. 16세기 이후 연례적 순례, 보트 경주, 사절단 영접에서부터 장례행진에 이르기까지 물과 관련된 다양한 의례들이 아유타야의 유럽인 거주자들에 의해 목격되었다[그림 42]. 물 의례에 관한 그들의 기록에 따르면 어떤 행사라도 물 위에 모인 배와 사람의 숫자가 믿을 수 없을 만큼 많다는 것을 설명하고 있다. 아유타야는 17세기에 20만 척의 배를 보유하고 있던 것으로 유명했다. 그리고 물 위에서 3, 4백 척의 배들과 1만 4천 명의 사람들이 모이는 의례들이 거행되는 것은 특별한 일이 아니었다. 그 같은 의식을 목격한 것으로 보이는 다른 유럽인 저자는 한 행사에서 3만 명에 달하는 사람들이 물위에 모였다고 말한다. 그는 다음과 같이 상세히 서술한다. "왕실의 호위 부대는 한 척당 100명이 노를 젓는 7, 8척의 의장선에 나누어 탄 400명에 이르는 근위병으로 구성되어 있었다. 그 뒤를 금으로 장식한 여러 척의 배에 나눠 탄 천명에서 천 이백 명의 귀족들이 따르고, 일부의 배는 악사

25) Turpin, op. cit., pp. 34, 36.

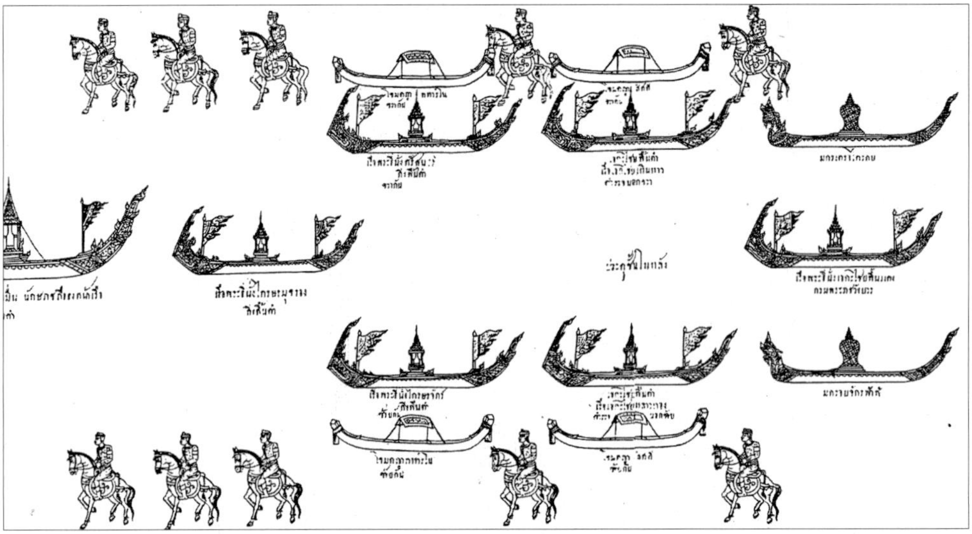

[그림 42]
17세기 아유타야 왕실 의 장선 행진. 9미터 두루마리로부터 모사. (방콕 국립박물관 제공)

들이 전용으로 타고 있었다."[26] 반블리엣은 비록 지상에서의 행진이 7천 명에 달하는 사람들이 참가하더라도, 그것이 수상에서 거행되면 2만 5천 명에 달하는 사람들이 참가할 수 있다고 증언했다.[27] 프랑스 예수회 수사인 타샤르(Tachard)는 1687년에 그가 일원이었던 프랑스 사절단의 도착을 환영하기 위해 거행된 대규모 수상행진에 참가했는데, 그 당시 수상 의식을 보느라고 강의 양쪽 둑을 따라 떠있는 배에 탄 구경꾼의 수는 20만 척의 배에 60만 명에 달했을 것이라고 주장했다.[28]이로부터 두 세기가 지나기 전, 방콕에서도 이 같은 종류의 수생적(水生的) 행동과 장관은 여전히 퍼져있었다. 북쪽으로 100킬로미터 떨어진 아유타야처럼 "방콕의 지형은 눈으로 볼 수 있는 한 평평하며, 네덜란드의 간척지만큼 평평하다. 그리고 사람들이 수륙

26) Jean Albert de Mandelslo, Voyages Cilebres & Remarquables Faits de Perse aux Indes Orientales …. Amsterdam, 1727, p. 214.

27) Jeremiah svan Vliet, Journal of the Siam Society, Bangkok, 1910, pp. 25, 26에서 인용.

28) Guy Tachard, Second Voyage du Pere Tachard et des jisuites .., Paris, 1689, pp. 261-3.

[그림 43]
옛 방콕의 운하 모습.(출처: Paul Bonnetain, L' Extr me Orient, Paris, 1887)

양쪽의 생활을 하게 하는 조건을 가지고 있다.[29)]" 다시 외국의 관찰자들은 그 같은 조건에 대해서는 의식하지 않은 채 계속해서 수생적 현상을 서술했다.

"그 족속들은 게으른 사람들이고 전체적으로 앉은 채 빈둥거린다(선상가옥에서든 혹은 카누에 타고서든 그들은 항상 책상다리처럼 다리를 포개고 앉아 있다). 스스로 운동하고, 총 쏘고, 말 타거나 혹은 걸어 다니는 것은 전적으로 그들의 해결능력을 벗어난 일이다. 그들의 생각으로는 누군가 반마일이라도 걷는다면 정신이상자일 터인데, 왜냐하면 카누에 호사스럽게 앉아서 같은 거리를 노를 저어 가는 것이 편한 일이기 때문이다.[30)]"

29) Henri Mouhot, Voyage dans les Royaumes de Siam, de Cambodge .. ., Paris, 1864, pp.4, 5.

30) Frederick Arthur Neale, Narrative of a Residence in Siam, London, 1852, p. 37.

[그림 44]
방콕의 운하의 주거겸용 배

[그림 45]
방콕 변두리의 선상 커피숍. (Tom Chuawiwat 사진)

시선을 물 쪽으로 옮기면, 방콕의 광경도 아유타야처럼 바쁘고 생기가 넘쳤다. 배의 숫자와 수상 교통의 밀집은 마찬가지로 믿을 수 없을 정도였다[그림 43-45].

"노 젓기에 익숙하지 않은 사람이 카누들이 쌓여있는 모습을 보노라면, 아마도 물에서 안전하게 인도를 받는 것은 불가능하다고 상상할 수 있을 것이다. 하지만 거의 수륙 양생적인 이들에게 있어서 통상 10세가 채 되지 않은 소년, 소녀에게 카누를 돌보도록 맡기는 것이 당연하다. 사실 사고는 거의 일어나지 않으며, 수천 척의 크고 작은 배들이 부단히 왕복하는 것을 감안하면 이는 정말 놀라운 일이다.[31)]"

이 같이 끊임없는 수상 이동에서는 때로 수상 곡예가 벌어지기도 했다[그림 46].

"… 만일 배가 전복되면 … 배를 몰던 주인은 결코 익사하는 법이 없었다. 그는 그저 다시 배를 뒤집은 다음 옆으로 올라타서 집으로 배를 저어가면 그뿐이었다. 이 같은 종류의 많은 카누들이 매우 가볍고 작으며 불안한 평형 상태에서도 뜰 수 있었지만, 유럽인 중에서는 누구도 이 같은 배를 탈 수 는 없었다. 또 만일 균형을 잃어 불안정한 상태에서도 계속 앉아 있을 수만 있으면, 두 번 정도만 노를 저어도 배 밖으로 떨어지지 않았다.[32)]"

---

31) 전게서. P.21.

32) Ernest Young, The Kingdom of the Yellow Robe, London, 1898, p.4l, reprinted Oxford University Press, Singapore, 1982.

[그림 46]
방콕의 작은 배. (Tom Chuawiwat 사진)

물과 관련된 이 현저한 기질은 인위적 측면에서는 물에 뜨는 도구들을 취급하는데 사용되고, 자연적 측면에서는 신체의 손발을 이용하여 물에 쉽게 뜨도록 하는데 사용되었다. 어린 아이들은 노 젓기뿐만 아니라 수영도 교육받는데, 수영은 아이들이 거의 걸음을 떼면서부터 배웠다. 1855년에 태국 궁정에 파견된 영국 특사 존 보우링(John Bowring) 경은 한 어린 아이의 비상한 모습을 설명하였는데, 그 아이의 능력은 자연스럽게 많은 주목을 끌었다. 보우링은 다음과 같이 설명한다.

"한 아이(세살)가 선천적으로 타고 난 것처럼 쾌활하고 장난스럽게 물고기와 같이 물속에서 놀고 있었다. (중략) 어떤 근육의 움직임도 찾아 볼 수 없는 그 모습은 마치 코르크와 같았다. (중략) 종종 물에서 들어 올리면 운다. (중략) 아이는 물을 좋아하고 태어난 첫 해부터, 처음 물에 던져진 순간부터 그 안에 특별한 재주가 있음을 보여주고 있다.[33]"

유럽의 한 저자는 1911년도의 글에서 태국의 독특한 수생 현상을 다음과 같이 정리했다.

"열대지역의 거주자들은 풍부한 식물을 부여받았다. 대개 삼각주로 설명을 하지만, 그곳의 강과 운하들은 아주 옛날부터 내륙과의 교통을 위한 통로였고, 지금도 태국에서 가장 용이하고 경제적인 길들이다[1911년 현재]. 타이인들이 작은 배를 만들고, 강을 항해하는데 취득한 높은 숙련도는 경쟁자가 없다. (중략) 이것은 그들이 유년 시대부터 물에 관한 속성을 가짐으로써 얻은 친밀성 덕분이다. 그들이 물에서 노는 모습을 목격한 외국인은 그들이 육지보다도 물에서 더욱 편안함과 안전감을 느낀다는 인상을 받는다.[34]"

배의 유형

방콕의 국립박물관이 보관 중인 전통방식으로 접은 한 야자잎 필사본에는 나라이 왕 재위 시절 국왕의 수상행진 전체를 묘사한 9미터 길이의 그림이 있다. 필사본의 서문에는 수상행진이 부처님 발자

---

33) Sir john Bowring, The Kingdom and People of Siam, 2 vols.. London, 185 7, p. 481, reprinted Oxford University Press, Kuala Lumpur, 1969.

34) G. E. Gerini, Siam and Its Productions, etc., Turin, 1911.

[그림 47]
방콕 교외의 배 건조장.

국(프라풋타밧, Phra Phutthabath)을 찾아가는 순례였다고 기록하고 있으며, 우리는 이 그림이 17세기에 전형적이었던 왕의 승선을 묘사하는 것이라고 가정할 수 있다. 사실 그림의 첫 부분부터 표시된 324척 배의 목록은 동시대 유럽인들의 다양한 설명에서 기술되고 있는 행진의 규모와 일치한다. 이 그림은 매우 중요한데, 왜냐하면 현재는 남아있지 않은 총 26개의 배의 형태 중에서 몇 유형에 대한 실례를 보여주고 있는 그림 들 중의 하나이기 때문이다. 이 의장선들은 전적으로 왕의 소유였고, 그들의 솜씨는 의심할 바 없이 최고봉이었다. 일반적으로 배의 건조(建造)는 현재에도 그렇지만 세계에서 가장 정교한 솜씨들 중 하나인 타이 목공기술의 최고 사례였다[그림 47]. 비록 지금은 몇 가지 밖에 확인이 되지 않지만, 평민들이 타는 배의 형태들도 마찬가지로 다양했다. 저명한 태국의 휴머니스트인 프라야 아누만 랏차톤(Phraya Anuman Rajadhon)은 한때 그가 기억할 수 있는 배의 유형에 대한 목록을 만든 적이 있었다. 그가 언급한 29개의 유형들 중 6개는 아마도 인류역사상 가장 완전했던 선박에 대한 증언으로 남아있다.

물론 설명된 배들은 평온한 강의 환경적 산물이며, 하나의 조직된 사회의 표현이기도 하다. 바다의 거친 환경은 다른 설계를 요구한다. 하지만 놀랍게도 도서부 동남아시아의 해양용 선박은 내륙의 배들만큼 작고 날렵하며, 큰 늑재로 된 돛단배나 억센 중국 정크선과는 공통점이 없다. 사실 현외장치와 삼각대 지지 돛을 강을 운행하는 배에 붙이기만하면 그것은 이내 왕카(Wangka)라는 바다 항해에 적합한

[그림 48]
현외부재(양쪽 받침대)가 달린 발리섬의 카누

[그림 49]
현외부재가 달린 카누를 묘사하고 있는 보로부두르의 부조.

오스트로네시안 카누가 될 것이다.

왕카는 한개 혹은 두개의 현외장치가 붙은 가장 단순한 카누로부터, 필리핀의 큰 널 바랑가이(barangay), 그리고 보로부두르(Borobudur) 사원의 부조에 조각된 현외부재가 붙은 고대 인도네시아의 것까지 다양한 크기와 유형이 있다[그림 48, 49].

오스트로네시아의 카누와 항해에 대한 몇 가지 연구가 최근 발표되었는데, 런던의 그린위치(Greenwich) 소재 국립해양박물관의 논문 및 보고서와, 이 분야 가장 광범한 내용의 책인 에드윈 도란(Edwin Doran Jr.)의 저서 『왕카, 오스트로네시아 카누의 기원(Wangka, Austronesian Canoe Origin)』이 유명하다.[35] 마닐라의 국립박물관과 민다나오(Mindanao) 주립대학도 그 연구센터의 저널을 통해 오스트로네시아의 배 건조와 배 유형에 대해 발표하였다. 민다나오 주립대학의 연구에 따르면, 동남아시아의 배는 매우 긴 계통을 갖고 있음을 보여준다. 아래의 표는 상이한 유형의 선박들과 발명시기에 대한 시사점을 제공한다.[36]

[표 2-1] 필리핀의 선박들과 발명시기

필리핀에서 현재는 사용되지 않는 카누들	필리핀에서 현재까지 사용되는 카누들
기원전 1세기-기원후 1세기: Bet-tu, Peddas	600년경- Birok, Bog-goh
5세기- Adjong	1000년경- Jungkong
14세기- Bagya	1300-1730- Lunday, Damas, Zing-nging, Peland
15세기- Belamput	1800년경- Lepa, Sappit
16세기- Jalampat	20세기초- Biral, Kumpit, Speedboat, Bintang Belas
17세기- Gulita	
18세기- Parangkang	
100년경부터 1925년까지- Barangay	

35) 간행처: Texas A &M University Press, College Station, Texas, 1980.

36) Muhammad Kurais II, 'Boatbuilding of the Sama', Mindanao Journal, University Research Center, Mindanao State University, April-June 1975,pp.67-125

이 배들 모두가 스페인의 돛단배보다는 크기가 훨씬 작다. 하지만, 스페인 돛단배는 느리며 수많은 섬과 섬 사이의 얕고 불안정한 수역에서는 쉽게 사고가 날 수 있는 반면, 동남아시아의 배들은 조종이 용이하여 어디나 안전하게 통과해 나갈 수 있다. 조종 능력의 의미는 동남아시아의 카누들이 바람을 따라가거나 바람 쪽으로 방향을 돌릴 때 바람으로부터 60도 만큼의 각도까지 꺾을 수 있다는 점인데, 이것은 현대의 항해요트가 45도만을 꺾을 수 있다는 점과 비교된다. 게다가, 배의 속도도 또 하나의 특징이다. 1932년에 사

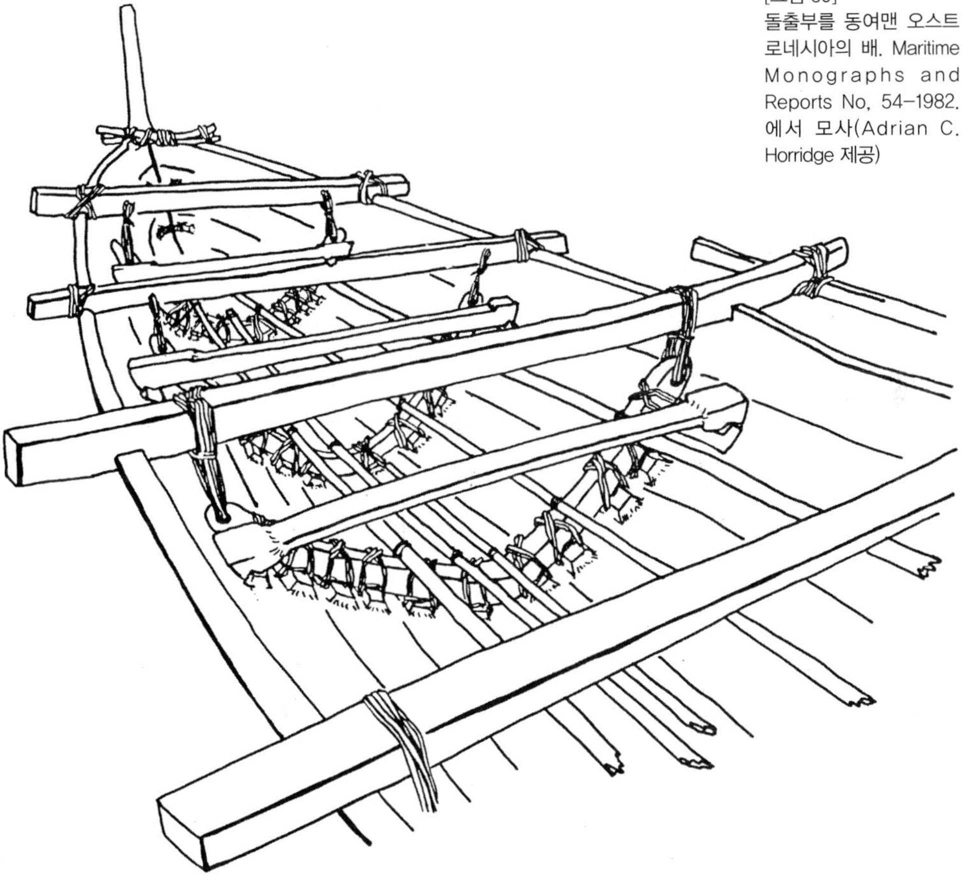

[그림 50]
돌출부를 동여맨 오스트로네시아의 배. Maritime Monographs and Reports No, 54-1982. 에서 모사(Adrian C. Horridge 제공)

마(Sama)족 혹은 타우이타우이(Tawi Tawi)섬의 바다집시들이 쿰핏(Kumpit)으로 알려진 그들의 배를 타고 진주 잡이를 위해 몰루카(Moluccas)로 출항하였다. 거기서 그들은 네덜란드 정부당국에 포위되었다. 하지만 많은 쿰핏들이 네덜란드의 모터보트를 앞질러 도망칠 수 있었다.

동남아시아 배들의 기민함은 날렵한 선체와 가벼운 건조방식 때문이다. 1976년 민다나오 부투안(Butuan)에서 발굴되어 탄소측정 결과 14세기 것으로 밝혀진 두 척의 바랑가이는 테두리에 쐐기를 박고 널판으로 지은 배였다. 널판들은 손으로 정교하게 조각되어 쐐기로 단단히 고정되었고, 널판의 돌출부 위에는 늑재가 단단히 묶여있었다. 이 건조방식은 다양하게 변용되어 동부 군도의 모든 지역에서 발견된다[그림 50].

필리핀의 배들이 기록상으로는 북쪽으로는 중국 연안까지, 서쪽으로는 몰디브까지 항해한 한편, 에드윈 도란에 따르면 다른 오스트로네시아의 배들은 태평양의 동단과, 태평양의 서단인 마다가스카르 및 동아프리카 연안까지 도달한 것으로 밝혀졌다. 오스트로네시아 배의 설계는 거칠고 까다로운 해류와 해풍에 노출했을 때 가장 단순하고 효율적인 방법으로 항해할 수 있는 기술을 보여준다.

말할 필요 없이 배의 건조, 항해, 어획, 교역 및 해적행위 속에는 사회적 조직과 활동이 녹아들어 있었다. 하지만, 바다의 항해 활동이 하천 삼각주의 안전한 조건으로 바뀌자 우아함이 자리를 잡았다. 배는 그 삼각 돛대와 현외장치를 떼어냈으며, 배는 순수한 기술적 특징들을 예술적 효과와 교환했다. 한때 바다에 의존했던 활동들은 이제 제의화되고 상징적인 양상을 띠었으며, 의례와 의식들 속으로 편입되었다.

수상 축제와 의례들

짜오프라야강 삼각주는 물론 태국 전체적으로 배와 물에 관련된 의례가 집중적으로 발견되는데, 여기에서 조사해 보고자 한다.

이미 언급한 강 위에서의 국가적 행진 외에도, 우기 동안 많은 대중 적 수상 행사들이 있었다. 사실 삼각주와 강둑이 범람하면 사람들은 곧 일반적인 재미와 축제 기분에 빠졌다. 사람들은 갑자기 에너지와 자발성이 넘치고, 시골에서는 온갖 종류의 활동을 하기 위해 배 위로 모여들었다. 그중 하나는 싸까와(sakrawa)라는 작시(作詩) 게임인 데, 사람들은 즉흥적인 운문(韻文)을 서로 주거니 받거니 하며 낭송 하였다. 게임은 한쪽 배에 탄 측이 운문을 읊으면 다른 측이 이어 운 문을 낭송하면서 시작하였다. 종종 글을 쓸 줄 모르는 사람들이 기억 에 의존해 즉흥적으로 운문을 낭송하는 게임이 널리 퍼졌다. 하지만 범람은 시의 계절 외에도 구애의 계절을 상징하였다. 저녁이 되면, 수많은 젊은이들이 범람된 곳으로 배를 타고 나와, 수로의 합류점이 나 절의 부두로 모였다. 여자들이 먼저 노를 저어 나아가 기다리고 있고, 겉으로는 물 위를 배회하는 것 같은 남자들이 여자들과 마주치 면, 노래와 시구(krern)를 낭송하며 여자에게 다가갔다. 여자들도 시 구 낭송으로 답하고, 서로 마음에 든 경우에는 배위에 나란히 머무르 며, 밤늦게까지 혹은 종종 아침까지 보다 많은 시구를 교환했었다.

과거 배의 노를 저어 경주하는 경조(競漕)는 전국에 걸쳐 주요한 행사였다. 메콩 강에서는 지금도 수앙휴아(suang-heua)라고 불리는 경주대회가 연례적으로 개최되는데, 전통적으로 위엉짠(Vientiane. 라오스의 수도-역주) 쪽에서 열리며 척당 30명에서 50명의 사람들이 노늘 젓는 약 30척의 배가 참가한다. 태국의 여러 지역에서도 그와 같은 행사들이 화려한 배 퍼레이드와 함께 거행되며[그림 51,

[그림 51]
북부태국 피찟에서 경조에 참가한 보트들의 퍼레이드. (Thai Government Public Relations Department 제공)

52], [도판 9], 남부에서는 물 축제와 관련된 경조가 과거에 그랬던 것만큼 지금도 여전히 중요하다.

비록 규모나 숫자가 작아지고는 있지만, 태국에서 물과 관련된 축제는 여전히 축제들 중 가장 즐거운 행사이다. 불상끌기 의식(착프라, Chak Phra)도 예외가 아니다. 태국의 남부에서는 우기(雨期)가 끝날 때 이 행사를 거행하는데, 보시의 행위로서 불상들을 사찰 밖으로 가지고 나와 장식이 된 대차(臺車)에 실어 행진한다. 가장 인상적인 착프라 축제는 쑤랏타니(Surat Thani)의 따삐(Tapi)강에서 열리는 것이다. 두 종류의 대차 끌기 의식을 개최하는 것이 이 축제의 특징인데, 하나는 육지에서 열리고, 다른 하나는 물위에서 열린다. 육지에서는 상징적인 찻, 깃발, 그리고 불상들을 가득 실은 두 대의 육지 대

[그림 52]
피찟에서 열린 경조에 참가한 보트들. (Thai Government Public Relations Department 제공)

차들이 나가의 형태로 만들어진 썰매(sleigh) 위에 올려 진다. 그리고 수많은 주민들이 나와 이 차들이 마치 물에서 태어난 것처럼 들판을 가로질러 끌고 간다[그림 53, 54]. 반면, 물 위에서의 의식은 거룻배로 뗏목을 만들어 쑤랏타니의 주 불상을 장엄하게 운반하는 것이 눈에 띈다. 불상을 부싸복 안에 높게 위치시키며, 일산(日傘)과 같은 우주적 상징으로 둘러싼다. 뗏목의 양 측면에는 나가를 장식하는데, 멀리서 보면 마치 강에서 헤엄치고 있는 것처럼 보인다[그림 55], [도판 10]. 옛날에는 많은 배들이 대차를 끌었으나, 이후 기계화 되어 예인선이 대신해 왔다. 육지의 대차끌기와 수상 대차끌기 둘 다 매우 화려한 행사들로서, 경조(競漕)와 미인대회가 함께 열리는 이 축제는 꽤 인상적이다.

최근까지 방콕에서 열리는 가장 중요한 연례 축제들 중 하나가 짜오

[그림 53]
남부 태국 쑤랏타니 불상 끌기 의식의 육상 대차.
(사진 Tom Chuwawiwat)

[그림 54]
쑤랏타니에서 논을 가로 질러 가는 육상 대차. (사진 Tom Chuwawiwat)

프라야 강의 서쪽 톤부리에 위치한 왓낭차이(Wat Nangchi) 사원의 착프라 축제이다. 이 행사는 너무도 중요하여 일본 점령기에 모든 축제가 금지되었음에도 불구하고 왓낭차이의 착프라만은 거행이 허용되었

다. 여전히 매년 9월에 거행되는 이 축제는 지금은 불상 대신 사리함을 배에 실어 행진하는데, 이것은 보다 많은 배들이 뒤따르게 하는 계기를 만든다. 행진은 시계방향으로 이루어지며, 지금은 침니(沈泥. 모래보다 고운 침적토-역주)로 막힌 옛 강의 만곡부를 돌아서 클렁끄룽텝너이(Khlong Bankok Noi)라고 하는 운하를 따라 사찰로 되돌아간다.

[그림 55]
쑤랏타니 따삐강의 불상끌기의식에 사용된 수상 대차. (사진 Tom Chuwawiwat)

약 삼사십년 전만 해도 이 축제는 굉장히 성대한 행사여서 온갖 종류의 배들이 운하를 가득 채웠다. 하지만 행진의 대부분을 형성하는 주된 배들은 뱃머리에 채색천(매-야낭. mae-yanang)[그림 183]을 묶은 가늘고 긴 배였는데, 여자들이 아름답게 색칠한 노를 가지고 이 배들을 저었다. 보통 이 배들은 왓낭차이의 운하를 따라 서있는 고상가옥들 밑에 보관하며, 오직 일 년에 한번 착프라 축제 때만 가지고 나왔다. 이 의례에서 이 배 200대가 천 명의 노잡이와 승객을 태우는데 사용되었다. 외곽지역으로부터 온 다른 유형의 배들도 와서 축제에 참여하였다. 그 배들은 약 50 척이었으며 천 명의 노잡이가 노를 저었다. 게다가 약 열 척의 배가 악단, 배우, 무용수, 그리고 가수들을 태웠다. 행진의 초점은 사리함과 눈에 띠는 부싸복(busbok)을 운반하던 배에 맞추어졌는데, 모터발진으로 대체되기 전까지는 20명이 노를 젓는 예인선이 이 배를 운반했다. 단순참가자나 강가 자기 배안에서 구경하던 사람들을 빼고서도 모두 수천 명의 사람들이 이 수상 행진에 참여했다.

운하를 따라 곡예 단원들이 민속극(리께, likay)을 공연하고, 곡예를 보여주며, 춤을 추면서 시구들을 낭송(람땃. lam-tad)했다. 놀라운 광경은 곡예단원들이 작은 배(르어오, ruea-oh.) 위에 1미터 높이의 의자를 놓고, 그 위에 앉거나 선 채로 노를 젓거나 공연을 하는 것이었다. '르어오'는 길이 2미터, 폭 1미터의 배이다. 이 배는 매우 불안정하여 정박 시에도 옆으로 뒤집어 질 수 있다. 운행 기술을 철저히 훈련하지 않으면 누구도 이 배를 움직일 수 없다. 무용수들과 공연자들이 타고 있는 배가 전복되지 않고 균형을 잡기 위해서는 정교한 기술이 필요하다.

[그림 56]
앉은 자세의 태국 전통 무용. (출처: Anna Anna Harriette Leonowens, The English Governess at the Siamese Court…, London, 1870)

소형 배들과 그들을 물 위에 떠있게 하기 위해 요구되는 세심한 균형감각은 물론 내륙 항해의 특징이다. 이 모든 것은 무용을 통해 잘 표현되고 있듯 사람들의 행위와 습관을 세련되게 만든다. 배위에서 춤추는 무용수들은 사실 전 공연 내내 앉아서 춤을 추면서도, 배와 완전한 균형과 조화를 맞추는 상반신의 움직임을 보여준다. 타이 무용은 땅에서 추는 춤조차 부드러운 동작으로 구성되어 있고, 대다수의 춤 동작이 앉은 자세에서 표현된다[그림 56].

타이 무용의 이 같은 측면은 앉아서 추는 것은 상상할 수 없고 비교적 강한 동작을 기준으로 하는 서양 무용과는 대조를 보인다. 비록 타이 전통무용이 많은 주제를 인도로부터 얻었지만, 육체적 수고를 필요로 하는 인도의 무용과는 달리 최소한의 동작만으로도 엄청난 의미범위를 전달한다는 점은 또 다른 흥미로운 측면이다.

[그림 57]
흔들침대 위에 걸린 엮은 물고기 모빌.(Tom Chuawiwat 사진)

삼(三)방향 짜기

비록 시간의 흐름에 따라 원래의 목적과 형태가 변했을지라도 기억과 습성은 오래 전으로 되돌아가려 하는 것 같다. 대지(terra firma)에서 존재하기 위해서는 하나의 행동 방식이 필요한데, 태국에는 영속적이고 선천적인 수생적 행동 경향이 남아있다. 아마도 아이들의 흔들침대 위에 모빌처럼 걸려 있는 엮은 물고기(쁠라따피얀. Pla-ta-pien)는 유아가 보는 최초의 사물일진대, 이는 그 원초적 생존 조건을 상기시켜 주는 것이다[그림 57]. 기원이 무엇이든 이것은 대다수의 타이인들이 배우는 첫 번째이자 가장 효과적인 수생적 교훈이며, 이 순간 이후로부터 물에 관한 심상이 영구적으로 정신 속에 새겨진다. 나중에 아이가 크면 수생적 습성이 육지와 물 모두에서 다채로운 방식으로 스스

[그림 58]
상부가 장식된 태국의 트럭. (Weeraphan Chynwat 사진)

[그림 59]
필리핀의 지프니.

로를 드러낸다. 나가와 다른 모티프로 공들여 장식한 의례용 대차, 수레, 그리고 10륜 트럭들은 필리핀의 지프니(jeepneys)처럼 실제로는 배와 뗏목이 육상으로 옮겨져 바퀴가 장착된 것들이다[그림 58, 59].

바다에 나가기 위해서는 그 같은 교훈과 행동양식은 정교하고, 실용적이며, 물로 가득 찬 환경에 적합해야 했다. 오스트로네시아의 학습 장소인 마네아파(Maneapa, 폴리네시아어)에서 실시된 항해 교육에는 태평양의 지도 작성을 포함하고 있었다. 삼각형 격자에 만들어진 오스트로네시아의 지도는 나무 조각들과 조개껍질을 사용하여 기준모눈, 방향 및 섬들을 표시했다[그림 60]. 이 지도는 아마도 지도제작법의 가장 오래된 발명 중 하나일 것인데, 틀림없이 고대 해양사회에서 가장 효과적인 형태의 생존부호이었을 것이다. 오스트로네시아 사람들은 자취를 남기지 않는 광활한 바다에서 이 지도를 가지고 수천마일을 가로질러 이리저리 분주히 움직이며, 인류에게 알려진 것들 중 가장 광범한 문화적 네트워크를 수립하였다.

『남부의 섬지대들』(Islands of the South)이라는 책에서 저자인 오스틴 코츠(Austin Coates)는 오스트로네시아의 문명이 내륙에 침투되어 있는 최대범위를 보여주는 지도를 제시하고 있다. 그 범위는 앞에서 '아시아 해안'이라고 설명된 곳과 일치한다. 이 해안 지역에 살았던 후속 세대들에게 있어서 망망대해를 건넌다는 것은 물론 더 이상 생생한 현실이 아니었고, 오스트로네시아 지도도 그 본래의 형태대로 살아남을 수 없었을 것이다. 하지만 일부의 사람들은 마치 그 지도와 그 강한 방향 이미지가 여전히 유효한 것처럼 행동한다. 예를 들어 인도네시아인들은 겉보기에는 지도제작능력 없이도 강한 방향감각을 가지고 바다에서 육지를 찾아갈 수 있다. 오스틴 코츠는 '인도네시아에서 방향을 물어보면, 도시 한복판에서조차도 동서남북을 기준으로 대답한다… 좌우를 기준으로 물어보면 실망스럽게도 그 대

[그림 60]
오스트로네시아인들이 만든 태평양 지도. 뉴질랜드 Auckland Museum 전시품 재현.

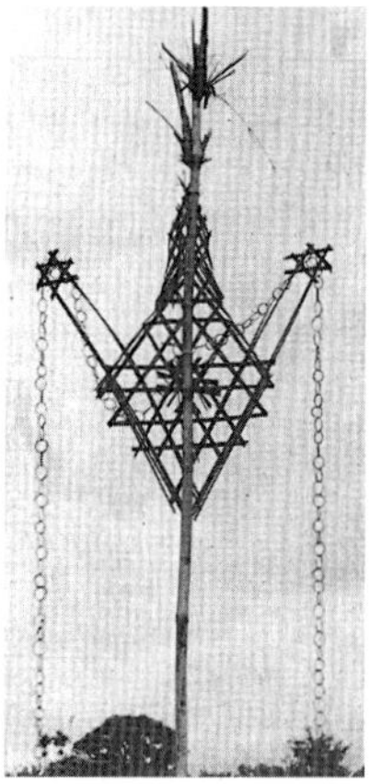

[그림 61]
태국 농부들이 토지를 표시하거나 달갑지 않은 요소들을 피하기 위해 사용하는 찰레우 혹은 대나무표지.(Sangaroon R. Kasikorn 사진)

답은 갈피를 못 잡는다.' 라고 기록했다.[37] 아마도 꽃, 향, 그리고 태국의 채색천(매야낭)과 같은 제물들은 발리섬과 태국에서 그들이 망각한 항해적 기원을 상징할 수도 있다. 왜냐하면 이것들은 운송과 연관된 모든 사람들이 사용하고 있는데, 버스, 트럭, 택시 운전사들은 차량의 앞창에 이 제물들을 놓아두며, 뱃사람들은 뱃머리에 이것들을 매단다. 이 제물들이 없이는 결코 배를 발진시키지 않는다.

이 지역에서 발견되는 몇몇 문명적 공통분모들 가운데 가장 흥미로운 것은 바구니 짜기와 여러 다양한 격자공예에 적용되는 삼방향 혹은 삼각형 구조이며, 태평양의 고대 지도와 비교하지 않을 수 없다. 오스트로네시아의 지도제작 구조로부터 태국의 찰레우(chaleu, 대나무 표지) 및 아시아 해안 전역의 다양한 바구니 짜기까지, 이 형태의 계보를 무시하기에는 너무도 강하다[그림 61]. 어쨌든 언급한 구조적 체계와 그 가공품들이 실제로 다른 세계에서는 이질적이라는 사실은 이 지역의 공동된 기원을 의미한다.

태국의 농촌에서는 흔한 찰레우는 특히 많은 의미를 가지고 있다. 이것은 땅의 영역을 설정하는데 사용되는데, 땅의 경계선에 막대기를 세워 위에 매달거나 버팀목을 대어 설치되며, 이러한 행위는 종종 추상적이거나 영적인 것을 의미하기도 한다. 사유지나 과세지역, 예컨대 세관 검문소와 같이 특별한 지역을 나타내고자 할 때 이 상징물을 모든 사람들이 볼 수 있게 설치한다[그림 62]. 이것은 또한 다른 용도로도 사용되었는데, 즉 논과 같이 소유자가 보호하고자하는 특정 영역이나 물건 속에 불순한 요소나 악령들이 깃들지 못하도록 예방하는 것이다. 이 경우는 특히 약과 관련이 있으며, 찰레우를 약 단지의 뚜껑에 붙여 놓으면 약의 효능을 빼앗기 위해 항상 숨어 있는 해로운

37) Coates, op. cit., p.59.

[그림 62]
세관 지붕 위에 설치한 찰레우. (Thai Dam Manuscript No. 81 (National Library, Bangkok 제공)

[그림 63]
약단지 위에 설치된 작은 찰레우. (Tom Chuawiwat 사진)

영들을 퇴치한다는 것이 널리 퍼진 믿음이다[그림 63].

큰 찰레우가 오스트로네시아 지도 혹은 바구니 뚜껑을 닮은 한편, 작은 찰레우는 다윗의 별(Star of David)을 닮았다. 이것은 매우 중요한 형태인데 왜냐하면 삼방향 격자의 가장 기본적인 부분이기 때문이다. 사실 이것은 마을의 각 가정에서 흔히 볼 수 있으며, 노인들은 이를 가리켜 스승을 의미하는 크루(khru)라고 하는데, 이것을 통해 삼방향 격자 만들기를 전승할 수 있기 때문이다[그림 64].

가는 가지를 엮어 만든 공인 따끄러(takraw)[그림 65]는 또 하나의 삼방향 구조로서, 동남아시아의 전 지역에서 보편적으로 볼 수 있다. 격자 짜기 방식으로 만들어진 따끄러 공은 20개의 삼방향 교차점, 6개의 평분선(6개의 가지 혹은 끈을 가지고 삼방향 짜기를 통해 공을 만들 수 있다–역주), 상호 삼각형으로 엇갈린 80개의 면으로 구성된다.[38)]

38) 측지기하학에 대한 연구가 Otto Theodor Benfey에 의해 수행되었다. 그의 논문을 참조하라. 'Dodecahedral Geometry in a T'ang Era Incense Burner Preserved in the Shosoin', in Proceedings of the Fourteenth International Congress of Historians of Science, Tokyo, 1975, pp.273–6.

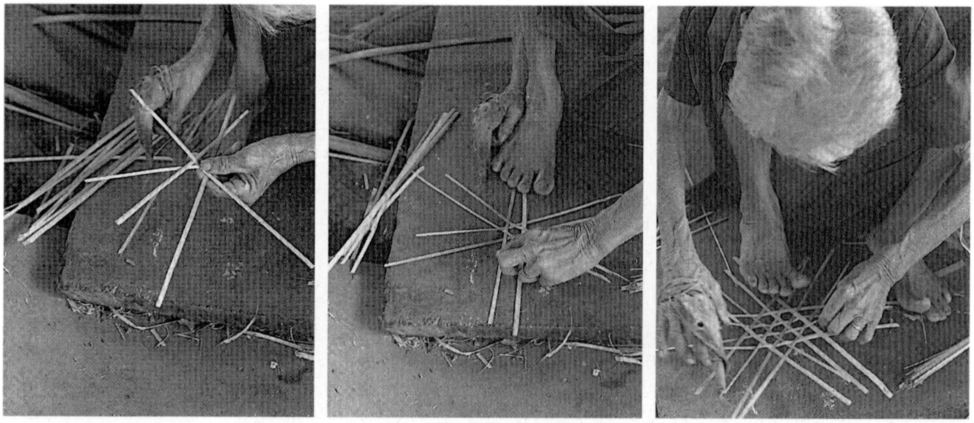

[그림 64]
삼방향 격자 만들기.
(Bunyok Tamthai 사진)

[그림 65]
동남아시아의 모든 나라에서 보편적인 따끄러, 혹은 가지로 엮어 짠 공.
(Tom Chuawiwat 사진)

태국, 미얀마, 말레이시아 그리고 필리핀은 모두 따끄러 차기(혹은 볼라세팍, bola sepak) 경기가 자신들의 민족적 경기라고 주장한다. 하지만 그 기원을 알 수 없으므로 그렇게 주장하는 사람들이 매년 이 논쟁을 해결하기 위해 함께 모여 경기를 한다. 아유타야시대에는 가지로 엮은 공을 신체적 형벌을 위해 사용했다. 큰 직경의 따끄러를 만들어 죄인을 그 안에 넣고 코끼리가 이를 가지고 놀도록 했다. 사실 공의 크기가 격자 만들기의 빈도를 증가시킴에 따라 상호 삼각형으로 엮인 표면의 숫자도 증가되어야 했다. 흥미롭게도 이 같은 공의 기하학과 구조적 체계는 풀러에 의해 개발된 지오데식 돔(geodesic dome. 다각형 격자를 꿰어 맞춘 돔-역주)과 일치한다[그림 66]. 그들의 기하학적 원리는 같으며, 그들 둘 다 물리학적으로나 분자물리학적으로나, 즉, 자연 스스로의 효율적인 결합구조 중 에서는 가장 가볍고 강한 구조체계를 대표한다. 가정 상으로는 코끼리의 무시무시한 놀이공이 매우 커져서, 예를 들어 그 직경이 수 백 미터가 된다고 하더라도, 공의 표면구조는 어느 지점에서든 비교적 평편하며, 정확히 그림 64의 삼방향 짜기처럼 보인다.

[그림 66]
태국의 Fine Arts Department를 위해서 1981년에 풀러와 사다오(Sadao)가 고안한 유적 발굴지를 덮는 지오데식 돔.

삼각형 구조

가는 가지로 엮어 만든 공 또는 측지적(geodesic) 구조는 힘이 삼각형을 이루기 때문에 효율적이다. 사실 가장 효율적인 구조적 틀은 삼각형이다. 무너질 수 있는 직사각형이나 정사각형과는 대조적

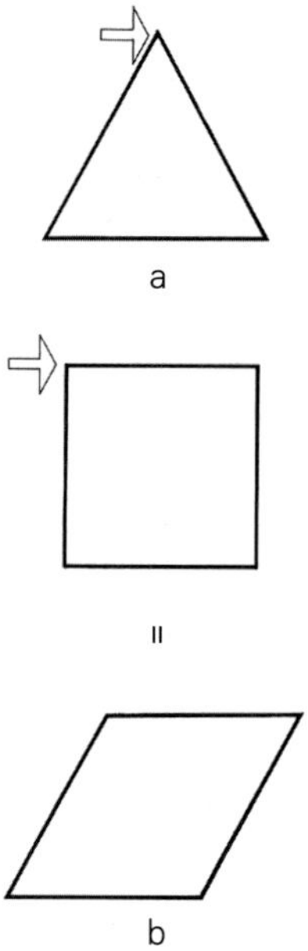

[그림 67]
견고한 삼각형 구조와 불안정한 정사각형 틀의 비교를 보여주는 도형.

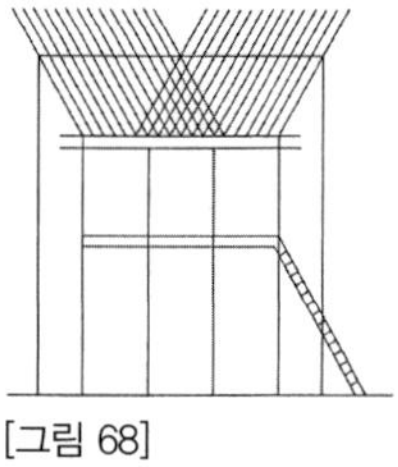

[그림 68]
일본 야요이 시대(660 BC–AD 97)의 타카유카 가옥

으로, 삼각형은 견고하다[그림 67]. 하지만 그 견고성을 유지하려면, 삼각형이 양쪽의 압축과 인장(引張. tension)을 동시에 유지할 수 있어야만, 한쪽을 미는 힘이 다른 쪽의 당김에 의해 중화된다. 달리 말하면, 이것은 나무와 대나무처럼 압축력을 가지고 있지만 동시에 인장력(引張力. 외력이 서로 당기는 방향으로 작용했을 때 물체 내에 생기는 내력 또는 응력으로 정의되며 장력이라고도 한다–역주)이 있는 소재로 만들어져야 한다는 것이다. 돌 막대(stonerod) 같은 것으로는 안 되는데, 왜냐하면 돌은 부서질 수 있고, 비록 돌이 엄청난 압축력을 견딘다고 하더라도 나무가 가지고 있는 인장력의 백분의 일 밖에 되지 않아서 당기는 힘이 가해지자마자 깨질 수 있다.

바구니의 크기를 벗어나는 삼방향 격자 짜기는 오늘날 거의 찾아보기 어렵지만, 과거의 어떤 시점에서 오스트로네시아 사람들은 그 원리를 집짓기에 적용했었다. 일본 남부 큐슈 섬에 상륙한 남양(South Sea) 출신 이주자들은 타카유카(takayuka. 고상高床–역주) 집을 짓고, 북동쪽 칸토 평원(Kanto Plain. 關東平野–역주)으로 확산된 야요이(Yayoi) 문명(약 기원전 250년경–기원후 250년)을 건설했다. 청동기, 철주조, 조개채집 및 오늘날까지 유지되고 있는 벼 재배로 알려진 그들은 공동체를 이루어 초가지붕을 얹은 고상가옥에서 살았다. 이 모든 것 중에서 가장 중요한 구조적 요소는 서까래와 도리가 삼각형으로 배열된 지붕이었다[그림 68].

이 지붕구조의 변용 사례가 수마트라의 바탁(Batak)족 혹은 니아(Niah)족의 집이다[그림 69 및 도판 11]. 니아족 집의 경우 지주(stilts. 支柱)와 서까래가 수많은 대각선 부재들과 서로 결합되어있으며, 이는 전체 구조에 있어서 압축과 인장을 동시에 유지하는 삼각형을 만들고 있다[그림 70]. 바탁족의 경우 집의 세로 단면도가 특별히 흥미로운데, 박공이 꽤 많이 돌출되어 있다[도판 12]. 이렇게 만들기 위해서는 물

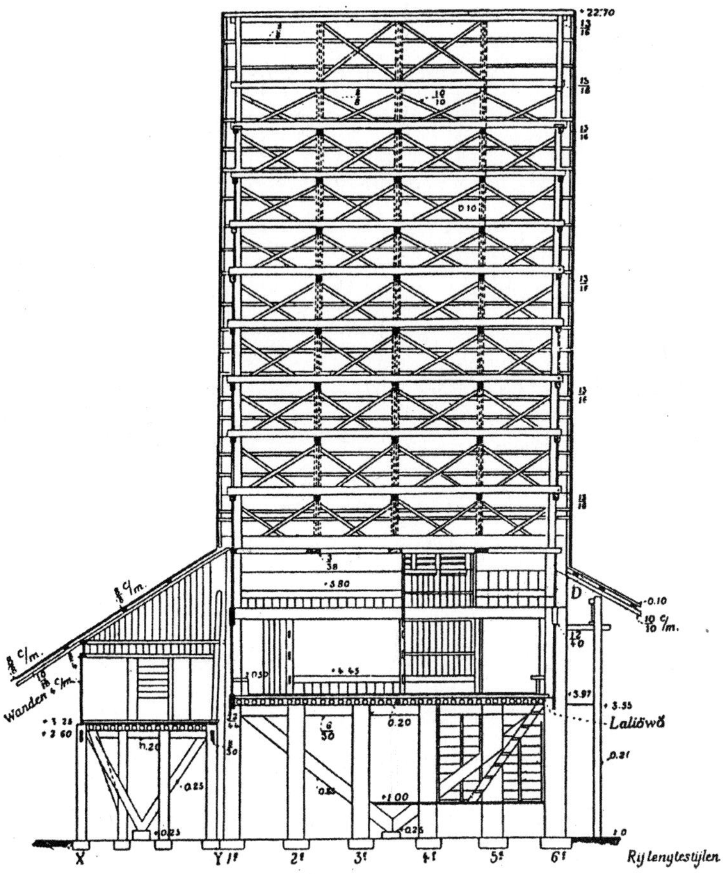

[그림 69]
수마트라 니아스섬에 있는 한 니아족 주택의 단면도. 대각선(diagonal) 구조 가새(bracing)를 보여주고 있다. (출처: D. W. N.-De Boer, Het Niassche Huis, Batavia, 1920.)

론 인장력 있는 돌출 대나무 한 쌍이 지붕구조 안에 있어야 한다. 풀러가 그린 그림 71은 지금 논의 중인 구조체계를 보여준다. 이 그림을 통해 야우(yaw)라고 부르는 태국의 어구(漁具)가 지붕구조의 원리와 정확히 일치한다는 것을 알 수 있다[그림 72]. 정점에서 증가하는 각도를 가지고 있는 이 같은 인장-압축 부재들은 바탁족의 전형적인 지붕 윤곽을 만들어내고, 그 윤곽은 또한 하나의 현수선(catenary) 혹은 쌍곡포물선(hyperbolic parabola)이다. 같은 구조 원리로 된 현대적 등가물은 르 코르뷔지에(Le Corbusier)가 설계한 브뤼셀 엑스포 57의 필립스 파빌리온(Phillips Pavilion)이다[그림 73].

▶ [그림 70]
니아스섬 니아족 추장 가옥의 기둥 가새(bracing).

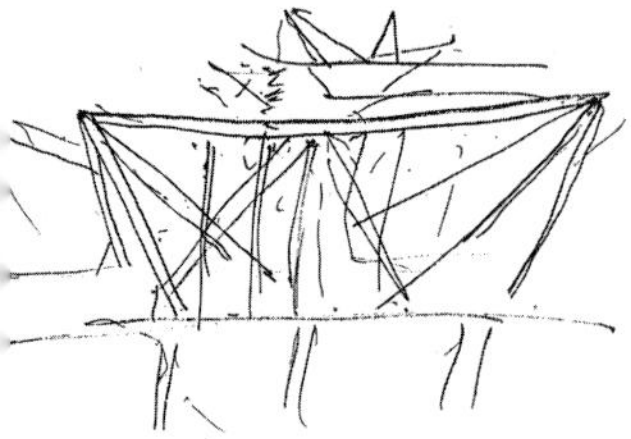

▲ [그림 71]
한 바탁족 가옥 지붕의 구조적 가새(bracing)를 보여주는 풀러(R. Buckminster Fuller)의 스케치.

▶ [그림 72]
야우, 즉 태국의 어구

▼ [그림 73]
브뤼셀 개최 엑스포 57의 필립스 파빌리온(Phillips Pavilion), 르 코르뷔지에(Le Corbusier) 설계.

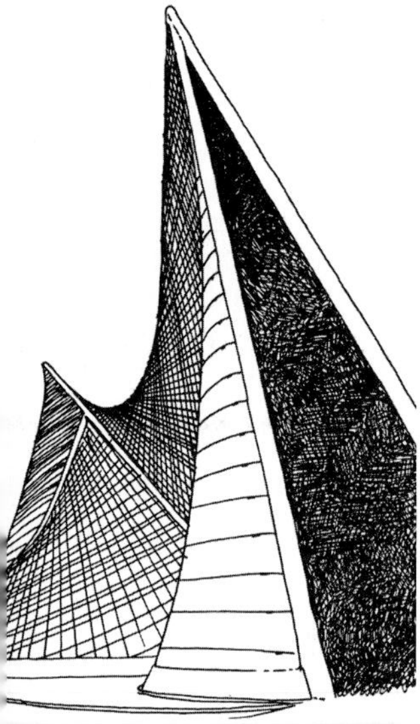

이쪽 세계의 사람들은 집을 지을 때 주로 인장력 있는 재료를 사용하였고, 그러면서 가장 효율적인 구조상 원리를 우연히 알게 된 계기는 그들의 특수한 환경 때문이었다. 가벼운 가정용 삼방향 격자짜기

이외에도, 잦은 범람이나 해안의 수면 위에서 살아가려면 그들의 거주공간은 물 위에 떠있거나 지주 위에 서있어야 했다. 만일 밀물의 조류와 바람에 지나치게 노출되어 있으면 집은 매우 높이 떠받쳐야 했는데, 이를 위해서는 삼각형 구조의 가새(brace. 사각형으로 된 뼈대의 변형을 막기 위해 대각선 방향으로 빗댄 경사재-역주)가 필요했던 것이다[그림 74] [그림 75]. 내륙 범람의 상태가 비교적 심하지 않았던

[그림 74]
19세기 태국의 한 이동식 마을.
(출처: H. Warrington Smyth, Five Years in Siam, London, 1898.)

[그림 75]
니아스 해안에서 떨어진 바다에 있는 어부의 오두막

태국 중부 평원의 경우, 가옥의 지주와 구조적 틀은 마치 알파벳 에이(A)자를 자른 틀처럼, 가상의 삼각형 정점을 향해 안쪽으로 기울어져 있는데, 집이 필요로 하는 일종의 안정감을 준다.

물론 인장력 있는 재료와 구조를 사용한다고 해서 압축력 있는 재료의 사용을 배제하는 것이 아니다. 사실 이미 언급한 것처럼 목재와 대나무는 인장력을 가지고 있으면서 동시에 압축력을 가지고 있다. 돌과 벽돌처럼 순전히 압축적인 재료의 경우, 건축에서는 인장력 있는 재료와 함께 사용한다. 하지만, 인장력 있는 재료를 주로 사용하는 점과, 이와 관련된 본능 및 행동은 이 지역을 다른 모든 육지기반 문명들과 비교할 때 문화적으로 독특하게 만드는 요소들이다.

육지기반과 물기반 문명

넓게 말해서 지구상에는 오직 두 가지 형태의 문명이 있다. 한 가지는 주로 인장력 있는 재료에 근거한 본능을 가진 문명이고, 다른 한 가지는 압축력 있는 재료에 근거한 본능을 가진 문명이다. 전자는 수생 기술(aquatic skill)과 제 4기(Quaternary period. 가장 최근의 지질학적 시간대로서 약 170만 년 전부터 지금까지-역주) 혹은 아마도 그 이전에 계발된 생존본능, 그리고 최소한의 짐만을 가지고 여행해야만 했던 아시아 해안으로의 계속된 이주의 결과이다. 세계 인구가 일반적으로 북위지역인 대륙의 내부로 이동한 이후, 기술 및 건축 환경은 산으로부터 떠낸 돌과 기타 압축력 있는 재료에 상당히 의존해야만 했다. 소아시아, 이집트, 유럽, 인더스 밸리의 위대한 건축물들과 그리고 중국의 많은 건축물들은 압축력 있는 재료로 이루어진 문명에 속한다. 지구랏, 피라밋, 스톤헨지, 그리고 만리장성은 순수한 압축 구조물들이며 땅위에 정적으로 세워져 있는 가옥, 궁전 및 사원들도 그렇다. 심지어 역동적인 모습의 플라잉버트레스(flying buttress. 버팀도리, 비량으로 번역할 수 있으며 주로 고딕식 건축물에서 아치모양의 날개로 외벽을 지탱하는 역할을 한다–역주)를 가지고 있는 거대한 고딕 성당들도 돌의 집중적 하중을 바깥쪽으로 분산시켜 안정적으로 서있다.

이 모든 것이 세계 문명진화에 있어서 두 가지 상이한 방향을 보여준다. 압축재 도구사용 및 건축을 특징으로 하는 육지기반 문명이 인장재 사용 문명을 연속적으로 지배함으로써, 인류 진보의 개념과 정의가 육지기반 문명에 의해, 특히 서양의 육지기반문명이 정한 기준에 따라 정해졌다. 결과적으로 지구의 문명기를 '석기시대'처럼 구분하는 것은 육지에 살던 사람들에 의해 개발된 특정한 형태의 도구사용과 주거환경을 밝히는 데만 도움이 될 뿐이다.

석조 혹은 석기라는 용어가 적당하지 않다는 것을 처음으로 인식한 사람은 헤이에르달(Heyerdhal)이었다. 『초기 인간과 해양』이라는 저서에서, 그는 '석기시대의 수축세계(the shrinking world of the Stone Age)'에 관해 언급한다. 동남아시아의 문화사학자들 중 솔하임(Solheim)[39]은 석기시대에 이어 그가 목기시대(lignic period. 木器時代. 석기시대와 쉽게 비교하기 위해 목기시대로 번역하였음–역주)라고 부르는 옛 시대를 포함한 첫 번째 학자이다.

하지만 솔하임의 문화적 시대구분은 도구사용, 기술, 인구이동 및 전쟁 등의 기준들을 혼합한 것이라서 그 자체로 다소 혼란스럽다. 이 문제를 극복하기 위해 우리는 이주와 소통(communication)에 근거한 세계의 시대구분, 달리 말해, 지구라는 행성과 심지어 그 것을 뛰

---

39) Wilhelm G. Solheim, 'North Thailand, Southeast Asia and World Prehistory', Asian Perspectives, VoL. 13, 1970, pp.153, 154; and 'An Earlier Agricultural Revolution', Scjentific American, April 1972, pp. 38 ff.

어넘는 인간 적응능력의 제 단계들에 근거하여 세계 시대구분에 대한 새로운 표를 만들었다. 전통적인 시대구분, 솔하임의 시대구분 그리고 우리의 새로운 시대구분 체계 간 상호비교가 제시되고 있다. 새로운 시대구분의 4기 와 5기는 물론 미래에 대한 예측이다. 이것들은 가능한 범위 내에서 인간 진보의 개괄적인 그림을 완성하기 위해 이곳에 포함시켰다.

형식적 시대구분으로 돌아가 주목해야 할 것은 솔하임, 세데스(Cedes) 및 그로슬리에(Bernard Philippe Groslier) 등의 동남아시아 사학자들은 인간이 먼저 해안을 따라 거주하고 이후에 내륙으로

[표 2-2] 세계 시대구분의 다른 개념들

전통적 시대구분(기원전)	솔하임의 시대구분(기원전)	세계 시대구분 제안*
1. 전 중기 구석기-4만년	1. 석기-4만년	1. 지구 온도변화에 따른 문화의 경도(經度)방향 흐름. 즉, 북쪽에서 남쪽 혹은 남쪽에서 북쪽 이주. 인장력 있는 재료의 도구사용으로부터 나중에는 압축적 재료의 도구 병용.
2. 후기 구석기	2. 목기: 4만년-22,500년	2. 빙하기 종료의 이주를 따라 문화의 경도방향 흐름. 남쪽에서 북쪽으로. 인장력 있는 도구사용의 절정 및 항해기술의 시작: 지금부터 3만년-1만 년 전.
3. 중석기:4만년-8천년	3. 수정기(농업과 다른 문명들의 등장): 22,500년-8천년	3. 위도의 문명들. 동쪽에서 서쪽 그리고 서쪽에서 동쪽으로 주로 해양항해: 지금으로부터 1만 년 전-20세기
4. 신석기: 8천년-5천년	4. 확장기(인구증가 및 이동): 8천년-기원후(AD)	4. 이중 좌표적(bicoordinate) 세계문명 혹은 전자기적 스펙트럼에 기초하여 위도(緯度)상 및 경도(經度)상으로 연결된 단일 사회로서의 세계; 20세기-21세기 전반. (실용적인 소통은 주로 지구에 한하며 광속에 의해 제한됨)
5. 동석기: 5천년-3천년	5. 기원후(AD)부터 제국들의 충돌	5. 후기 아인슈타인 문명 혹은 광속보다 빠르며 지구에 한정되지 않은 소통에 기반한 문명. 21세기 후반부터.
6. 청동기: 3천년-1천년		
7. 철기: 1천년부터		

*풀러(Fuller)의 세계 시대구분으로부터 부분적으로 수정.

이동했다는 사실에 동의한다는 점이다. 예를 들어 세데스와 그로슬리에는 이 지역의 석기시대에 관해 언급하면서, 인간을 두 집단으로 구분하는데, 하나는 두 집단 중 더 오랜 기원을 지닌 해안지역의 거주자들, 다른 하나는 내륙지역의 거주자들이다. 게다가 권위있는 학자들은 이 지역 사람들이 일찍이 수륙양서의 생활을 하고, 항해능력을 가지고 있으며, 나무로 된 도구를 사용했다는 점을 인정한다. 그러나 그들은 이미 확립된 육지기반의 문명적 시대구분으로부터 탈피하지 못했기 때문에, 수생적 또는 목기적(木器的. 이미 언급한대로 나무를 도구로 사용한다는 의미-역주) 현상을 그저 인류 진보의 척

[표 2-3] 육지기반 문명과 물기반 문명의 기본 차이점

	육지기반 문명	물기반 문명
1. 형성 시대	약 7천 년 전.	빙하기말부터(1만 년 전).
2. 지형적 배경	육지	바다와 육지의 지리적 '맥동(pulsation)'. 동남아시아 대륙의 분리; 이에 따라 (덧없는) 바다-육지 경계들의 이동.
3. 기본 존재	육지기반. 비교적 정착적.	해양적, 수생적 그리고 수륙양서적(범람지와 강변). 비교적 이동적.
4. 주요 식량	건곡식. 예를 들어, 밀, 옥수수, 보리 등.	수경. 즉, 벼.
5. 사회	식량작물을 보호하기 위한 요새화; 즉 봉건국가들.	연중 식량 풍부; 봉건제도는 유명무실할 수 있음[40]
6. 건축환경	비교적 영구적 건물들. 공간은 동굴과 같이 둘러막는 것으로 인식. 압축재로 만든 2방향 구조. 환경은 계획되고 통제됨.	비교적 비영구적 거류지와 건물들. 공간은 개방된 것으로 인식. 2방향 및 3방향 인장-압축 구조물들. 본능적인 환경 관리.
7. 이주도형의 순서 (본서 36쪽 참고)	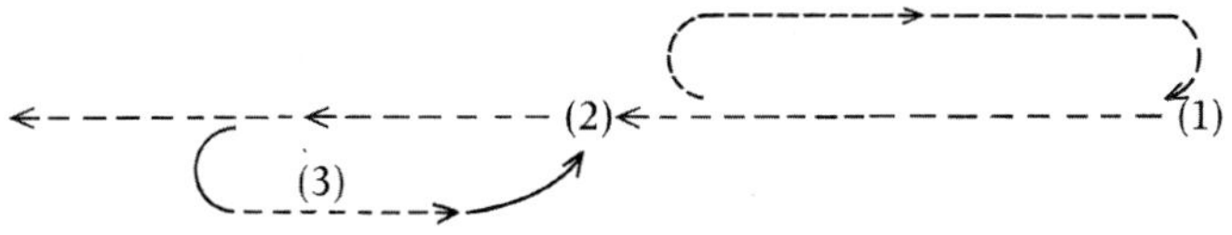	

40) 예를 들어, 태국의 봉건국가들 혹은 싹띠나(sakdina)는 순수히 상징적이었는데, 지켜야 할 물리적인 토지구획 없이 왕자들이나 귀족들에게 수여된 가상의 소유권증서의 모음들이었다.

도가 되는 석기 도구의 사용과 관련되는 것으로만 짐작할 따름이다. 솔하임은 '나무'를 그의 시대구분 목록 중 하나에 삽입했다는 점에서 다소 두드러졌다.

이 같이 일방적인 세계문명에 대한 관점은 '문명'이라는 단어에 대한 타이어의 사례에서 잘 예시되고 있는데, 타이어로 문명은 아라야-탐(araya-tham)이라고 하는데, 이는 중앙아시아인으로서 전적으로 육기기반 사람들인 아리아인들의 윤리법을 의미하는 것이다. 이 같은 지적 전제조건 아래에서라면, 교실들은 압축재로 만든 정태적 건축물들에 대한 존경심으로 가득 찰 것이다.

육지기반 문명 대 물기반 문명이라는 주제는 추후 다시 논할 가치가 있다. (단순한 자료 수집을 넘어 서야 할) 문화인류학과 (대부분이 일종의 문화적 동면에 빠져버린) 건축학이 침체되어 있는 현실 속에서, 이 주제의 개발은 문명에 대한 새로운 시각을 만들어 낼 것이다.

결론적으로, 문명의 두 가지 큰 형태를 [표 2-3]에서와 같이 요약할 수 있다.

구조적 장력(構造的 張力)

이상에서 언급한 바에 비추어 볼 때, 물 기반 문명의 지적 기반은 큰 융통성과 혹독한 적응력을 끝없이 요구하는 유동적 환경으로부터 나온 것으로 보인다. 바로 이로부터 형이상학적 측면인 직관적, 추상적으로 창조하고 소통하는 능력이 만들어졌다. 고정적으로 확보해야 할 영토가 없었으므로(수상생활의 특성상 한정적인 영토 확보가 중요하지 않음-역주) 항구적인 것과 건축상 순전히 고정적이거나 압축적인 구조물들은 상대적으로 역동적이며 융통성 있는 것들에 비해 부차적으로 간주되었고 기껏해야 대등한 역할에 그쳤다. 그러나 이것은 물기반 문명이 육지기반 문명보다 작은 건축물들을 만들어냈다는 것을 의미하지는 않는다. 태국에서는 동아시아의 여느 유명 석조 건축물만큼이나 기념비적인 거대한 목조 건축물을 만든 증거가 있는데, 이는 3세기 전에 건립한 메루(meru. 화장용 장작더미 또는 화장용 건물을 의미하며 타이인들은 '멘'에 가깝게 발음–역주)'라고 하는 왕족의 화장용 목조 건축물이다. 이 같은 건축물들의 거대한 규모가 의미하는 것은 건축물들을 지을 수 있었던 사람들이 목재의 인장력 활용과 가새(bracing) 기술에 정통했다는 것이다.

타이 문학에서 민중의 영웅이자 타이인의 정신이 만들어 낸 궁극적 결과물인 씨타논차이(Sithanonchai)라는 인물만큼 그 같은 기질을 잘 보여주는 예도 없다. 이 전설적인 영웅은 아마 아유타야가 수도였을 때 이곳에 살았던 것 같다. 미얀마와의 한 전쟁에서 씨타논차이는 빨리 탑을 쌓는 것으로 전쟁의 승부를 결정짓는 시합을 미얀마에게 제안하도록 자신의 왕을 설득했다. 미얀마는 이 제안을 받아들였다. 자신들의 육지기반 조상인 티베트인들로부터 육지적 본능을 물려받은 미얀마인들은 즉시 엄청난 노동력 동원에 착수하고, 많은 벽돌과 돌을 가져왔다. 태국 측에서는 탁월한 건축가인 씨타논차이가 단지 몇몇 사람들의 도움만으로 재빨리 목재 구조물을 세우고, 이를 천으로 두름으로써 합의된 형태와 크기의 탑을 만들어 그 싸움에서 승리하였다.

이 이야기에는 두 가지 필수적인 타이인들의 특성이 담겨져 있다. 가장 적은 것을 가지고 어떻게 가장 많은 것을 얻을 수 있는가와, 어떻게 흥미롭게 즐길 것인가이다(우선 첫 번째 조건이 충족되지 않으면, 흥미롭게 즐기는 어려울 것이다). 첫 번째 특성은 건축에 적용될 때 씨타논차이에 의해 세워진 막을 씌운 형태의 건물과 정확히 일치한다.

막 씌우기(diaphragm) 원칙은 서태평양 지역에서 인간이 만든 몇

[그림 76]
일본 연. (David Alan Harvey 사진)

몇 물건에 실제적으로 적용된다. 그것은 배의 돛, 초롱, 부채, 통차이(tung-chai, 사원의 깃발), 연과 같은 물건들과 중국 및 일본의 건축, 그리고 벽의 칸막이 및 벽널 장식 등에서 발견된다. 동아시아와 동남아시아의 연들은 아마도 막 씌우기에 대한 최고의 사례들일 것인데, 라이스페이퍼(rice paper. 얇은 고급종이의 일종-역주)의 막이 대나무로 된 연 틀의 형태를 잡아당겨 주며, 연 틀 자체도 연살(서양 연의 버팀목 구조와는 반대인)에 의한 인장력에 의해 서로 단단히 연결되어 있다. 태평양의 오스트로네시아 사람들의 지도를 매우 강하게 상기시키는 일본 연[그림 76]은 커다란 2방향 격자구조가 대각선의 인장-압축 살(가새와 같은 역할을 한다-역주)에 의해 지지되고 있는 점에서 타이 연과는 다르다. 반면 타이 연은 거의 전적으로 인장적이다. 구조의 연속적인 인장, '팽창' 그리고 압축은 연이 날 때 자유롭게 작용한다. 모양의 가벼움과 융통성 때문에 연은 바람 속에서 휘며 공기에 역동적으로 움직인다. 그러므로 연은 커다란 압력을 견딜 수 있다. 엄청난 높이로 비행할 수 있는 타이 연은 예전에는 포탄을 운반하여 적군의 참호와 성벽 위에서 터뜨리기 위해 전투에서 사용되기도 하였다.

막 씌우기 구조물들은 종종 의례와 관련해서도 만들어졌다. 이 경우에 그것들은 형이상학적 의미로 사용된 후 바로 태워 없앤다. 이미 설명한 의례용 목욕뗏목과 사찰의 주지승을 위한 화장용 장작더미 구조물이 이 같은 과정에 사용되는 것이다.

물기반 문명의 제요소들이 가장 완벽하게 집합되어 있는 것 중 하나는 북부 태국의 다비식(茶毘式)에서 사용되는 화장용 장작더미이다. 이 같은 행사가 사진에 묘사되고 있다[그림 77]. 치앙마이에 있는 한 사찰의 주지승이었던 고인의 시신이 다층의 지붕과 우주적 일산(日傘)으로 장식된 거룩한 누각 안에 누워 있다. 이 누각은 남양(South Sea, 南洋)의 쌍동선인 카타마란 모양의 마차위에 설치되어 있는데, 마차의 바닥에는 물의 상징 나가가 지키고 있고, 주지승이 태어난 해를 표상하는 말들이 마차와 함께 서있다. 바퀴 달린 쌍동선 모양의 마차 위로는 긴 대나무 장대가 팽팽하게 잡아주고 있는 돛 모양의 덮개(canopy)가 높이 걸려 있다. 이 장면은 물기반 문명과 그 수생적 기원을 보여 주는 전형이다.

전술한 내용은 예술과 건축의 보이지 않는 측면을 나타내 주는 바,

[그림 77]
치앙마이의 주지의 장례 화장용 건축물. (Sangaroon R. Kasikorn 사진)

보이는 부분들, 즉 이 지역에 풍부한 압축적 건축물들과는 반대이다. 이 숨겨진 양상을 자세히 탐사하려면 몇몇 위대한 역사적 건축물들을 살펴봄으로써 석조 건축물이 결코 역동적이거나 혹은 가볍고 팽팽하지 않을 때조차도 이 같은 측면들이 건축물 속에 표현될 수 있다는 점을 인식할 수 있다. 건축가들은 벽돌 탑을 쌓을 때 마치 나무

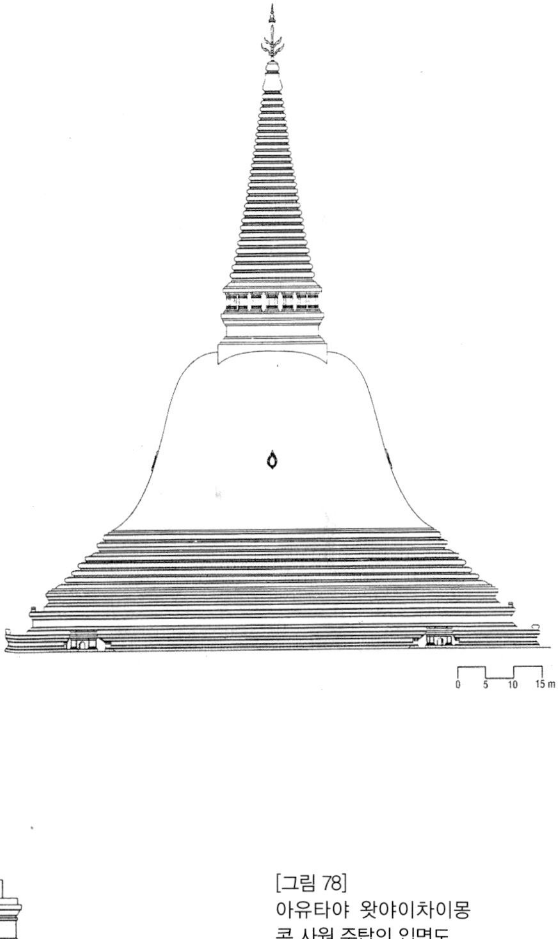

[그림 78]
아유타야 왓야이차이몽콘 사원 주탑의 입면도.

[그림 79]
프라빠톰 쩨디의 입면도

의 몸통을 조각하듯 사이사이를 파내어 옴폭하고 볼록한 곡선을 부여했다. 아유타야에 있는 72미터 높이의 왓야이차이몽콘(Wat Yai Chaimongkhol) 사원의 주탑(16세기 후기에 건설된 벽돌탑-역주)이 적절한 사례인데, 단면도를 보면 곡선의 윤곽이 잘 나타나고 있다. 흥미롭게도 대나무 원뿔형 천막 혹은 원형의 오두막집에서 똑같은 구조를 찾아볼 수 있는데, 이 같은 곡선 구조에서는 커다란 압력이 빗나가게 되어 있다[그림 78].

이같이 크고 높은 석조물에는 상당한 양의 밖으로 미는 힘이 작용하기 마련인데, 자연스럽게 복발(覆鉢. cupola 또는 dome. 인도 산치탑이나 태국 불탑에서 반구 모양의 탑신부-역주)의 크기가 크면 클수록 훨씬 큰 힘이 작용하게 된다. 이 종류의 건축물 중 단연 가장 높고 거대한 것이 방콕에서 서쪽으로 58킬로미터 떨어진 곳에 위치한 프라빠톰쩨디(Phra Pathom Chedi)이다. 19세기 중반에 건축된 이 탑의 복발은 거대한 원형의 탁씨나(thaksina) 기단 위에 세워져 있으며, 크기는 직경 95.3미터, 높이 106.5미터이다. 벽돌로 쌓아 올린 이 탑은 내부 공간에 작고 오래된 탑을 보관하고 있는데, 단면도로 봐서는 수직하중을 막아도 건축물을 지탱할 수 없을 정도의 엄청난 힘이 바깥으로 미치고 있다. 1969년에 시작된 복원공사에서 구조분석을 하던 기술자들은 거대한 체인이 복발 주위에 수평으로 정연하게 묻혀 있는 것을 발견하고 놀랐는데, 이것이야말로 밖으로 미는 힘에 정확히 대응하는 장치였던 것이다[그림 79]. 외견상으로는 안정적으로 보이는 이 석조 기념물이 사실은 일정한 압축과 인장 속에서 지탱되고 있는 역동적인 구조물인 것이다. 만일 이 건축물의 탄생이 사회의 인장력 있는 구조물 만들기의 오래된 전통 때문이 아니라면, 이 탑을 설계했던 건축가-엔지니어가 본능에 의지해서 이 같은 탑을 만들 수 있었을지 궁금하다.

제3장

수륙양서의 건축

"...배가 모든 교통수단 중 최초의 것이었던 것처럼, 고상가옥이 아마도 인간이 만든 건물 중 가장 최초의 것이었을 것이다."

육지기반 대 물기반 건축

보로부두르(Borobudur)[그림 80]와 바욘(Bayon)의 석조 부조는 뾰쪽한 박공(朴工. 맞배지붕에서 합각머리부분에 'ㅅ'자 모양으로 붙인 널빤지-역주)이 있는 목조 가옥이 기둥(支柱) 위에 세워있는 모습을 보여준다(기둥 위에 건물을 세워 바닥(마루)이 지면보다 높은 곳에 위치하는 건물의 형태를 고상식(高床式) 건물이라고 하며, 집의 경우에는 고상가옥이라 한다. 일본에서 나온 표현이다. 중국식 표현은 간란식(干欄式) 건물 또는 간단히 간란(干欄)이라고 한다-역주). 그런데 동남아시아문명 연구의 권위자들은 이 고상가옥에 대해 거의 언급하지 않으며, 혹 언급한다하더라도 본질과는 거리가 있는 현상에 대한 가벼운 언급에 그친다. 크메르와 인도네시아의 예술과 건축에 관한 수많은 저술을 보면 석조 건축물과 조각상을 묘사한 삽화는 무수하

[그림 80]
고상가옥을 보여주는 보로부두르의 한 부조

지만 이 고상식 목조 건축물에 관한 것은 찾아볼 수 없다.

앙코르(Angkor. 캄보디아의 고대 수도로서 9세기~15세기 동안 크메르제국의 중심지-역주)에 관한 프랑스의 초기 연구는 같은 주제를 다루고 있는 현재의 예술서들과는 다른 그림을 드러내고 있다. 대대적으로 재건된 앙코르 톰(Ankor Thom. 12세기에 건설된 크메르제국의 수도로 그 중앙에 바욘(사원)이 있다-역주)은 바욘 부조의 것과 유사한 목조가옥이 도시의 상당 부분을 차지하고 있었음을 나타내준다. 그러므로 이 도시의 비공식적인 양상이 앙코르에 관한 학계의 공식적 견해를 훼손하고 있는 것처럼 보인다. 왜냐하면 거대한 기념물들이 도시의 대칭을 이루며 스카이라인을 형성하고 있기는 하지만, 똑바른 거리들, 사원들 그리고 저수지들 사이에서 공간을 차지하고 있는 것은 바로 고상식 목조건물들이기 때문이다.

[그림 81]
수마트라 니아스 바워마탈루오(Bawomatalou) 마을의 기둥과 거석 위에 설치된 기옥들. 앞마당의 거석은 배 모양의 하고 있으며 노를 가지고 있다.

동남아시아 전역을 통해, 석조 건축물과 고상식 목조 건물의 두 가지 건축 체계가 공존했다[그림 81 및 82]. 돌과 나무라는 상이한 재료이용의 이면에는 각각에 대응하는 육지기반 및 물기반 이라는 문화적 배경이 있다. 후자의 경우 자연스럽게 물이 많은 환경에 조화되는 건축을 낳았는데, 이는 수륙양서(Amphibious)라고 묘사될 수밖에 없다. 태국에서는 이 두 가지 건축체계가 매우 밀접하게 뒤섞여 있다고는 해도, [표 3-1]에서 나타나듯 서로 다른 형태의 건물들로 구분될 수 있다.

[그림 82]
축제기간 중 석조기념물 위를 뒤덮고 있는 목조 구조물들. 베사키(Besakih), 발리. (Datuk Lim Chong Keat 사진)

육지기반 건축은 주로 종교나 왕실의 행사와 관련된 건물 유형에 한정되어, 고전적이며 형식적인 것으로 간주되지만, 수륙양서 건축은 왕의 주거지나 주택 혹은 승려의 요사채와 같이 그 건축 환경이 실용적이거나 일상적인 것이 특징이다. 사원의 많은 건물들이 후술할 이유로 인해 수륙양서적이다.

[표 3-1] 육지기반 및 물기반 건축의 형태들

건물형태	육지기반 건축(석조구조)	물기반 건축(고상식 목조구조)
사원 (Wat. 왓)	탑(쩨디. chedi) 포살당(봇. bot) 회당(위한 또는 위하라) 요사채(꾸띠. kutti)	다음은 경우에 따라 고상식 목조건축물로 지음. 요사채 강당(쌀라깐빠리얀, sala-kanprien) 장경각(허뜨라이, haw trai)
궁전	정전(프라티낭. phrathinang) 누각	정전 누각
민간	화장용 건축물(메루. meru)	
		가옥

'메루'와 같은 건축물은 어떤 범주에도 분류될 수 없는 예외적인 경우이다. 기술이나 목재 구조의 측면에서는 이것은 수륙양서적 건축으로 분류되어야 한다. 하지만 그 형태는 우주론과 직접 연결되고, 활용도 일상의 실용적 사용이 아닌 왕실의례와 연결되고 있기 때문에, 메루는 육지기반 건축 혹은 형식적 건축의 범주로 분류될 수 있다. 이것은 제 4장에서 재론할 예정이다.

집은 물론 인간 정착의 가장 우선적인 요구사항이다. 제 4기(Quaternary period. 가장 최근의 지질학적 시간대로서 약 170만 년 전부터 지금까지-역주)기간 중 동남아시아의 생존조건으로 볼 때, 인간의 주거환경은 수상이나 수륙양서 즉, 수면 위에 떠 있거나 서 있어야 했을 것으로 보는 것이 논리적인 것 같다. 그러므로 배가 모든 교통수단 중 최초의 것이었던 것처럼[41], 고상가옥이 아마도 인간이 만든 건물들 중 가장 최초의 것이었을 것이다. 반면, 석조 건물들

41) Thor Heyerdahl, Early Man and the Ocean, Allen and Unwin, London, 1979, p.19.

은 나중에 광대한 육지로 인구이동이 일어나면서 생긴 것임이 틀림 없다.

인간의 대륙 내부로의 진입은 특히 히말라야 남쪽 인근 지역에서 중요했다. 왜냐하면 그 시점과 위치로부터 힌두교-불교 우주론에 포함되어 있는 바다-대륙 관념의 복잡한 융합이 동남아시아로 되돌아가, 결과적으로 이곳의 건축 환경이 전례 없는 창조적 열정에 지배되었기 때문이다. 아리안족의 북부 인도 침략은 사람들을 동남쪽으로 밀어냈지만, 힌두교가 말레이반도로 전파된 것은 일차적으로 고대 인도상인들 때문이며, 불교가 궁극적으로 짜오프라야 유역(basin)에 자리 잡게 된 것은 아마도 아소카(Asoka)황제 때문일 것이다.

이 우주구조론이 동남아시아로 되돌아감으로써 사실 한 시대를 끝냈는데, 그 결과, 계획과 정해진 규칙에 근거한 이차적인 지적체계가 고유의 행동양식 또는 원초적 본능을 덮게 된 것이다. 태국에서의 반응은 세 가지였다. 첫째는, 언급한 형식적 스타일과 건축상 일치하는 힌두교-불교 규범의 수용(정부의 업무를 위해서는 어떤 경우든 피할 수 없는 정해진 규칙), 둘째는, 형식적(이차적)인 요소들과 비형식적(원초적)인 문화적 요소들 간의 외견상 갈등 없는 공존, 셋째는, 사람들의 억누를 수 없는 본능에 따라 표준적 규칙들을 바꿔 건축에 자신만의 뚜렷한 특성을 부여하기 등이다.

고상가옥

우선 비정형적인 스타일에 대한 논의는 주로 고상가옥에 관한 것이 될 것이다. 왜냐하면 수상족(water people)과 그들의 생활양식에 직접 관련된 건축요소가 고상가옥에서 발견되기 때문이다. 스타일상의 변용을 제외하면, 이 가옥형태는 멜라네시아와 인도네시아로부터

[그림 83]
베트남 북부 꼰뚱(Kontum), 꼰소띤(Kon-So-Tin), 뵈흐나르(B hnar) 종족집단의 '롱(rong)' 혹은 마을회당. (Dorothy Pelzer Collection, ISEAS Library, Singapore 제공)

[그림 84]
기둥 위 구조물. 북부 베트남의 죄랄(Jöral) 종족집단의 신당(spirit house)으로 추정. (Dorothy Pelzer Collection, ISEAS Library, Singapore 제공)

적도를 건너 일본까지 6,000킬로미터 이상의 호를 이루는 서태평양에서 일반적으로 발견된다[그림 83, 84, 도판 13, 14]. 아시아해안에서는, 같은 가옥형태가 말레이시아, 태국 및 인도차이나로부터 네팔의 히말라야 기슭과 인도 북동부 나가힐(Naga Hills) 및 남중국에서 발견된다.

동남아시아와 중국 남부에는 촌락과 마을 전체가 지주(支柱)위에 세워진 수륙양서의 주거환경으로만 구성된 곳들이 있다[그림 85]. 시솽판나(西雙版納)라는 따이(Tai)족 지역에서는 수천 채의 고상 목조 가옥들의 모습을 여전히 볼 수 있다. 전한(前漢)과 초기 한(漢)시대 양쯔강 남부의 전역에 한때 이 형태의 주거지들이 산재해 있었다. 같은 지역인 장시(江西)성 칭치앙(Ch'ing Chiang), 잉빤리(Ying-p'an-Li)에서는 기원전 6천 년에서 5천 년 전까지 거슬러 올라가는 간란(干欄) 혹은 고상가옥 모양의 가형토기(家形土器)가 발견되고, 또한 윈난(雲南)성 진닝(晉寧)의 시차이샨(石寨山) 등 여러 군데에서 발굴된 청동 개오지조개 용기에서는 동일한 가옥형태를 묘사한 부조가

[그림 85]
Ho Keou. 남중국 윈난성의 고상마을. (Mus e de l'Homme, Paris 제공)

발견되는데, 이는 기원전 202년부터 기원 초까지 거슬러 올라간다. 이외에도 중국 동남부에서 발견되는 고상가옥이 장식된 동고(銅鼓. bronze drum)들과 광둥(廣東)성, 광시(廣西)성, 후난(湖南)성, 스촨(四川)성 및 구이저우(貴州)성 등[42]에 있는 동한(東漢)의 고분(서기 25-220년)에서 발견되는 다수의 가형토기들이 추가적인 사례들이다.

고고학적 발굴물 이외에도, 동석기 시대(기원전 5,000-3,000년 전)로부터 서주시대(Western Chou, 기원전 1030-722년)에 걸쳐 땅에 박힌 많은 나무 잔해들이 저장(浙江)성, 장쑤(江蘇)성, 윈난(雲南)성 및 후베이(湖北)성에서 발견되었다. 여기서 흥미로운 것은 지주가 직사각형 형태뿐 아니라 타원형의 형태로 정렬된 것인데, 이것은 라오스와 남부 태국의 '블랙 따이족'의 집과 수마트라, 미크로네시아 및

[그림 86]
타원형 형태의 집(루마 아닷). 구눙시똘리(Gunungsitoli), 니아스(Nias), 수마트라

[그림 87]
안장 형태의 지붕을 가진 고상 누각. 시마닌도 마을(Simanindo Village), 토바호수, 수마트라.

폴리네시아의 루마아닷(rumah adat) 혹은 전통가옥의 형태와 유사하다[그림 86].

게다가 만일 동썬 북(Dong Son drums. 기원전 800년-기원후 400년)의 지리적 분포가 하나의 지표가 된다면, 안장 모양의 지붕을 가진 매우 정교한 고상가옥 형태가 인도네시아 군도의 가장 동쪽 섬들로부터 시작해서 자바, 수마트라, 말레이반도, 태국, 인도차이나 및 윈난에 이르는 지역에 걸쳐 번창했던 것으로 확인된다. 이 가옥 형태는 오늘날에도 술라웨시와 수마트라에서 발견된다[그림 87].

고상가옥 연구의 개척자로서 여기서 언급해야할 연구자는 응우옌 반 후옌(Nguyen Van Huyen)이다. 그는 자신의 저서『Introduction l' tude de l'habitation sur pilotis dans l'Asie du Sud-Est』에서 수륙양서적 가옥 형태의 분포 범위를 보여주는 지도를 만들었다. 베트남 연안, 자바 섬 일부, 발리 섬, 롬복(Lombok) 섬, 부루(Buru) 섬 등 거주지가 육지위에 확고히 자리 잡은 지역을 제외하고는 동남아시아 전역이 수륙양서적 가옥형태를 보여 주고 있다. 고상식 주거형태가 지배하는 가운데, 이 같은 예외는 그 자체로서 매력적인 주제이다. 베트남 연안의 경우, 베트남인들이 우위를 차지하는 중국문화를 모방한 것으로 설명할 수 있는 반면, 중부 및 동부 자바, 발리, 롬복, 부루는 이와 다른 설명이 필요한 것으로 보인다. 왜냐하면 15세기부터 이루어진 중국인의 이주만으로 이 현상을 설명할 수는 없을 것으로 보이기 때문에, 당분간은 추가적인 연구 주제로 남겨 놓아야 한다.

전형적인 동남아시아의 고상가옥을 볼 때, 아래쪽은 빈 공간으로 남겨두고, 사람들이 지면으로부터 높은 곳에서 사는 이유가 무엇인가라는 질문이 제기될 수 있다. 이 특징을 설명하기 위해 안정성, 짐승 및 홍수로부터의 보호, 탁월한 통기성, 작업을 하거나 도구를 보관하기 위한 아래 공간 활용의 유용성 등 많은 이유가 제시되었다. 제시된 이유들은 대체로 타당하지만, 모든 것을 설명하지는 못한다. 예를 들어 왜 미얀마에서는 동일 지역에서 발견되는 똑같은 목조가옥이 때로는 고상식이고 때로는 지면에 세워져 있는지, 왜 열대지역의 고상가옥이 위도 35도의 온난한 지역에서도 발견되며, 왜 겨울이 이어지는 기후에도 불구하고 일본 건축의 필수적인 부분이 되었는지를 설명하지 못한다. 이 모든 것의 배후에 있는 진짜 이유는 이 형태의 가옥이 수륙양서적인 적도에서 기원한다는 사실에 있다.

오스트로네시아인들이 일본에 그들의 첫 번째 고상가옥을 지었을 때, 지주(支柱)의 길이는 동남아시아의 바닷가나 석호(潟湖)의 물속에 세울 만큼 길었었다. 이후 오랜 세월이 흐르고, 전적으로 육지기반인 한족(漢族)들의 강한 문화적 영향이 점차 일본 지주의 길이를 짧게 만들어 마루의 높이가 지면으로부터 불과 60센티미터에 달하게 되었다(이 경우 저상식 低床式 건축이라는 표현을 쓰기도 한다-역주). 전형적인 타이 가옥을 일본과 중국의 가옥과 비교하면, 흥미

있는 건축적 변모가 뚜렷하게 눈에 들어온다[그림 88].

이 같은 지역 간 차이들 이외에도, 고상 주거는 한 나라 안에서도 다른 믿음과 환경을 반영한다. 예를 들어 태국의 경우 얕은 바다의 해상유목마을 및 정착마을에서부터 중부태국을 거쳐 북쪽과 내륙의

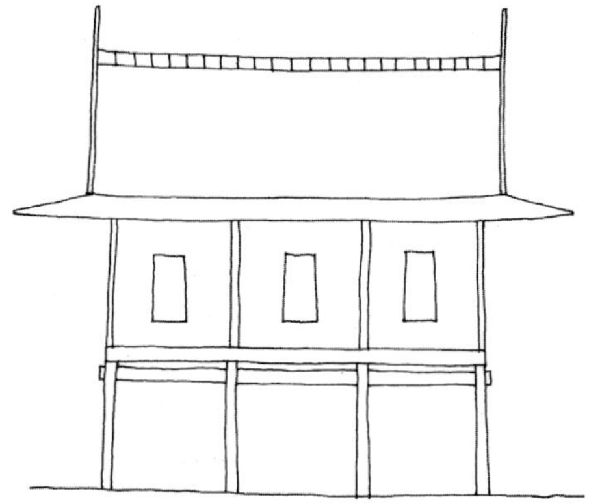

태국 집 모양

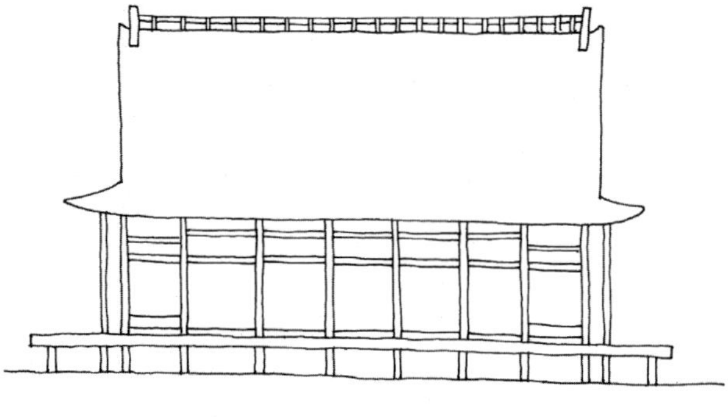

일본 집 모양

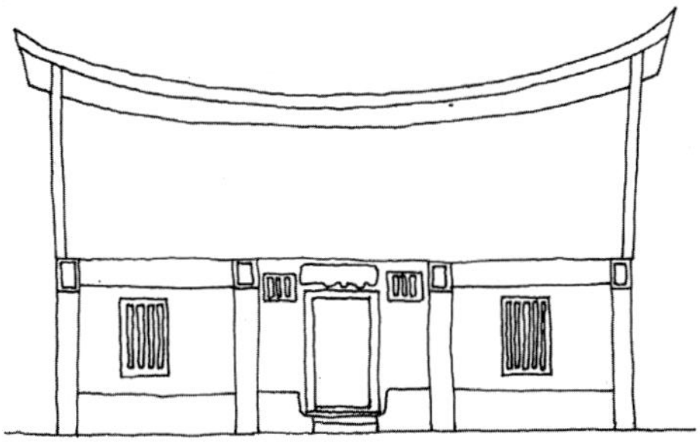

중국 집 모양

[그림 88]
타이 가옥, 일본 가옥, 중국 가옥의 비교.

[그림 89]
북부 태국의 가옥. (Sangaroon R. Kasikorn 사진)

[그림 90]
중부 태국의 가옥. 벽과 기둥은 안쪽으로 기운 모습이며, 벽 패널은 조립된 것이다. (Tom Chuawiwat 사진)

고지대로 갈수록 점차 짧아진다. 하지만 이 같은 변화에도 불구하고, 고상가옥들은 많은 공통적 특징을 공유한다.

태국에서 정적인 수직양식의 건축을 회피하는 것은 전통건축에서 반복되는 특징이다. 중부 평야지대의 A자 형 집 혹은 북부 지역의 역 A자 모양, 즉 V자 모양 집이든 간에, 건축물은 시각적으로는 물론 형태적으로도 역동적이다[그림 89]. 이 같은 점은 태국의 건축물이 구부리기 쉬운 나뭇가지 끈을 가지고 가구(架構. 건축물의 골조-역주)와 패널을 결합하는 조립식 구조라는 사실에 의해 더욱 강화된다. 패널 자체는 여럿으로 분할된 테 속에 얇은 판들이 설치된 모양인데 이는 부품 디자인에서의 강한 전통을 보여준다[그림 90].

언급된 조립식 기술은 태국 북부와 중부의 가옥 형태 모두에 공통적이다. 사실 전통적으로 사용된 '집짓기'에 해당되는 타이어는 조립한다는 뜻의 '쁘룽(prung)'이다. 당연히 집은 신속하게 조립하거나 해체하여 재조립을 위해 다른 장소로 옮길 수 있다. 기성 부품을 가지고 물건을 만드는 기술이 주거 건축에 적용될 때는 일종의 이동성을 제공하며, 또한 이것은 시골의 수레(kwien)에서 보듯 이동이 불가능한 지형을 통과할 때는 따로따로 분해하여 이동하는 것을 가능하게 한다.

태국과 일본의 가옥에는 흥미 있는 유사성이 존재한다. 일본의 집들은 분해 가능한 벽 패널(wall panel)이 부분적으로 규격화되어 있기 때문에, 어느 정도 구조적으로 유연하다(이것은 지진이 발생했을 때 부분적으로 설명된다). 그러나 건축적 개념상 태국 가옥과 가장 가까운 것은 완전한 해체가 가능해 보이는 자바지역의 가옥이다. 자바에서 일어났던 한 주요 가옥 해체 사례를 여기서 설명하는 것이 좋을 것 같다. 1743년에 벌어진 일인데, 당시 그 지역을 통치하던 왕은 폭동이 일어나자 그의 궁전을 카르타수라(Kartasura)에서 수라카르타(Surakarta)로 옮겨야 했다. 이때, 실제로 그의 왕궁 전체를 하나씩 해체하여 약 10킬로미터 떨어진 새 장소로 옮겼다.

태국의 가옥

전통적 태국 가옥은 현대화로 인한 파괴와 목재의 희소성 때문에 그 숫자가 급속히 줄어들고 있는 중이다. 비록 뾰쪽한 박공(각이 좁고 뾰쪽한 박공이 태국 건물의 특징-역주)이 여기저기에서 솟아나고는 있지만, 진정한 수륙양서적 존재감은 더 이상 분명하지 않다. 이에 맞서, 많은 건축가들이 이 독특한 건축유산의 마지막 자취를 연구하고 기록하기 위해 그룹을 만들었다. 방콕 씰라빠껀대학교(Silpakorn University)의 르타이 짜이쫑락(Rutai Chaichon-grak)은 태국 중부평야지역의 가옥에 대한 중요한 작업을 남겼다. 자신의 저서 『태국의 전통가옥 (The Traditional Thai House)』[43]에서 르타이는 태국 가옥의 기본 요소들을 다음과 같이 목록화하고 있다.

1. 지주(支柱)들과 가옥 밑의 전형적 공간. 이 공간은 가사활동용, 수레 보관용으로 사용되거나 범람기에는 보트 정박용으로 사용된다.
2. 한 칸부터 여섯 칸 혹은 그 이상 확장가능한 칸(bay) 단위들(hawng, 헝). 양 끝에 있는 벽은 같이 사용한다.
3. 열전달을 피하기 위해 내부공간에 높이를 제공하는 높은 박공 끝과, 가옥을 열대 폭우로부터 보호하기 위한 길게 돌출된 처마.
4. 사방이 안쪽으로 기운 판벽(diaphragm wall)과 특히 부엌에서의 통풍을 위해 투과성 있는 벽 및 바닥
5. 찬반(chan-ban)이라고 칭하는 큰 베란다. 그 중 일부는 보호 공간으로서, 평균적으로 바닥면적의 60퍼센트 정도를 차지.

이 특징들은 부유한 집안이 사찰에 시주하는 승려들의 기거장소

43) Rutai Chaichongrak, The Traditional Thai House (in Thai), private limited edition, Bangkok, 1979. 이 책은 'El ments comparatifs sur les habitations des ethnies de langues Thai, by Sophie Charpentier and Pierre Cl ment, Centre d'Etudes et de Recherches Architecturales, Institut de l'Environnement, Paris, 1978' 라는 명칭의 보다 광범한 지역 연구에 중요한 레퍼런스를 제공하고 있다.

꾸띠(kutti)에도 나타난다. 기둥 위에 놓인 건물들은 물 위에서와 마찬가지로 땅위에서도 쉽게 설치할 수 있다. 어떤 경우이든 건물에 들어가는 방법은 동일하며, 마치 항상 물에서 들어가는 것과 같다. 전형적으로 건물의 정면에는 한 개 혹은 물의 범람 수준에 대비해 두 개의 승강단을 두고 있다. 이곳에는 때로 천막을 쳐서, 방문자를 응접하거나 긴 시간동안 잡담을 나누는데 사용하기도 한다. 심지어 높은 지대에서조차, 같은 배치가 유지된다. 당연히 가난한 집일수록 소박한 계단 하나가 전부다.

찬반(chan-ban)은 기둥 위에 올려놓은 커다란 뗏목과 같다. 그 위에 침실들과 부엌이 다양한 모습으로 배치된다. 큰 집일수록 불단(佛壇)이 설치된 분리된 방을 제외하고는 다른 형태의 방을 따로 추가하지 않고, 침실의 숫자만 단순히 늘려나간다. 벽이 있는 공간이 필요한 취침과 요리 활동 이외에, 나머지 일상 활동들은 바깥 찬반 위 개방된 곳에서 행해진다. 찬반 위 지붕이 있는 부분에서는 음식을 먹거나, 손님들을 대접하고, 때론 새장을 두기도 하며, 나머지 개방된 공간은 의식, 잔치, 음식물건조, 화분 가꾸기 등에 이용하고, 저녁에는 분리된 한 구역에서 목욕을 하는데 이용하기도 한다.

태국의 가옥 평면도에서는 어느 방향이 공식적인 정면인지가 무의미한데, 이것은 가옥의 방위(方位)가 학문적인 논제에 불과함을 의미하는 것이다. 서쪽은 유일하게 회피되는 방향이다. 건물을 주변 환경에 관련시키는 주요 결정요인은 실용성인 것 같다. 이 점에서, 길게 늘어난 집은 동-서 방향으로 길게 향하는 경향이 있는데, 이는 태양을 피하고, 동시에 항풍(恒風. 일정지역에서 거의 일상적으로 부는 바람-역주)인 남풍(南風)을 받으려는 것이다. 한편, 현관이나 계단은 항상 길가나 운하 쪽을 향한다.

집은 바닥과 벽널 및 박공의 공간을 통해 마치 숨을 쉬는 것 같고, 찬반이 공간을 여러 단위로 분리시키기 때문에 집은 거의 아무 방향에나 위치할 수 있으며, 통풍도 가능하게 된다. 이처럼 자유로운 배치에서 유일하게 중요한 나침반의 방향점은 거주자들 자신과 관련되는데, 전통적으로 머리가 항상 남쪽을 향하도록 하고 자는 것이다.

이 남향(南向)에 대한 중요성은 고대로까지 거슬러 올라간다. 이 관념은 동쪽을 상서로운 것으로 여기는 불교보다도 앞선 것일 수도 있고, 혹은 불교와는 독립적인 믿음을 표상하는 것일 수도 있다. 그러나 남쪽과 동쪽은 탁씨나 의식에서 보듯 힌두교와 불교에서도 중요하다(제 1장을 보라). 태국에서 남향의 상서로움에 대한 가장 오래된 언급은 13세기 람캄행(Ramkhamhaeng) 왕의 비문에서 나타난다. 이 내용에 따르면 '도시의 머리'인 프라탓(Phra That) 사원이 남쪽에 위치한다는 사실 때문에, 나컨씨리탐마랏(Nakhon Si Thammarat. 태국 남부의 도시로 한때 말레이반도의 중부를 장악했던 강력한 도시국가-역주)에 사는 대다수의 사람들이 그들의 머리를 남쪽으로 향하고 잤다는 것이다. 그러나 이 믿음은 베이징(北京)이나 쑤저우(蘇州)[그림 91]와 헤이죠쿄(平城京. 나라) 및 헤이안쿄(平安京. 쿄토)와 같은 도시의 배치에서 나타나는 것처럼 중국과 일본에서는 훨씬 오래된 기원을 가지고 있다. 고대 태국의 상서로운 방향과 관련하여, 일본인들 또한 전통적으로 그들의 머리를 남쪽(혹은 불교의 믿음에 따라 동쪽)으로 하고 잤다. 동-서 축이 아닌 남-북 축에 대한 몰두는 적도와 가까운 훨씬 남쪽에서도 발생한다. 발리 섬에서는 대부분의 사람들이 섬의 남쪽에 거주하며, 구눙아궁(Gunung Agung) 산의 위치와 일치하는 북쪽을 신성하게 여긴다.

[그림 91]
1229년 대리석 석판에 의거 저자가 그린 쑤저우(蘇州)의 평면도. 기원전 약 500년경에 창건된 쑤저우는 하나의 용과 같은 도형 위에 운하망이 구축된 도시이다. 용의 꼬리는 운하의 방향을 따라 북쪽을 향하고 있으며, 유교사당으로 대표되는 용의 머리는 남쪽을 향하고 있다.

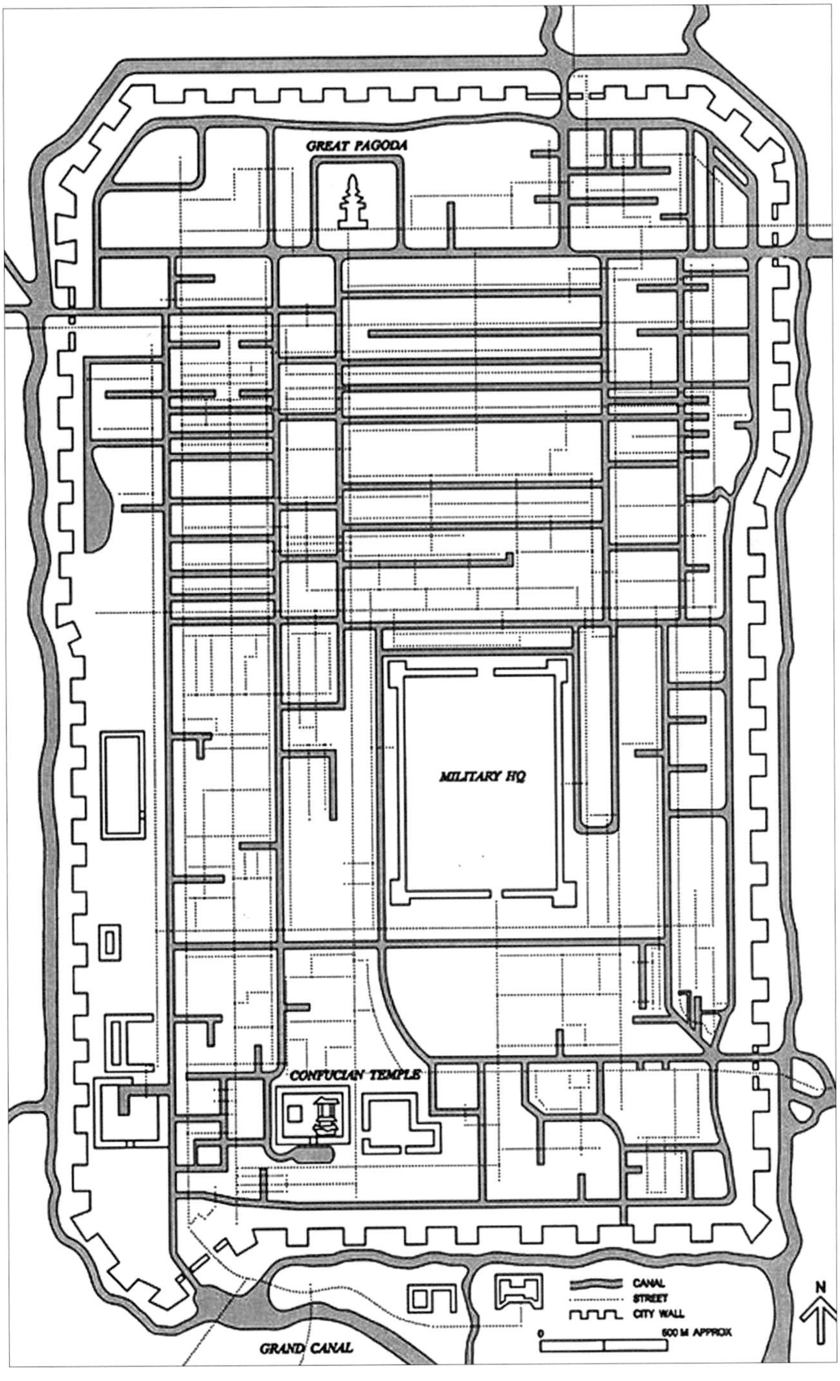
GREAT PAGODA
MILITARY HQ
CONFUCIAN TEMPLE
GRAND CANAL
CANAL
STREET
CITY WALL
0
500 M APPROX
N

자유로운 방향성을 지닌 주거의 특징과 남쪽으로 머리를 두고 자는 풍습은 각각 집의 물리적인 특징과 영적인 특징으로 간주될 수 있다. 영적인 측면의 중요성은 특별한데 왜냐하면 집이 만들어지는 순간부터 집의 모든 양상을 지배하는 수많은 의식과 비법이 영적인 측면과 관련되기 때문이다.

가옥건축의 의례

전통적 타이 사회에서 일 년 중 집을 짓기에 가장 상서로운 때는 처음부터 정해진다. 시기에 대해 특별한 지식을 가진 전문 점성술사 혹은 승려가 필요하며, 연중 특정한 달에서만 상서로운 시기가 발생한다. 물론 이 같은 의례적 요구사항 이면에는 실용적인 이유들이 자리한다. 예를 들어 이 의례들은 사람들에게 일 년 중 홍수가 없는 달들과 목재를 자르고 수송하기에 최적의 시간을 기억하도록 확인시키는 수단이다. 르타이에 따르면, 펫차부리(Phetchaburi)의 전통적 명장인 라이쁘라싼닌(Lai Prasannin)이 가지고 있던 옛 필사본에서 당시 한 장인이 최적의 장소인지를 확인하기 위해 땅을 조사하는 것이 언급되고 있는데, 이상하게 여겨질 수도 있지만, 이는 민감한 후각이 요구되는 과정이다.[44] 북부 태국에서는 무엇보다도 건축 대상지의 동쪽이 배수가 잘 되어 범람한 물이 자유롭게 흘러지나갈 수 있어야 한다. 다음으로는 인드라, 브라흐마, 나가를 불러내어 점을 치는 의식을 통해 집에 대한 정확한 배치도가 만들어진다. 이 의식이 끝나

44) 불행하게도 이 필사본은 건축지 선정에서 후각의 특정 역할에 대해 자세한 설명을 제공하고 있지는 않다. 주택건축에 대한 태국의 의례들에 대해서는 Anuwit Charernsupkul과 Vivat Temiyabandha의 영어저술인 'Nothern Thai Domestic Architecture and Rituals in House-Building, Fine Arts Commission, Association of Siamese Architects under Royal Patronage, Bangkok, 1978'을 참고할 것.

면 착공을 위한 가장 길한 날짜를 결정하기 위해 다른 절차가 진행된다. 예를 들어 연 주기 중 우주적인 힘들의 순환을 결정하여, 건축과정 중 취해야 할 행위들에 대해 권고한다. 즉, 나라이(Narai)신은 다섯 번째, 일곱 번째, 여덟 번째와 열 번째 달에 나타나며, 인드라는 열한 번째 달, 라마는 첫 번째 달, 그리고 이쑤안(시바)은 세 번째 달에 나타난다.[45)]

기둥을 준비하는 것은 일련의 다른 의식들의 주제이다. 이것은 벌목이 예정된 나무들을 보호하고 특정 속성을 부여하는 정령(낭파야, nang-phya)를 위해 행하는 탐콴(tham-khwan) 의례와 함께 시작된다. 사실 각 형태의 나무는 특별한 속성과 의미가 스며들어 있다. 승리, 사랑, 부요, 행운, 보호력 및 고상함이 그 속성들 중 일부이다. 이에 따라 나무의 특정 종류들은 매우 높게 평가되어 왕을 위해서만 배타적으로 사용된다. 게다가 나무는 가공되거나 형태를 만들 때 성(性)이 부여된다. 즉, 널(nang-mai), 목책(nang-rieng), 누상주(樓上柱.nang-jaran. 고상식 건물에서 바닥(마루) 위에 세워 지붕을 지지하는 기둥. 반면 지면에 세워져 고상가옥을 지지하는 기둥은 樓下柱-역주), 목책 상단에 가로로 얹는 나무(nang-um)와 같은 일부 건축 부재는 여성이며, 한편, 소목(小木)일에 쓰이는 부품들은 교대로 남성과 여성이 된다. 마지막으로 나무기둥은 계급체계가 주어지는데, 마치 현대 태국의 공무원 제도처럼, 1급, 2급, 3급 및 보통급으로 분류된다. 기둥을 제외한 건물의 다른 곳에는 재료에 그처럼 복잡한 규칙과 계급이 부여되지 않는다.

집의 건축이 개시되기 전, 그 건축대상 지역에 사는 정령으로부터 허가를 얻어야 하는데, 이 정령은 편재하는(동시에 어디에서나 존재

---

45) Chaichongrak, 전게서, pp. 200-1

[그림 92]
태국 가옥 건축 의례.
(Tom Chuawiwat 사진)

하는) 나가(naga)로 생각된다. 이 의식에 따르면, 마을의 한 주술사(phaw-maw. 퍼-머)가 말뚝을 박아 경계를 정하고, 집의 정중앙을 찾아서 구멍을 판다. 거기에다 그는 음식제물을 넣고 주문을 암송한 후 구멍을 덮는다[그림 92].

항해에 적합한 집

나가를 부르는 것은 중요하다. 비록 집이 땅 위에 공고하게 서 있고, 결코 뜨지 않는다 하더라도, 이 의식은 수체(水體. body of water. 저자는 본서에서 '나가'라는 물의 상징과 관련된 상황을 설명할 때 이 용어를 반복적으로 사용하고 있다. 바다, 강, 호수, 저수지 등 일반적인 물의 영역을 나타내는 수역水域과는 구분된다-역주)를 부르는 것과 같다. 라이쁘라싼닌(Lai Prasannin)의 필사본에 따르면, 물의 요소인 나가는 반복적인 조류와 같은 패턴을 지니고 있어서, 기

[그림 93]
집 건축 의례에서 사용되는 나가를 부르는 도형과 방식. 라이쁘라싼닌의 옛 타이어 필사본.

둥들은 집과 거기에 '승선'한 모든 사람들을 위해 조종되어야 한다. 다음은 기둥들을 어떻게 취급해야 하는지에 대해 언급하고 있는 비법의 일부이다[46][그림 93].

네 번째, 다섯 번째 및 여섯 번째 달에는 나가의 머리가 서쪽으로 향해야 한다. 세워진 첫째 기둥의 상단은 북서쪽을 향해야 한다.
일곱 번째, 여덟 번째 및 아홉 번째 달에는 나가의 머리가 북쪽을 향해야 한다. 기둥은 북동쪽을 향해야 한다.
열 번째, 열한 번째 및 열두 번째 달에는 나가의 머리가 동쪽을 향해야 한다. 기둥은 동남쪽을 향해야 한다.
첫 번째, 두 번째 및 세 번째 달에는 나가의 머리가 남쪽을 향해야 한다. 기둥은 남서쪽을 향해야 한다.

46) Chaichongrak, 전게서, pp. 204-6

이것은 방향선택을 지시하는 여러 다른 판(版. version)들 중 하나에 불과하다. 이 주제에 대한 지역에 따른 변용들에도 불구하고, 이 비법은 (나가로 체현되는) 신비한 수체(水體. body of water)의 행태 및 그것이 요구하는 처방책에 집중하고 있다는 점에서 주목할 만하다. 이 비법은 뒤따르는 다른 비법들, 특히 집을 지을 때 피해야 하는 것들에 관한 것과 함께 톤-싸뭇(thon-samut) 혹은 항해적합성이라는 일반적인 제목이 앞에 붙는다. 질문은 이제 '왜 집은 항해에 적합해야 하는가?'이다.

주 기둥(때때로 두 개의 주 기둥)은 세우기 전에 잘라서 다듬어야 한다. 이 과정은 한 가지 의식 싸더싸닛(Sadaw-saniet)이 수반되는데, 그 의식을 행하는 주술사가 주택 건축지의 네 귀퉁이와, 그가 그 전에 나가에게 바치는 제물을 묻었던 정중앙의 1/5 지점에 각각 제물을 놓는다. 그리고 그의 손도끼에 축복하고 주문을 외운 후, 주기둥의 발치부분을 도끼로 찍어 작은 나무 조각들을 떼어내 네 귀퉁이의 제물과 함께 섞는다. 그 후 중앙에 놓인 제물은 모아서 가까운 강에서 떠내려 보낸다.

건축의 기초 작업을 위한 준비는 상서로운 날에 땅을 파면서 정식으로 시작된다. 이 시점에서도 방향을 잡는 절차들이 진행되는데, 왜냐하면 작업하는 날에 맞게 정해진 나침반의 지시방향에 파낸 흙을 쌓아 놓기 때문이다. 기초 작업을 위한 구멍을 팔 때, 강으로부터 깨끗한 물과 모래를 은그릇에 담아 가지고 와 주술사에게 전한다. 주술사는 주문을 암송하면서 내용물들을 구멍들 안에 쏟아 넣는다. 같은 의식이 몇 일간 지속되는데, 이번에는 상서로운 잎사귀들을 차례로 구멍들의 바닥에 놓는다.

가장 중요한 날이 되면 친구들, 이웃들 때로는 지역주민들이 모여 건축물의 상부구조 세우기를 돕는다. 이 때, 다른 의례가 진행되는데, 사방을 주재하는 수호신들에게 집짓기 공사를 알려 참석한 누구에게도 해를 입히지 않도록 하는 것이다. 의례는 건축 장소의 동쪽에서 거행되는데, 바나나껍질을 엮어 만든 용기에 제물을 담아 깃발로 장식한 대나무 조각을 묶어 만든 제단들에 놓는다. 이 제단들은 네 귀퉁이는 물론 가상의 정사각형 정중앙에 설치한다. 중앙의 제물은 인드라신에게 바치며 상징적인 의미를 지닌 일산(日傘)이 놓인다. 의식을 진행하는 주술사는 선향과 초에 불을 붙이고 접힌 필사본을 보면서 큰소리로 기원문을 읊는다.

이윽고 주 기둥을 축복하는 다른 의식이 거행된다. 놀라운 분량의 주문을 외우는 주술사는 그것을 암송하면서, 한 해 중 그 달에 대해 상서로운 것으로 정해진 특별한 나무의 잎사귀들을 주 기둥의 상단 주위에 묶는다. 그 후 삼각형태의 도형(yan. yant라고 표기하기도 하는데 yantra에서 나온 말로서 특별한 힘이 있는 것으로 믿는다-역주)을 그려 특별한 주력(呪力)을 불어넣은 천을 각 기둥의 상단에 붙인다.

르타이에 따르면, 기둥들은 이미 언급한 바 있는 나무기둥의 위계에 따라 1급, 2급, 3급의 순서대로 집 주위에 시계방향으로 세워진다[그림 94]. 건설 중에는 면 실로 모든 기둥들을 묶으며, 집이 완공되고 다른 용구들을 철거할 때야 비로소 떼어낼 수 있다. 그러나 두 개의 주 기둥들은 계속 귀중하게 여기며, 종종 가정의 행복과 조화를 보장하는 조치로서 작은 제단들을 주 기둥들에 설치한다.

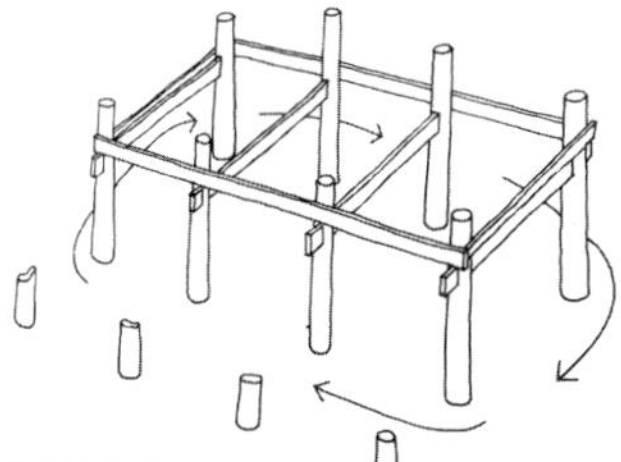
[그림 94]
태국 주택 건축에서 기둥들을 세우는 순서 (르타이 짜이쫑락 참조)

주술사 이외에도, 도편수(집을 지을 때 책임을 지고 일을 지휘하는 우두머리 목수-역주) 또한 의식을 거행하는 과업을 갖는다. 복잡한 소목일, 정밀한 목공일 및 비례와 방정식의 정확한 사용을 포함하는 그의 일은 의식에서 배운 긴 비법의 일부이다. 이 때문에 집을 구성하는 부분들은 기능적인 부재일뿐만 아니라 의례적인 법칙이 반영된 것이기도 하다.

박공널과 기타 상징적 구성요소들

기둥, 지주 및 계단 등은 상징적인 의미가 부여된 건물의 일부분이다. 기둥들은 형태와 배열에 따라 성(性)적, 도덕적 의미가 스며들어 있는 한편, 계단은 그 디딤판의 숫자가 만약 홀수이면 상서롭게 여겨진다. 다른 구성요소의 상징성은 덜 확실하다. 태국의 가옥에서 가장 덜 노골적이면서도, 가장 자극적인 상징은 지붕서까래의 끝부분을 마감한 박공널이다. 박공널에 해당하는 타이어는 빤롬(pan-lom)으로 '바람을 만든다'라는 의미이다. 이 요소를 매우 뚜렷하게 느낄 수 있기 위해서는, 그것과의 오랜 연상(聯想)이 필요한데, 그 연상이란 오직 선원들만이 가질 수 있었던 것이리라. 빤롬은 물의 이미지와 명백히 연관되는 '물고기꼬리'라고 칭하는 유형 외에, 나가 또는 흐르는 물을 상징하는 사찰의 정교한 박공널 '람영(lam-yawng)'의 속세 판이 보다 전형적인 유형이다. 이 유형

[그림 95]
'물고기꼬리' 박공널. 트렝가누(Trengganu) 술탄의 전 주택. 국립박물관. 쿠알라룸푸르. (사진 Koo Joo Ee)

의 경우 빤롬의 양쪽 끝에 있는 것을 응어(ngao)라고 하는데, 바로 나가의 머리이다[그림 96]. 하지만 그 기원을 찾기가 더 복잡한데, 왜냐하면 특정 형태의 응어의 경우 자바섬의 보트 뱃머리[그림 97]보다는 나가 머리를 덜 닮았기 때문이다.

[그림 96]
통상적 태국 박공널

사람들이 대양을 건너 이주하여 해변에 도달했을 때, 그들의 첫 번째 은신처는 배를 뒤집어 놓은 것이었다는 이론은 충분히 논리적인 것 같다[그림 84]. 헤이에르달(Heyerdahl)의 논문에 따르면, 갈대배(reed boats)와 후대의 늑재(肋材)구조의 배(ribbed boats. 늑재는 선박의 늑골을 이루는 재료를 의미–역주)는 모두 인도네시아와 일본의 맵시 있는 초가지붕을 닮았고, 폴리네시아로부터 아시아해안에 걸쳐 나타나는 매우 정교한 목공과 복잡한 늑재 붙이기(도리와 서까래의 관계를 생각해 보라–역주)와도 유사한 것 같다[그림 98].

[그림 97]
자바섬의 보트 뱃머리

태국 도편수에게 돌아가서, 그가 행하는 가장 중요한 의례 중 하나는 '브억–나–프롬(berk–na–phrom. 브라흐마의 얼굴 열기)이다. 이 의식에서 그는 박공널의 윗부분을 도끼로 찍어 자국을 내는데, 이는 그 중요성을 이해하기 힘든 매우 이상하고 파괴적인 행위이다. 하지만 이것은 예술작품이 작품 자체를 목적으로 창조되는 것과는 대조적으로, 종종 의례의 일부분으로서 창조된다는 사실을 상기시킨다. 이러한 맥락에서 의례의 일부분으로 창조된 예술작품들은 종종 파괴되기도 하며, 이 경우에는 의례의 과정에서 상징적으로 파괴된다. 물론 마음속에서 이 작품들은 여전히 손대지 않은 본래의 상태 그대로이며, 때가 되면 몇 번이고 되풀이하여 재생된다.

이것은 도편수와 건물 사이의 영적인 연결을 상징한다. 집 주인과 집 사이의 관계도 똑같이 영적이다. 집주인과 집의 영적관계는 집주인 부부 각자의 점성술 숫자들을 성스러운 방정식에 따라 결합함으로써 수립된다. 이 과정을 통해 얻은 숫자는 다시 건물의 너비와 높

[그림 98]
뉴기니아에서 건축 중인 '다위(Dawi)' 혹은 마을 회관. (Field Museum of Natural History. Neg. 37757 제공)

[그림 99]
태국의 한 신당.

이를 통제하는 지붕보들의 치수와 결합되어, 궁극적으로 하나의 성스러운 숫자를 만들어 낸다. 집은 집주인 혹은 부부의 존재의 연장이라는 말이 틀리지는 않는 것 같다.

정교함을 요하는 작업은 제외하더라도, 집짓기 작업의 많은 부분은 공동체가 함께 노력한 결과이다. 이 일은 매우 즐거운 분위기 속에서 이루어지며, 공동체 전체를 위해 항상 상서로운 일로 간주된다. 건축이 마무리되고 집주인이 공식적으로 거주를 시작하게 되면, 모두가 잔치에 참여하고 공덕을 쌓기 위해 다시 모인다.

전술한 사실과 같이, 가옥 건축은 의례적인 행위이며 가옥은 수많은 상징들의 결합체로 보인다. 집주인은 집을 통해 그가 속해 있는 공동체와 연결되고, 더 나아가 가장 광범위하고도 영원한 환경, 즉 물에서 시작하여 궁극적으로는 우주와 연관된다.

만약 고상가옥이 인간에게 적합한 것이라면, 육지의 도처에 살고 있는 나가와 다른 영들에게도 마찬가지이다. 이 때문에, 태국의 모든 가정은 주택 내부의 별도 공간에 신당(神堂, spirit house)을 지어 수호신이 들어와 살도록 한다. 전통적으로 신당은 나무로 만들고, 비록 축소형이라고 하더라도 모든 면에서 실제의 고상가옥처럼 보인다[그림 99]. 정교하게 석고로 만들어 많은 정령들이 거주하는 정원처럼 꾸민 신당이 특히 부잣집과 상업시설에서 발견되는데, 이는 전통적 모델에서 이탈된 것에 불과하다.

물위에 떠있는 집

육지의 고상가옥들은 어디서나 여전히 볼 수 있기 때문에, 그들이 전형적인 것으로 간주되는 경향이 있다. 하지만 짜오프라야 강 유역에서는 다른 종류의 가옥들이 고상가옥들과 함께 나란히 존재하는데, 이것이야말로 과거에는 수없이 많았고, 또 전형적이었다. 이것이 바로 물위의 집 또는 수면가옥이다(水面家屋. aquatic house. 물위의 집을 수면가옥이라는 용어로 표현한 이유는 아래에서 설명되고 있는 것처럼 기둥(支柱)을 사용하지 않고 뗏목위에 세운 집이기 때문이다. 이런 측면에서 '뗏목가옥'이라는 용어도 적용 가능하다. 비슷한 용어인 수상가옥은 수면가옥은 물론 물가의 고상가옥도 포함하는 광의의 용어로 쓰인다-역주). 바닥으로부터 지붕까지는 육지의 고상가옥과 유사하나, 대나무 뗏목이나 거룻배 위에 세워져 강이나 운하에 정박되고 있다는 점만 다르다[그림 100]. 수면가옥들이 가장 밀집했던 시기는 18세기 말에서 20세기 초까지의 방콕이었던 것 같은데, 몇몇 옛 인쇄물들, 사진들 및 도시계획도들에 의해 입증된다. 이에 대해서는 제 5장에서 추가로 논의될 것이다.

전형적으로 수면가옥은 세 칸 깊이이다. 강을 향하고 있는 정면은 떼어낼 수 있는 패널로 되어 있어서, 낮에는 통풍을 위해 열어 놓는다. 작은 아이들이 물속으로 빠지는 것을 방지하기 위해 난간이 설치된 앞 베란다는 아침과 저녁에는 목욕장소이며, 낮에는 가게가 된다.

[그림 100]
방콕 인근 차층싸오(Chachoengsao)의 수상마을. (르타이 짜이쫑락 사진)

가운데 칸은 취침용이며, 둑을 향하고 있는 칸은 음식을 만들거나 식사를 하는 장소이다. 이 형태의 가옥은 강바닥에 박힌 커다란 기둥에 쇠사슬로 고정된 채 방콕의 모든 공간에 촘촘히 정박되어 있었다. 그리하여 강에서 본 도시는 마치 '아담하고 멋지게 채색된 나무 오두막집들이 두꺼운 대나무 뗏목 위에 긴 두 줄로 그리고 일부는 세 줄로 떠있는 모습이었다.'[47]

물론, 수면 위에 떠 있음으로써 주거지를 매우 쉽게 이동할 수 있었다. 사실, 수면가옥들은 때때로 이동했는데, '많은 방으로 구성된 이들 이동식 거처들이 특정장소에 그들을 묶어 놓았던 밧줄을 풀고 새로운 목적지를 향해 주인의 의지대로 불편함 없이 떠나는 것을 목격하는 것은 흥미로운 일이었다.'[48]

서투른 한 기선이 너무 가깝게 접근하는 바람에 많은 수의 수면가옥들이 정박되어 있던 기둥에서 떨어져 의도치 않게 끌려 나갔던 사건이 있었다.

> "조류는 빠르게 흘러 내려갔고, 그 쌍돛대 범선이 출발하자마자 집들도 소란한 야유와 외침 속에서 기선의 속도대로 끌려갔다. 집들은 몇 분이 채 지나기 전에 강의 코너를 돌아 사라졌는데, 반대쪽 기슭에서 옴짝달싹 하지 못하고 있는 모습이었다. 하지만 집들은 큰 파손은 없었는데 단순히 비자발적인 이동이라는 차이뿐, 결국은 이것은 원주민들이 스스로가 가게의 위치를 변경시키고자 할 때 채택했던 방법에 불과했다. 태국의 '함대거리(Fleet Street)'의 분위기가 Y부인과 그 자녀들에게 맞지 않거나 혹은 그들이 왕궁 가까운 쪽으로 올라가 거주함으로써 보다 귀족적인 터전을 얻고자

47) Frederick Arthur Neale, Narrative of a Residence in Siam, London, 1852, p.24
48) 전게서. p.29

한다면, 그들이 해야 했던 모든 것은 그저 조류가 적당해 지기를 기다렸다가 정박지로부터 밧줄을 푼 후, 그들이 차지하고자 하는 장소로 점잖게 떠나가는 것이었다. 이 경우, 긴 장대를 준비해서 그들의 집이 강에 정박되어 있는 배들과 부딪히지 않도록 했다. 배에 탄 모든 이들과 소리가 미치는 지역에 있는 모든 이들은 가장 섬뜩한 태도로 서로를 향해 큰 소리로 부르거나 소리쳤는데, 이방인들에게는 나라의 이익이 위태로워져 전적으로 그 작은 수면가옥의 안전한 항해에 의존하는 것으로 생각하게 만들었다.[49]"

같은 기록에서 19세기 중엽의 방콕은 7만 채의 수면가옥 또는 가게들이 존재했고 이곳에서 거주하던 인구의 숫자는 35만 명이었음을 묘사한다.

수륙양서적 가옥과 수면가옥에서 나타나는 이 같은 종류의 융통성과 이동성은 단순하지만 높은 수준의 효율성을 지닌 설계로부터 나온다. 실제로 물위에 떠있든, 뗏목 위에 떠있든, 또는 육지 위의 고상가옥이든, 집안의 어떤 것도 영구적이거나 고정적이거나 무겁거나 과잉된 것은 없다. 17세기에 아유타야를 방문했던 유럽여행자들은 이 같은 속성들에 놀랐다. '그들의 가옥과 가구의 간결함은 속이 빈 본체에 테두리를 두르거나 과장된 장식과는 대비된다. 유럽의 건축가들은 그들의 재능을 구사해 볼 기회를 결코 얻지 못할 것이다.'[50] 이 단순성에도 불구하고, 태국의 집들은 매력적이며, 매우 깨끗하고 깔끔하여 네덜란드를 훨씬 능가한다…'[51]

49) 전게서 p.30

50) M. Tupin, Historie civile et naturelle du royaume de Siam, 2 vols., Paris, 1771, Vol. 1, p.70

51) Glanius, Les Voyages de Jean Struys, en Moscovie, en Tartarie, en Perse, aux Indes, & en plusieurs autres pa s trangers…, Amsterdam, 1681, p.123.

동남아시아와 동아시아에서 중국인들은 의자에서 좌식 생활하는 유일한 사람들이다. 나머지 사람들은 전통적으로 바닥에 앉고, 먹고, 잠잔다. 따라서 타이인들과 일본인들에게 바닥은 집을 지을 때 가장 섬세하게 마무리되는 부분이며, 이로 인해 사람들은 집 안으로 들어갈 때 신을 벗는다. 태국의 실내생활 관습에는 몇 가지 매우 엄격한 규칙들이 포함되어 있는데, 사람들은 항상 웅크린 채로 낮게 기어 다닌다. 이 규칙들은 특별히 승려나 왕자 또는 존경의 대상이 되는 사람 등 전통적으로 높은 층과 단에 앉는 사람들 앞에서 적용된다[그림 101]. 이 모든 것이 주거환경의 물과 관련된 기원 때문에 발생한다.

집들의 드문드문한 특성에도 불구하고, 방콕은 확실히 웅장했다. 19세기 중엽 강을 따라 방콕으로 접근하던 한 유럽의 방문자에게, 그 전경은 흥미진진했고, 상상을 뛰어 넘는 것이었다.

[그림 101]
사찰의 바닥에 앉아 있는 승려들과 평신도들. (출처: Anna Harriette Leonowers, The English Governess at the Siamese Court…, London, 1870.)

"… 강에서 한 번 더 선회하니, 보라! 수상도시의 영광들이 우리의 존경에 가득찬 시선 위로 터졌다. 샘을 내는 구름 사이로 뚫고 나온 눈부신 햇살처럼. 때는 밤이었다. 그러나 방콕을 보살피고 있던 것은 강의 넓은 표면을 곁에서 곁으로 비추이고 있던 수백만 개의 천체와 함께… 그것은 마치 요정의 나라와 같았다. 눈이 닿는 한, 강의 양쪽에서, 끝없는 불빛의 연속이 있었다… 그것은 최고의 놀라움이자 내가 지금껏 목격했던 것 중 최고의 아름다운 파노라마였다.[52)]"

롱테일보트(long-tail boat. 선체가 긴 모양의 모터보트로 방콕의 짜오프라야강에서 흔히 볼 수 있다-역주)들의 번잡함을 피하기 위해 수면가옥을 강 기슭으로 이동시켜 지주를 갖추는(고상가옥화-역주) 최근의 추세에도 불구하고, 물위에 떠있는 수면가옥들을 오늘날에도 여전히 이 나라의 몇몇 지역에서 찾아볼 수 있는데, 중부평원에서는 방콕, 아유타야, 차층싸오, 방빠꽁(Bang Pakong)이며, 멀리 떨어진 난(Nan), 쑤랏타니(Surat Thani), 핏싸누록(Phitsanulok)[그림 102, 103] 등의 지역이다. 후자의 경우에는 수면가옥 뿐만 아니라 수상 정원도 나란히 볼 수 있다[53)][그림 104].

스리랑카 콜롬보 소재 칼리아니(Kalyani) 사원에서 보는 것 같은 수상 봇(bot. 포살당. 승려들의 참회식 등이 열리는 불당으로서 태국 사찰의 중심 공간)이 태국 불교 건축에서도 한때 존재했을 것이다. 그것은 태국의 외딴 지역에서 여전히 발견되는 수상 불당(bot-nam. 봇남)을 생각나게 한다. 봇남은 목조 건축물의 한 형태로 비록 물 위에 서 있는 것이지만, 멀리서 보면 지주가 짧아 마치 물에 떠 있는 것

52) Neale, 전게서, p.25

53) 수상 정원의 주제는 그 자체로서 흥미롭다. 그들은 인레(Inle)호수가 있는 샨주(Shan States)의 남쪽에서 광범위하게 발견된다[그림 104]. 고대 아즈텍의 수도인 멕시코의 테노치티틀란(Tenochtitlan) 또한 한 때 이 정원들로 둘러싸여 있었다.

[그림 102]
남부 태국 쑤랏타니 지방의 타카눈(Tha Khanon)에 있는 대나무뗏목. 이 집들은 범람 때 뜬다. [그림 168] 참조.

[그림 103]
전면에 수상정원을 가지고 있는 수면가옥들. 중부 태국의 핏싸누록.

[그림 104]
미얀마 인레(Inle) 호수의 수상 정원들.

처럼 보인다. 그러나 이 수상 표현은 직접적인 수상 본능에 의한 결과라기보다는 특정한 종교적 상징주의의 결과이다. 사실 대승불교의 경우 이 건축물은 경건한 영혼들을 물을 건너 구원으로 이르게 하는 배를 상징하는 것으로 사용하며, 이와 관련하여 우리는 다음 장에서 고전적 건축에서 이것이 빈번하게 적용되고 있음을 발견하게 될 것이다. 한편, 사찰의 장경각(haw-trai. 허뜨라이)은 세련되고 양식화된 점을 제외하고는 고상가옥처럼 보이는 건물인데, 이 또한 수륙양서적이다[그림 105]. 장경각은 적당하게 파낸 연못 안에 서있으며, 흰개

[그림 105]
방콕의 앤션씨티(Ancient City. '므엉보란'으로도 잘 알려진 관광지로서 태국의 전통 건축물들을 볼 수 있다-역주)에 있는 사찰의 장경각(haw-trai. 허뜨라이).

[그림 106]
봇-남 혹은 수상 불당. 북부 태국 치앙마이 지방의 매쨈(Mae Chaem) 소재 왓풋타엔(Wat Phuttha-en) 사찰.

[그림 107]
수마트라 니아스 바우마탈루오(Bawomataluo) 마을. 배 혹은 현외장치 모양의 가옥들.

미와 도둑을 막기 위해 제거할 수 있는 출입판자를 가지고 있다.

르타이는 치앙마이 지방의 매짬(Mae Cham)에 있는 사찰 왓풋타엔(Wat Phuttha-en)에 설치된 독특한 봇남을 발견하는데 기여했다 [그림 106]. 그곳에는 나가 계단이 사찰의 주 경내로부터 직사각형의 연지(蓮池)에 연결되어 있으며, 연지의 중앙에는 한 채의 목조건물이 있다. 비록 건물 본래의 벽 패널이 정체모를 판자로 대체되었지만, 옛 목조 지붕널들과 조각들은 여전히 간직하고 있다. 수면과 매우 가까운 그 바닥은 연잎 뒤에 가려져 보이지 않는 목조 기둥들에 의해 지지되고 있다. 건물의 양 측면에는 바닥과 같은 높이에 아름답게 조각된 한 쌍의 나가들이 장식되어 있는데, 마치 한 척의 쌍동선 혹은 두 개의 현외장치처럼 보인다[그림 107].[54] 방콕의 영향에 아직 때 묻지 않은 이곳 외딴 마을에서, 고대의 정신은 그 원래의 요소를 떠나지 못하고 있다.

일자형 공동주택(Longhouse)

수면 거주지의 주제로 되돌아가, 만일 수면가옥이 좌초하여 육지 고상가옥으로 변신할 수 있다면, 뗏목 공동체가 똑같은 것을 하지 못했을 이유가 없다. 완전한 수상 거주(수면거주–역주)로부터 수륙양서 거주로의 변화 그리고 뗏목과 고상가옥간의 유사성 모두 명백하게 볼 수 있다. 여기서 중요한 점은 하나의 나무 플랫폼(platform. 수면 위나 기둥 위에 집을 세우려면 평평한 단이 필요하다. 저자는 이를 '플랫폼'이라는 용어로 표현하고 있다. 루(樓), 마루, 상(床), 다락 등 비슷한 뜻의 우리말이 있지만 저자의 의도를 나타내기엔 마땅치 않아 그냥 '플랫폼'을 사용했다–역주) 위에 거주하는 세대수가 적든 크든, 문제의 가옥은 형태적으로나 사회적인 정의로 보나 롱하우스(Longhouse. 남양에서 볼 수 있는 일자형 공동주택을 가리키는

54) 배가 되는 건물, 그리고 이로부터 항해하는 모양을 갖는 건물 요소들을 반영하는 아이디어는 다음 책에서 논의되고 있다: Ronald Lewcock and Gerard Brans, 'The Boat as an architectural Symbol', in Paul Oliver (ed.), Shelter, Sign and Symbol, The Overlook Press, Woodstock, New York, 1977.

[그림 108]
태국 중부 쑤판부리 지방의 방리.(Tom Chuawiwat 사진)

용어–역주)가 된다는 것이다[그림 108].

태국에서 나타나는 전통적인 확대가족 체계에서 가족의 규모가 커지고, 아이들이 성장하여 그들만의 방들이 필요하게 되면, 기본적인 수륙양서적 거주단위가 계속 추가될 수 있다. 연장 가능한 하나의 플랫폼을 갖춘 건축체계가 그것을 가능하게 한다. 이런 식으로 점점 더 많은 거주단위들이 추가되면서, 많은 집들이 현저하게 긴 모습을 하게 되었다. 고전적인 사례 중 하나는 방콕의 서남부에 있는 랏차부리 지방에 소재하는 한 집이다[그림 109]. 이 사례의 소유자는 다섯 명의 딸과 세 명의 아들이 있었다. 각 딸들이 결혼하자, 관습에 따라 각각 하나씩의 부엌을 갖춘 거주단위가 플랫폼에 추가되었는데, 결국 혼인한 다섯 명의 딸들과 부모가 거주하는 모두 여섯 개의 거주단위가 만들어지게 되었다. 혼인한 세 명의 아들들은 각각의 처갓집으로 가서 같은 방식의 거주단위에서 생활하였다. 나중에 한 딸이 사망하여 사위는 재혼한 처갓집으로 옮겨갔다.

비록 이 형태의 롱하우스가 과거에는 흔히 볼 수 있는 것이었더라

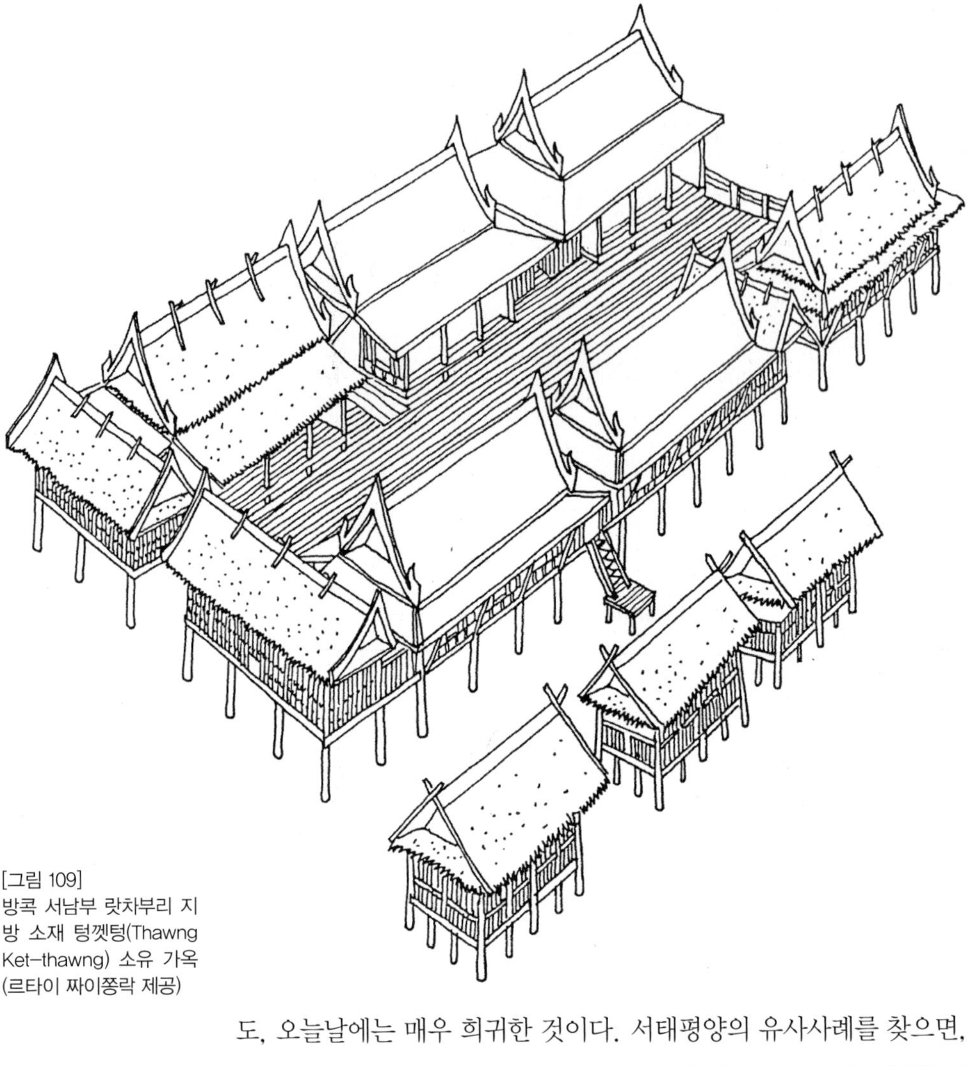

[그림 109]
방콕 서남부 랏차부리 지방 소재 텅껫텅(Thawng Ket-thawng) 소유 가옥 (르타이 짜이쫑락 제공)

도, 오늘날에는 매우 희귀한 것이다. 서태평양의 유사사례를 찾으면, 일본의 경우 뗏목처럼 생긴 하나의 플랫폼 위에 여러 거주단위들이 배치된 귀족풍의 저택에서 같은 사례가 존재했었으며, 다른 목적이기는 하지만, 사찰에서는 여전히 계속되어 왔다. 태국에서 지금도 볼 수 있는 플랫폼 위 공동주택의 가장 좋은 예는 종교적 집단거주지인 요사채이다. 전형적인 요사채의 배치는 개방된 공간을 가운데 두고 두 줄로 길게 배치된 방들로 구성된다. 승려들의 수가 매우 많은 사

[그림 110]
방콕의 서부 싸뭇싸컨(Samut Sakhon) 소재 사찰 왓암파완(Wat Amphawan)의 요사채들.

[그림 111]
중부 태국 아유타야 지방 소재 사찰 왓 카넌 따이(Wat Khanawn Tai)의 강당

찰에서는 그 건축물은 매우 길 수가 있다[그림 110].

태국, 라오스 및 캄보디아 사찰의 강당(講堂. sala-kanprien, 쌀라깐빠리얀. 이 건물은 승려가 설법을 전하거나 신도를 교육하는 장소이다-역주)을 비교해 보는 것도 흥미로울 것이다 . 비록 사찰의 강당이 주거지도 아니고, 또 내부가 더 작은 방으로 나누어진 것은 아니지만, 종종 마을 구성원 전체를 뗏목 같은 하나의 플랫폼 위에 수용한다. 설교를 하고 의식을 거행하는 것 이외에도 사찰의 강당은

교육이나, 마을의 모임, 축제, 연회 등과 같은 평신도들의 활동을 위해 사용된다. 시골에서는 사찰의 강당이 단일 건물로는 목조 고상건축물 중 가장 크며, 우기에는 마을 공동체가 모일 때마다, 강당의 아래와 주위에 수많은 배들이 정박하여 진정한 플랫폼 위의 마을(수상마을−역주)이 된다[그림 111].

동부 말레이시아의 랜드 다약(Land Dayak)족 혹은 이반(Iban)족의 롱하우스는 대형 뗏목 플랫폼 위에 항구적으로 모여 있는 진정한 하나의 온전한 마을이다[그림 112]. 사찰의 요사채와 비교하면 이 집은 반을 자른 모습인데, 모든 방들 혹은 빌릭(bilik. 말레이어)은 일렬로 한쪽에 배치되어 있고, 다른 한쪽은 루아이(ruai)와 탄주(tanju) 혹

[그림 112]
인도네시아 칼리만탄의 이반족의 일자형 공동주택.(Cambridge University Museum of Archaeology and Anthropology 제공)

은 태국의 경우라면 찬반이라는 베란다로 구성되어 있다. 흥미 있는 사례가 더 있는데, 태평양을 건너 수천마일 떨어진 곳에 사는 또 다른 아시아 그룹의 롱하우스로서 북미의 이로쿼이(Iroquois) 인디언의 전통 주거지이다. 구부러진 장대로 만들어 혹한의 겨울로부터 보호하기 위해 나무껍질로 완전히 덮은 이 집은 마치 뒤집어 놓은 긴 배의 모양을 하고 있었다. 가족단위의 방들은 두 줄로 배열되어 있었으며, 중앙에는 12미터내지 100미터에 달했던 것으로 전해지는 통로가 있었다.

다약족과 이로쿼이족의 롱하우스 모두 가족들은 프라이버시가 거의 없다. 일본과 태국의 배치에서는 복잡한 사회체계 때문에 각

방이 서로 꽤 떨어져 있거나 비록 일부이긴 하지만, 때론 플랫폼(platform)위의 다른 높이에 위치한다. 사실, 상이한 플랫폼 높이는 공간의 사회적 계급을 상징하는데, 태국과 일본 모두에서 나타나는 건축적 특징이다. 이 같은 배치는 이미 지적되었던 것처럼 바람이 플랫폼의 아래는 물론 플랫폼 위 다양한 높이의 공간들을 통과하도록 허용한다.

복잡 미묘한 사회적 질서 때문에, 타이인들은 도서부 동남아시아의 종족들 사이에서는 여전히 퍼져있는 롱하우스의 본능을 이제는 거의 간직하고 있지 않다. 랏차부리의 사례처럼 거의 남아있지 않은 롱하우스들은 급속히 사라지거나, 분리되어 해체되고 있다. 그러나 왕자들 혹은 귀족들이 이끌던 옛 태국의 자족적 사회조직인 끄롬(krom. 이것은 나중에 태국의 행정부서가 되었다)이 동부 말레이시아, 필리핀 및 인도네시아 정글에 있는 롱하우스 공동체의 사회조직보다 세련된 형태인지에 대한 문제를 가지고 인류학자들 간에 논쟁이 벌어질지도 모른다.

제4장

육지기반 건축

"히말라야 메루산과 그 물을 건축으로 변화시키는데 있어서, 물 요소는 나가에 의해 상징화되는 것이 보다 용이하다. 이는 성스러운 건축물들은 실제적이든 상징적이든 항상 물속에 잠긴다는 것을 의미한다."

해양에서 산지까지

광활한 태평양의 작은 섬들에 살던 사람들은 밀집된 공동체를 이루고 살았다. 그러나 아마도 섬 생활의 내향적 특성 때문인지, 그들이 만든 건축경관은 다른 형태를 띠었다. 이들 섬에 거주하는 사람들은 기념 건축물을 짓고 계단식 경관을 조성했다. 전형적인 사례들이 동부의 '플랫폼'을섬지대에 위치한(Marquesas)제도, 타히티(Tahiti) 및 통가(Tonga) 섬들인데, 사원인 마라이(marae)가 계단식으로 배열되어 있다. 타히티의 마하이아테아(Mahaiatea)에 있는 마라이는 다층으로 되어 있는데, 가로 18미터, 세로 22미터의 기단에 각 층의 높이가 1미터가 넘는 총 11층의 계단식 피라미드이다. 경관을 계단식으로 만드는 것은 팔라우(Palau), 마이크로네시아(Micronesia), 하와이 및 다른 폴리네시아 섬들 등 오세아니아 전역에서 보인다.

기념물들과 자연환경을 계단식으로 만드는 활동이 왜 존재할까? 테라스(계단모양의 단지-역주)들은 방어용이거나 아니면 농업용으로 건축된 것이라고 제시된 적이 있다.[55] 그러나 테라스는 방어에는 오히려 무력하고, 계단 그 자체는 실질적인 농사를 짓기엔 너무 작기 때문에, 그 의미는 다른 곳에서 찾아야 한다. 인공의 계단식 테라스는 전 세계적인 현상으로서, 태평양 양안의 대륙들은 물론, 이집트, 동부 지중해 연안에서도 발견된다. 태평양 지역에서 이 수수께끼에 대한 대답은 제 4기에 동남아시아 지역에서 발생한 사건들에 의해 가장 잘 설명된다.

이 책 서론의 이주 도형에서 요약된 것처럼, 3만 년 전에서 7천 년 전 사이 동남아시아 대륙이 축소되면서 대량의 이주를 초래했는데,

55) Peter Bellwood, Man's Conquest of the Pacific, Collins, Auckland, 1978, pp.286-7.

사람들은 강의 계곡을 통해서 북쪽 대륙 내부로 들어가고, 또 해류와 무역풍을 통해 알루샨 열도로 향했다가, 수세대가 지난 후에 훔볼트 해류를 타고 동남아시아로 되돌아 왔다. 이 같은 도형적 설명과 문화전파 이론을 받아들인다면, 동남아시아는 태평양 지역에서 문화의 제공자인 동시에 수용자이었을지도 모른다.

하지만, 동남아시아는 아시아 대륙을 깊이 침투하는 다른 이주경로에 대해서도 같은 역할을 했다. 이 시나리오에 따르면 남쪽으로부터 북쪽으로 즉, 지구의 지리적 형태에 따라 바다로부터 산으로 광범한 이주와 문화적 확산이 이루어졌다. 역사시대의 후기에 들어서야 비로소 산으로부터 바다로 즉, 동남아시아 해안으로의 문화적 재확산이 마치 역류하듯 이루어졌는지도 모른다.

두 개의 이주 고리들, 즉 태평양을 둘러싼 고리와 대륙 내부로 갔다가 다시 해안으로 되돌아오는 고리들은 서로 연결되어 있어서, 한쪽에서 취득된 문화적 요소가 어느 정도까지 다른 쪽으로 전파되었던 것 같다. 여기서 두 번째 고리는 태평양 유역 전역에 함의를 가진 문화적 요소를 가지고 있기도 했지만, 특히 인도차이나, 인도네시아 및 태국에 훨씬 즉각적이고도 철저한 문화적 영향력을 끼친 요소를 가지고 있었는데, 이제 검토해보아야 할 주제이다.

해안가로부터 아시아 대륙으로의 마지막 대규모 이주에서, 모든 사람들이 대하를 거슬러 올라가 그 신비로움을 향해 나아갔던 궁극적 목적지는 도처에 펴져있는 메루산이었다. 최초의 문명이자 바다에서 기원한 문명에게 있어서 그 산은 대양의 광활함과 달리, 두렵지만 이미 친숙했으며, 숲과 대륙의 내부와 연결된 하나의 신비였다. 합당하게도, 모든 산들의 상징으로서 그 산은 히말라야와 동일시된다.

10개의 큰 수계(水系. river system)를 통해 수많은 이주 선봉대들 모두가 200킬로미터의 거리 안에서 히말라야로 나아올 수 있었다. 만년설로 뒤덮인 봉우리들로 구성된 이 위대한 산은 하늘 높은 곳에 자리 잡은 일종의 거대한 저수지였다. 항구적으로 얼어있는 이 저수지는 충분한 물을 흘려보내 강과 시내를 만들었고, 그 비옥한 경로를 따라 수천 년간 인류의 반 이상을 생존시켰다.

수력문명과 수생문명[56)]

상류로 노를 저어나가 자연이 스스로 댐과 폭포를 만드는 것을 보면서 사람들은 많은 교훈을 얻었다. 이내 사람들은 자연의 수력학을 모방하여 그들 스스로의 생존능력을 키우기 시작했다. 더 깊은 내륙이거나, 혹은 산이 많은 지대일수록 그에 따른 수력기술은 더 과감하고 영리해졌다. 이것이 위대한 수력문명의 기원이다. 층과 단으로 이루어진 고대 다랑논(비탈진 곳에 층층으로 되어 있는 논-역주)과 건축 기념물들은 바로 그들이 획득한 경험을 반영한 것이었다.

동남아시아의 삼각주와 범람원 등 바닷가에 가까운 곳일수록 물은 천천히 바다로 흘러 들어갔다. 물은 풍부했고 저장할 필요가 없었다. 그러므로 사람들은 물을 통제하지 않았다. 대신 사람들은 비교적 가볍게 찰랑거리는 물과 함께 살았고, 일반적으로 논의 벼와 유사하게 물과 친숙한 삶을 살았다. 이 같은 사례의 문명은 수생이지 수력은 아니다.

---

56) 수력문명이라는 말은 Karl A. Wittfogel에 의해 그의 책(Oriental Despotism, Yale University Press, New Haven, 1957)에서 통렬하게 사용되었다. 하지만, 이 책은 수력기술을 전제주의의 일부로서 취급한다. 고대 중국 수력공사에 관한 좋은 정보는 조셉니담(Joseph Needam)의 책(Science and Civilization in China, Vol. 4, Part 3, Cambridge University Press, Cambridge, 1971, with reference to nonhydraulic (i.e., 'aquatic') cities by Sumet Jumsai, pp.309, 790)에서 찾을 수 있다.

하지만 오늘날 세상을 둘러보면, 해변에서 거주하는 것과 침수된 땅위에서 거주하는 것에는 한 가지 방식만 있는 것은 아니다. 동남아시아인들은 대다수가 여전히 수생적인 것으로 보인다. 그러나 네덜란드인들은 수력적이다. 즉, 네덜란드인들은 그들의 얕은 바다에 제방을 쌓고 바닥을 메워 간척지를 만드는데, 그들은 땅을 필요로 하며 땅 위에 서있을 수 있어야 한다. 반면 동남아시아 사람들은 물 그 자체를 통해서나 건축물을 지지하는 기둥들을 통해서 이따금씩 침수되는 땅과 관계를 맺는다. 그러므로 건축환경 조성을 위한 한 가지 방책은 효과적인 제방구축처럼 재료의 압축력에 의존하는 것이며, 또 다른 방책은 재료의 인장력에 의존하는 것이다. 다시 말해서 전자는 수역(水域)에서조차 육지기반적이며, 후자는 물기반적이다.

건축 환경에 대한 이들 두 가지 상이한 접근방식들은 앙코르톰에서 공존했는데, 이 크메르 도시는 수생과 수력적 정신을 모두 구현한, 즉 물기반 문명 및 육지기반 문명을 동시에 담은 도시였다. 왜냐하면, 한편으로는 매해 발생하는 범람 문제를 해결하기 위한 그들만의 독특한 해결책에도 불구하고, 이 도시에는 고유의 수생적 순응을 상징하는 엄청난 양의 고상식(高床式) 목조 건축물들로 가득 차 있었다. 다른 한편으로는, 도시의 압축적 양상들인 앙코르의 기념비적 건축물들이 물을 통제하기 위해 땅위에 견고하게 구축되었다. 즉, 제방을 쌓고, 물길을 전환하고, 물을 석축으로 쌓은 저수지들 안에 가두며, 이 물을 끌어올려 운하로 흘러 보냈는데, 물은 한 해에 3모작 내지 4모작을 했던 논에 공급되었다. 사실, 앙코르 인들에게 있어서, 앙코르의 돌 부분은 히말라야 산의 역할을 했다.

만약 이것이 농업적으로 사실이었다면, 우주 구조론적으로는 섬부주(수미산 우주론에서 외해에 있는 4대륙 중 남쪽에 위치한 대륙으로서 인간이 사는 대륙-역주)와 우주의 중심축으로서 히말라야 산을 상징했다. 정사각형 또는 직사각형의 운하들과 해자들은 인공의 메루산을 둘러싸고 있는 한편, 커다란 저수지들은 '무한의 바다'가 되었다. 이 도시에 있는 수력 시설의 계획, 통제 및 운영은 세계의 몇몇 위대한 석조 기념물들의 기능과 같다. 상당한 지적, 물리적 노력들이 전체적인 사업에 투자되었다.

반면 타이인들은 히말라야 산의 남쪽 비탈지로부터 유입된 문화의 수용에 있어서 보다 유연했다. 비록 크메르 문명이 타이인들의 상상력을 사로잡았을지라도, 아유타야에 있는 프라나컨루웡(Phra Nakhorn Luang)[그림 113]만이 타이인들 스스로 앙코르톰을 마지못해 각색하여 건축을 시도한 사례일 뿐이며, 방콕의 왕실사원에 있는 수력적 요소가 제외된 앙코르와트의 모형 정도가 크메르 식을 모방함에 있어서 가장 멀리나간 사례이다. 그러므로 타이 건축에 있어서 크메르

[그림 113]
아유타야 인근소재 프라나컨루웡

의 유산이 태국 전통유산의 일부가 된 것은 개념이 아닌 의장(意匠) 요소이다. 크메르의 영향을 제외한 나머지 문화적 영향들은, 히말라야 남부의 문명 혹은 인도화(indianization)와도 연관되어 있기도 하지만, 실론, 몬(Mon), 미얀마 및 자바 등 지역 스타일들로부터 복합적으로 파생된 것이다.

힌두교와 불교가 전파한 우주적 상징들을 만들 때, 타이인들은 수력적 작업을 배제시킨 채, 석재보다는 비교적 구하기가 쉬운 재료들인 벽돌과 스투코(stucco. 치장벽토-역주)를 가지고 해결함으로써 수많은 기념물들을 건축했다. 그럼에도 불구하고, 프라파톰 쩨디(태국 나컨빠톰 시 소재. 높이 106.5미터의 탑-역주)와 왓야이차이몽콘 사원의 주탑(유네스코 세계유산인 태국 아유타야 역사도시 소재 72미터 높이의 탑-역주)이 증거 하듯 (제 2장을 보라), 기념물들의 일부는 진정 거대한 규모에 도달하였다. 물론, 동심원적인 운하들과 저수지들이 없기 때문에, 우주적 상징은 특별히 뚜렷하지 않았다. 그러나 이야말로 상징 사용의 절제와 기념비적 건축에 대한 회피를 특징으로 하는 태국의 상좌부불교와는 맞았다. 그러므로 태국의 건축물은 전원적 환경에서 자연을 보완하는 일종의 가벼움을 특징으로 한다.

수상 불당

이 가벼움은 이미 언급한 수상 불당에서 가장 잘 반영되고 있다. 비록 진정한 수상 불당 또는 물 위에 서있는 봇(bot)을 찾기는 힘들어도, 물이 감싸고 있는 쑤코타이의 몇몇 석조 불당들은 이에 필적할만하다. 왓쌩까왓(Wat Sand Khawad), 왓창럼(Wat Chang Lawm), 왓뜨라팡응언(Wat Traphang-ngern), 왓뜨라팡텅(Wat

Traphang-thawng) 및 왓쌋씨(Wat Sasi)의 봇은 이 범주에 속한다[그림 114-119]. 물이 감싼 섬 위에 봇 대신 위한(vihan. 위한은 봇과 함께 태국 불교사원의 가장 중요한 건물. 봇이 참회식이나 수계식이 열리는 승려들만의 공간인 반면, 위한은 승려와 평신도가 함께 법회를 열고 예불을 드리는 공간이다-역주)이 있는 왓차나쏭크람(Wat Chanasonngkhram)도 아마 여기에 포함될 것이다[그림 120 및 121]. 언급한 불당들 모두 직사각형의 연지(蓮池) 중앙의 작은 섬에 세워져 있는데, 몇몇 연지는 너무 좁아 마치 해자처럼 보이기도 한다. 이와 마찬가지로 아유타야에도 물에 둘러싸인 많은 종교건축물들이 있다. 건축물을 감싸고 있는 물은 도시의 광범한 수상교통체계의 일부를 형성하고 있기 때문에, 명백히 운하들이다. 그들의 기능적 측면에도 불구하고, 그 배치 안에 내재된 상징은 무시할 수 없다.

물 안에 갇힌 봇의 가장 뚜렷한 이미지들은 쑤코타이의 사원 왓뜨라팡응언과 왓쌋씨에서 찾아 볼 수 있다. 이 둘 다 불당들의 기단을 지지할 만큼 큰 인공섬 위에 세워져 있다. 큰 저수지의 중앙에 위치하여, 물이 가장자리까지 차오르는 우기에 불당들은 마치 물 위에 거의 떠있는 것처럼 보인다. 왓쌋씨는 흥미로운 점이 한 가지 더 있는데, 봇이 위치한 섬 옆에 주(主)탑과 부속탑 및 위한 등이 모여 있는 또 다른 섬이 있고, 이 두 섬은 서로 나무다리로 연결되어 있어서 마치 봇이 위한이 있는 섬을 저수지 중앙으로 예인(曳引)하고 있는 것처럼 보인다.

우주구조론적 중요성 이외에, 하나의 건축적 요소로서의 물은 다른 함축적 의미들을 갖는다. 방향이 어디이든 사원 설계에 있어서 봇이나 위한은 반드시 물을 향하는 것이 하나의 경험법칙이다. 이것은 석가모니가 보리수 밑에서 강을 향해 앉아 깨달음을 얻은 사실에 의

[그림 114]
쑤코타이 소재 왓뜨라팡응언 (Weeraphan Chynwat)

[그림 115]
쑤코타이 소재 왓뜨라팡응언의 평면도

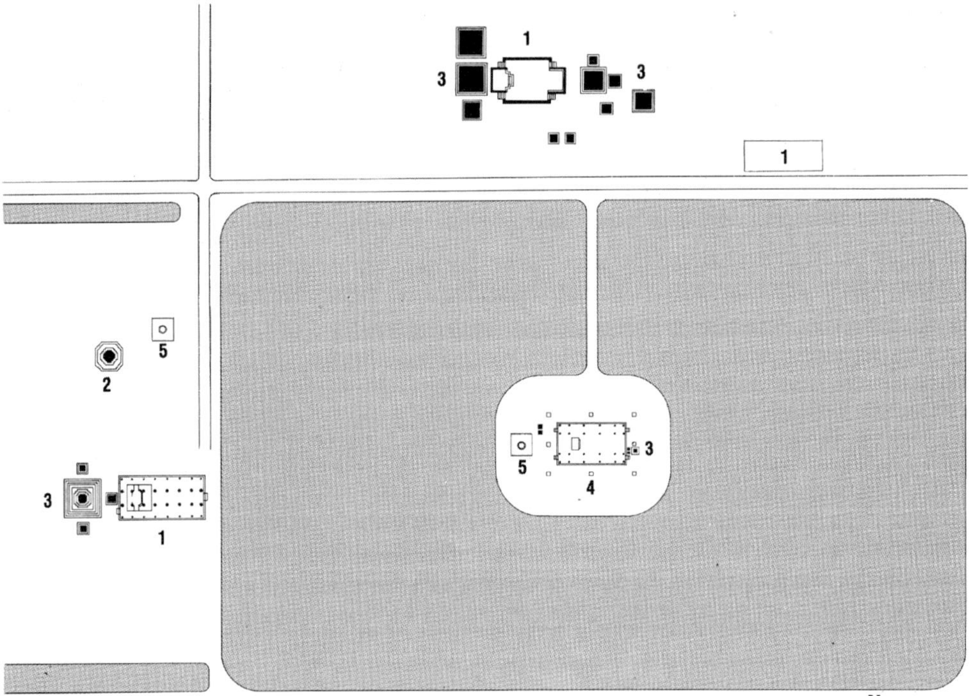

1 위한
2 불입상이 봉안된 벽감
3 쩨디
4 봇
5 우물
6 왓뜨라팡응언이라 부르는 저수지

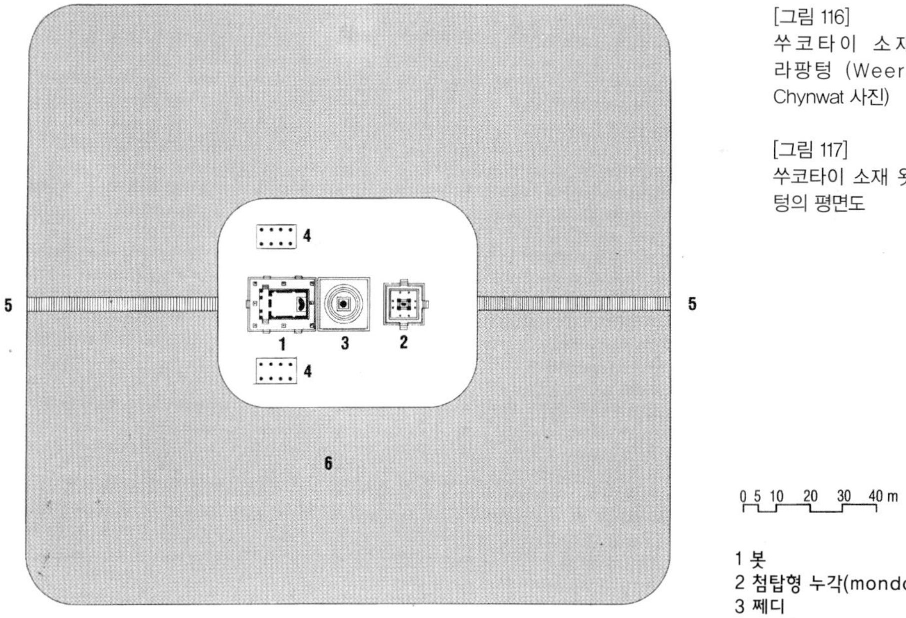

[그림 116]
쑤코타이 소재 왓뜨라팡텅 (Weeraphan Chynwat 사진)

[그림 117]
쑤코타이 소재 왓뜨라팡텅의 평면도

1 봇
2 첨탑형 누각(mondop)
3 쩨디
4 누각(sala)
5 교각
6 뜨라팡텅이라 부르는 저수지

[그림 118]
쑤코타이 소재 왓쌋씨 (출처: Weeraphan Chynwat 사진)

[그림 119]
쑤코타이 소재 왓쌋씨의 평면도

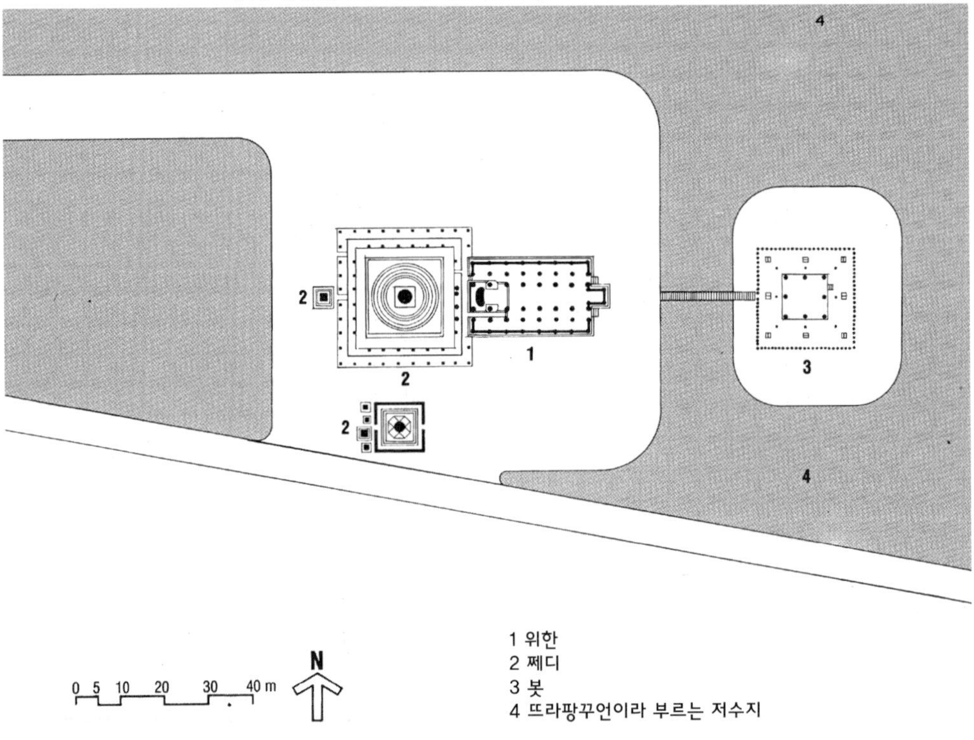

1 위한
2 쩨디
3 봇
4 뜨라팡꾸언이라 부르는 저수지

[그림 120]
쑤코타이 소재 왓차나쏭크람

[그림 121]
쑤코타이 소재 왓차나쏭크람의 평면도

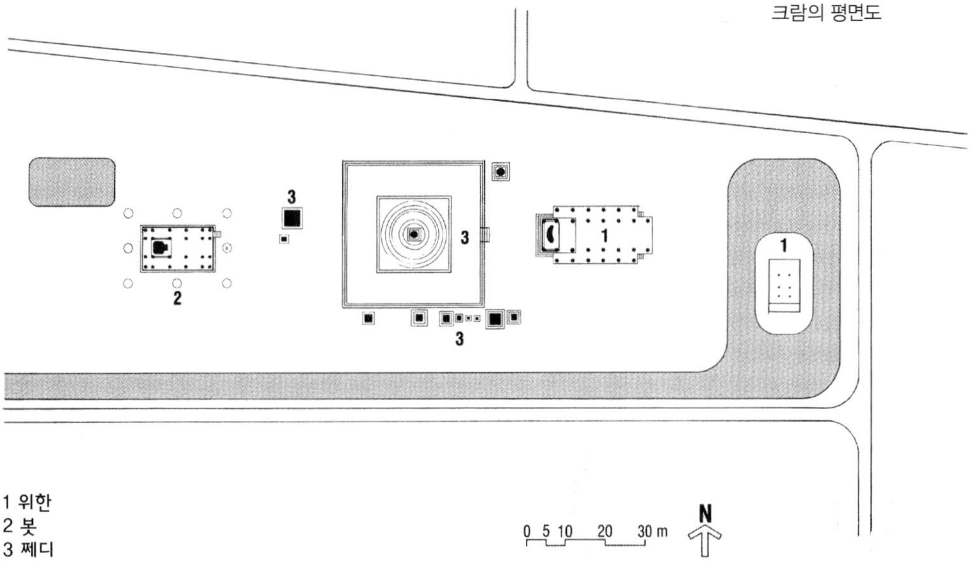

1 위한
2 봇
3 쩨디

해 설명된다. 게다가 최근까지 지방을 종횡으로 가로지르는 수많은 수로에 의지하여 사원, 마을 및 도시들을 다녔던 중앙 평원의 강 사람들에게는, 그들의 건물이 물을 향하도록 하는 것만이 논리적인 것이었다. 만일 사원이 수로로부터 멀리 떨어져 있고, 어떤 저수지도 만들지 않았다면, 동쪽을 향하는 것이 규칙이었다. 요지는 물을 향하는 것이 동쪽을 향하는 것에 대해 우선순위였다는 것이다. 만일 단지 전체가 물에 둘러싸여 있는 경우, 이론적으로 사원은 어느 방향을 향해도 좋지만, 동쪽이 특별한 비중을 갖으며, 그렇지 않다면 네 기본 방위들이 동일하게 강조되었을 것이다.

이미 언급한 바와 같이, 봇이나 물과 관련되는 불교의 다른 상징은 구원으로 이르는 배이다. 진정한 수상불당 즉, 봇남의 경우, 이것을 둘러싸고 있는 저수지 우톡씨마(uthok-sima)가 통상적 봇의 성역(聖域)과 쎄마로 알려진 표식을 대체한다.(쎄마는 신성한 구역을 나타내는 표식으로 봇 주위의 땅위에 보통 8개를 세운다. 이로써 쎄마의 안쪽 구역은 성역이 되는 것이다-역주). 엄격히 말하면, 불당을 포함하고 있는 저수지는 실제적으로는 꽤 클 수 있지만, 불당으로부터 돌을 던졌을 때의 거리보다 커서는 안 된다. 이상하게도 이 모든 것은 타이인들이 아닌 크메르인들이 채택했던 대승불교에 속한다.

구원으로 이르는 배의 개념은 사람들의 내재된 해상 행동양식과 잘 일치하는 것 같다. 결과적으로 아유타야 후기 및 방콕 초기시대에 만들어진 모든 성스러운 건축물의 기단하부에는 배의 형태가 반영되어 있다. 텅쌈파오(thawng-samphao)라고 알려졌고, 문자적으로는 배의 선체[그림 122]를 의미하는 동일한 곡선이 종교건축물에서는 물론 가구 및 기구들에서도 발견되는데, 여기서는 텅앗싸동(thawng-asdong)이라고 한다. 이 배 모양의 곡선이 만들어내는 결

[그림 122]
문자적으로 선체를 의미하는 텅쌈파오라고 칭하는 사원건물 하부의 오목한 곡선. 아유타야 소재 사찰 왓쑤완다람.

과는 돌로 만든 건물들이라도 마치 떠있는 것처럼 보이게 한다.

방향상 및 기능상의 요건들 이외에도, 물로 둘러싸인 전체 사원 단지와 단일건물인 수상 불당 간의 상징에서의 기본적인 차이는 전자는 우주적인 반면 후자는 순수히 종교적 요구를 반영한다. 저수지와 해자들이 둘러싸고 있는 쑤코타이의 사원들은 이 같은 의미를 마음에 담고 보아야 한다. 하지만 모든 것이 매우 비형식적인 방식

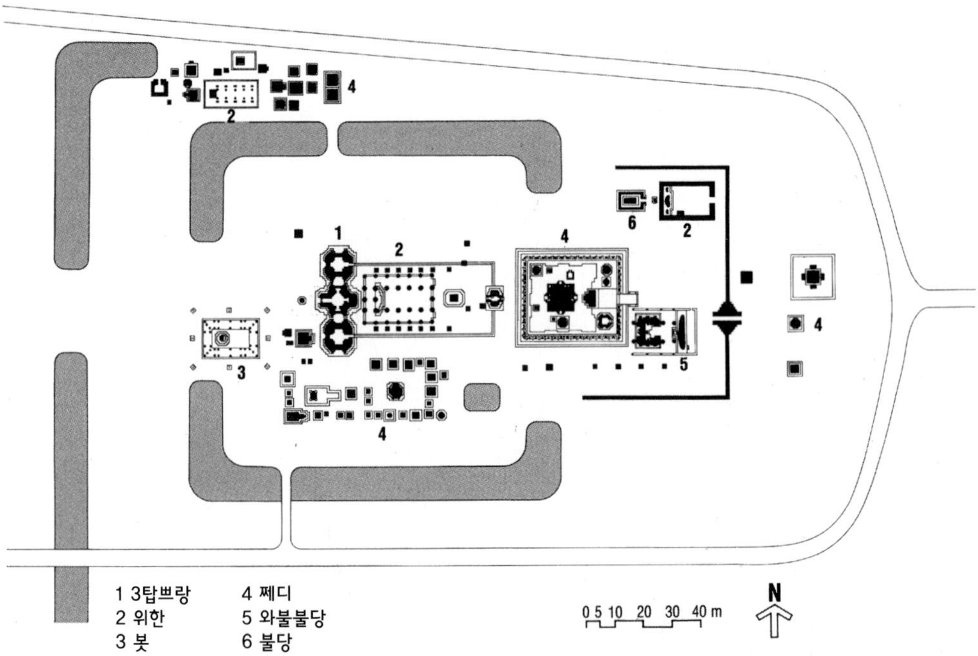

[그림 123]
쑤코타이 소재 사찰 왓프라파이루웡의 평면도

[그림 124]
쑤코타이 소재 사찰 왓프라쳇뚜폰의 평면도

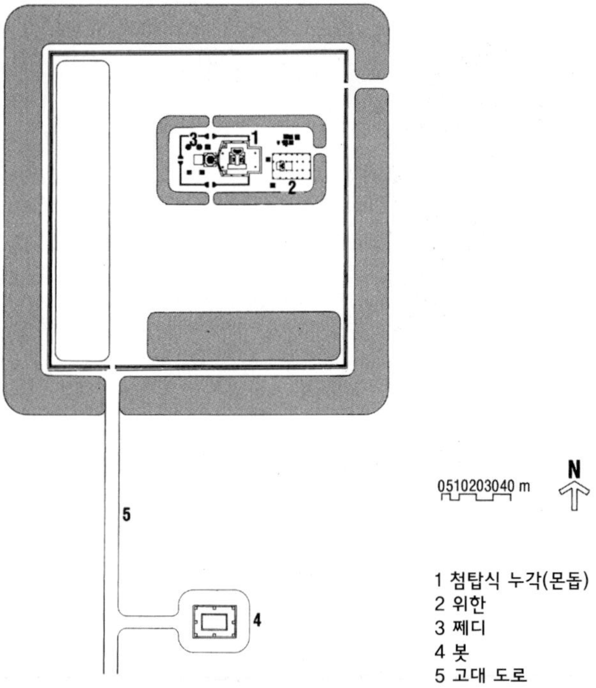

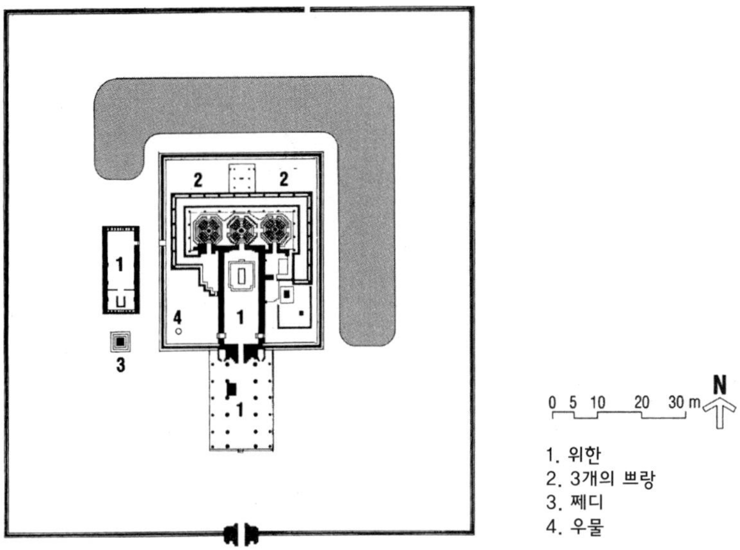

[그림 125]
쑤코타이 소재 왓씨싸와이의 평면도

으로 이루어졌다. 왓프라파이루엉(Wat Phraphailuang)에서는 세 개의 동심원적 해자들이 위한, 쩨디, 쁘랑(prang. 크메르 스타일의 탑-역주) 및 봇 등 많은 건물로 구성된 전체 단지를 둘러싼다[그림 123]. 그러나 중간의 해자는 잘려서, 단지 서쪽 측면을 싸고 커브를 그리고 있다. 3개가 나란히 서있는 쁘랑을 통해 동-서축 상에 대칭이 의도되었었을 것이나, 오늘날에도 식별될 수 있는 것처럼, 많은 건물의 배치가 비대칭적으로 되어 있어서 전체 구도는 철저히 비형식적이다. 쑤코타이의 왓프라쳇뚜폰(Wat Chettuphon)은 두 개와 반개의 환으로 된 해자들이 일정치 않은 방식으로 사원단지를 둘러싸고 있다. 안쪽의 해자는 동-서축을 고집하지 않은 건축물들이 포함된 긴 직사각형이며, 중간의 해자는 잘려있고, 바깥쪽 해자는 전체적으로 중앙에서 벗어난 배치의 건축물들을 둘러싸고 있는 완벽한 정사각형이다[그림 124].

훨씬 비형식적으로 설계된 것은 역시 쑤코타이에 소재한 왓썬카우(Wat Sawnkhao)와 왓씨싸와이(Wat Sisawai)에서 발견되는데, 저

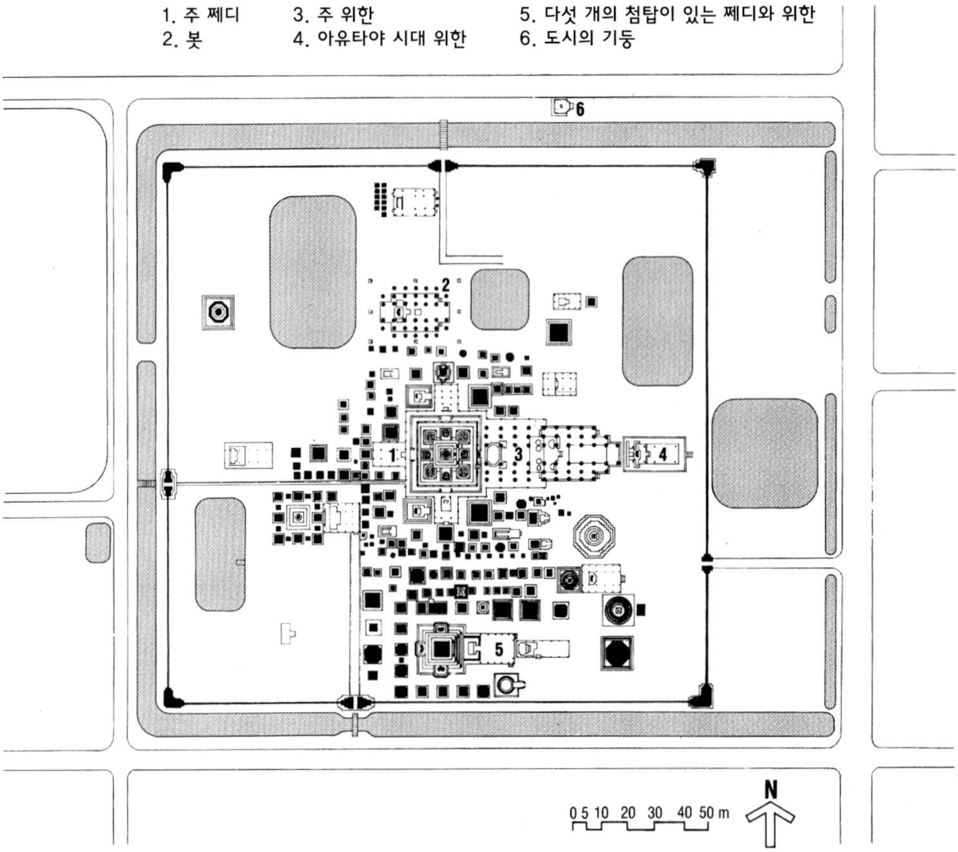

[그림 126]
쑤코타이 소재 왓마하탓의 평면도

수지들이 심하게 잘려있어서 중앙의 산–대륙 주위를 소용돌이치는 우주적 대양이라는 본래의 개념을 반영했을 가능성은 그저 멀어 보인다.[그림 125]. 쑤코타이에서 우주적 모델의 가장 비형식적 동심원을 보여주고 있는 것은 왓마하탓(Wat Mahathat)이다[그림 126]. 한 변이 200미터 길이인 정사각형의 해자 안에 종류별로 200개의 쩨디, 10개의 위한, 한 개의 봇, 여덟 개의 다른 불당 및 다섯 개의 저수지를 포함하고 있다. 중앙의 쩨디와 그 뒤 두 채의 큰 위한 건물이 형성하는 동–서축과 관계없이, 단지 안의 모든 건축물과 저수지들은 함께 유연한 패턴을 형성하고 있다. 결론적으로 건물들과 저수지들의 배치는 전적으로 융통성이 있지만, 원래의 우주형상을 의미하기에는 전혀 부족함이 없다.

건축에서의 메루산

히말라야 메루산과 그 물을 건축으로 변화시키는데 있어서, 물 요소는 나가에 의해 상징화되는 것이 보다 용이하다. 이는 성스러운 건축물들은 실제적이든 상징적이든 항상 물속에 잠긴다는 것을 의미한다[그림 127]. 가장 뚜렷한 사례가 태국 북부 난(Nan) 지방에 있는 사원 왓푸민(Wat Phumin)인데[도판 15], 거대한 두 뱀들이 봇 건물의 아랫부분을 완벽하게 통과한다. 여기서 이 물의 상징은 봇의 석조 기단 위의 남북 축을 따라 뻗어있다. 성화된 구역임을 나타내는 네 개의 성스러운 표지(쎄마 sema-역주)들이 잘려나간 네 개의 건물 모서리

[그림 127]
발리의 스바투(Sebatu) 부근에 있는 데사사원(Desa Temple)의 기단부의 나가

[그림 128]
태국 북부 난 지방 소재
왓푸민의 다층 지붕.

옆에 위치하는데, 심리적으로 기단의 가장자리에 남아있는 공간을 채우는 역할을 한다. 그러므로 뱀이 물을 대체함으로써, 의미상으로는 붓을 중앙에 둔 저수지가 되는데, 이는 매쨈(Mae Chaem)에 있는 왓풋타엔(Wat Phuttha-en)과 다르지 않다.

왓푸민의 평면도는 하나의 완전한 십자형을 보여주는데, 네 개의 축으로 구성된 현관들을 통과하면 불당의 중앙에 위치한 네 개의 불상을 만나게 된다. 하지만 배치도상 두 개의 접근 축들은 길이가 같지 않으며 동서 축이 남북 축보다 짧다. 입면도의 경우, 정상부터 아래까지 상징들의 순서는 먼저 5층의 일산(日傘)부터 시작해서, 5층의 지붕으로 이어지며, 둘 다 우주적인 대륙들과 대양

[그림 129]
발리의 스바투(Sebatu)
소재 계단식 논

들을 상징한다. 지붕 끝 장식은 상징적인 나가이고, 지붕 내림마루는 나가의 윤곽을 나타내는 반면상으로서, 역시 뱀 형태의 까치발이 지탱하는 처마까지 단계별로 미끄러져 내려오는 모습이다[그림 128]. 이 장식들의 순서를 따르면, 마치 물이 중앙의 산에서부터 흘러내려 거대한 뱀들이 거주하는 저수지까지 도달하는 모습을 보는 것 같다.

이와 같은 맥락에서 계단식 윤곽의 건축물인 앙코르의 바콩(Bakong), 박세이 참크롱(baksei Chamkrong), 바켕(Bakheng), 중부 자바의 보로부두르, 짠디수쿠(Candi Sukuh) 그리고 아유타야의 프라나콘루엉 등의 사원들은 훌륭한 외형을 갖추고 물이 폭포처럼 떨어져 내리는 계단식 논처럼 보일 수 있다[그림 129–131]. 이들 중 일부는 매우 형식화되어 있어서 마치 계단으로 된 피라미드처

[그림 130]
앙코르 근처 롤루오스
(Roluos) 소재 바콩 사원

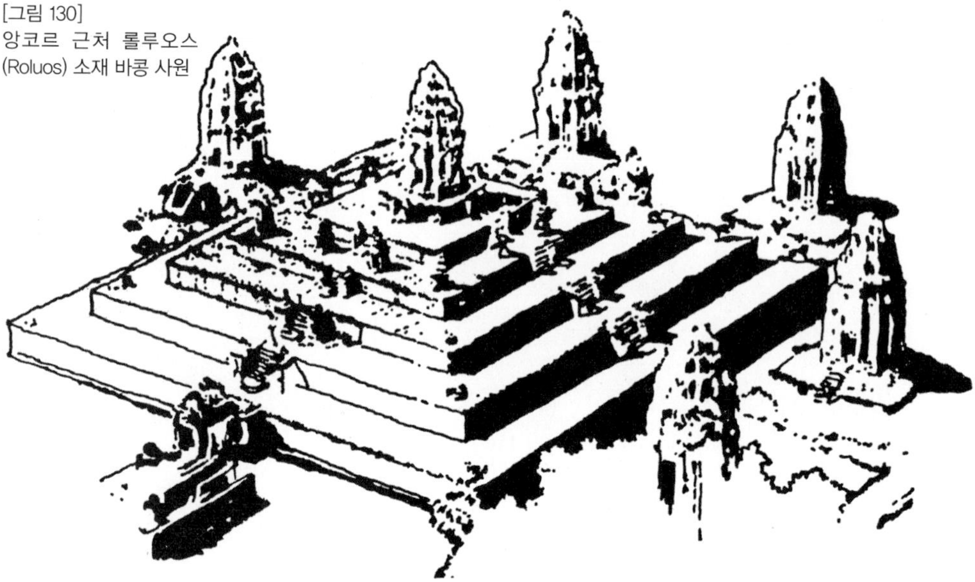

[그림 131]
자바의 수쿠(Sukuh) 소
재 피라미드 형태의 사원
(Tirachai Kambhu 사진)

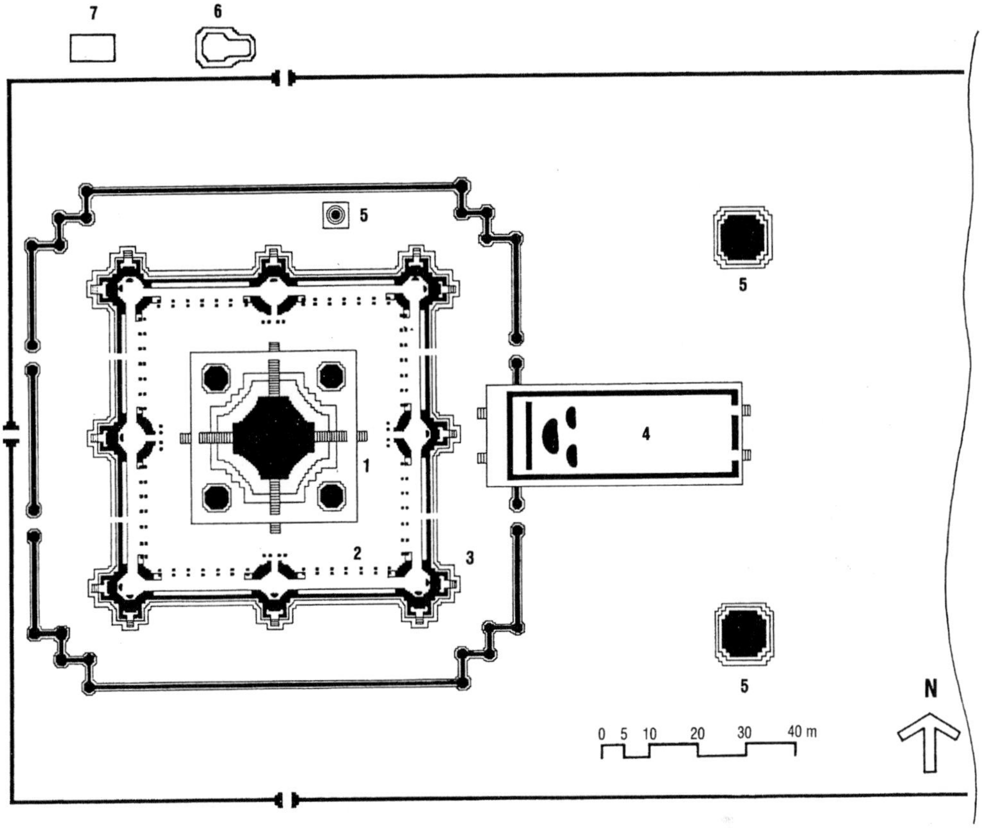

[그림 132]
아유타야 소재 왓차이왓타나람의 평면도

1 주 쁘랑과 네 개의 코너 쁘랑
2 회랑
3 여덟 개의 성스러운 방향을 나타내는 회랑을 따라 설치된 여덟 개의 메루
4 봇
5 쩨디
6 쁘랑
7 위한

럼 보일 정도이다. 하지만 그 같은 상징성과 계단식 형태는 자바와 크메르 및 태국의 건축가들에 의해 종종 단순화되어, 건물 기단에 점차 줄어드는 층단의 몰딩(쇠시리. 나무의 모서리나 표면을 도드라지거나 오목하게 깎아 모양을 내는 일-역주) 장식으로만 표현되기도 했다.

폭포수 너머로는 궁극적 의미의 층이 놓여있는데, 바로 우주형상론이다. 바콩 사원의 설계에서는 각 층에 위치한 다수의 보조적 산들 이외에도, 코너에 위치한 네 개의 산-대륙들이 뚜렷하게 중앙의 메루산을 둘러싸고 있다. 1630년에 건설된 아유타야의 왓차이왓타나람(Wat Chaiwatthanaram) 사원은 이 우주형상 설계의 가장 고전

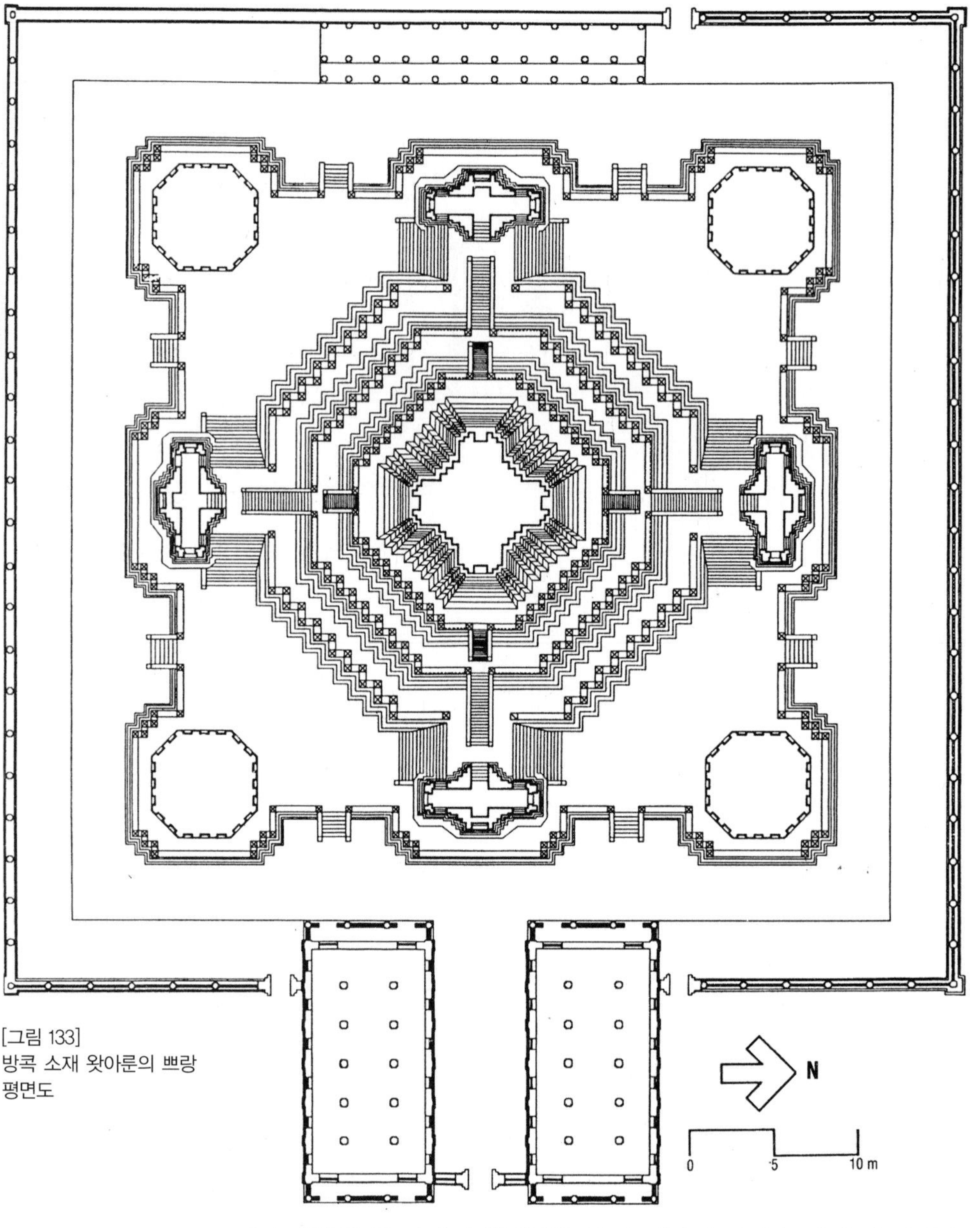

[그림 133]
방콕 소재 왓아룬의 쁘랑
평면도

적인 전형들 중 하나이다[그림 132]. 중앙 집중식 평면을 가진 이 사원은 한 변이 33.6미터인 계단식 기단이 35미터 높이의 중앙 쁘랑과 코너에 위치한 네 개의 작은 쁘랑들을 떠받치고 있다. 기본 방위에 위치

[그림 134]
방콕 소재 왓아룬의 쁘랑 입면도

한 네 개의 계단은 탁씨나(탑돌이의식-역주)를 행할 때 이용되는 회랑으로 내려간다. 회랑에는 여덟 개의 보조 메루(저자는 여기서 탑을 상징적으로 메루로 표현-역주)가 여덟 개의 신성한 방향에 솟아 있

다. 회랑 자체는 정사각형의 벽 안에 설치되어 있으며, 이 벽은 다시 강 쪽으로 뻗은 직사각형의 담장이 둘러싸고 있다.

태국 건축가에 의해 만들어진 석조 건축물 중 아마도 가장 순수한 우주적 구도는 19세기의 1/4 분기에 건축을 시작한 방콕 소재 사원 왓아룬(Wat Arun)의 쁘랑이다[그림 133 및 134]. 정사각형의 담장이 둘러싸고 있는 이 건축물은 톱니모양의 계단식 기단 위에 솟아 있는 정교한 장식의 67미터 높이 중앙 쁘랑과, 이를 중심으로 각 코너에 위치한 네 개의 작은 쁘랑으로 구성된다. 조각난 자기와 색의 사용이 만들어낸 세련미 이외에도, 전체적인 구도가 모든 면에서 상당히 만족스러워 고전적 태국 건축물들 중에서 가장 아름다운 기념비로 간주될 것이다.

[그림 135]
고위 왕자들의 유골단지를 운반하기 위해 사용된 메루 마차. 1923년 방콕에서 한 고위 왕자의 장례식에서 찍은 사진.(방콕 국립도서관 제공)

메루로부터 화장용 장작까지

우주적 석조 건축물들은 대체적으로 나무로 만든 우주적 목조 건축물에 비해 규모와 개념 면에서, 그리고 방콕시대에는 기술적 부분의 정교함에서 뒤떨어진다. 우주적 목조 건축물이란 왕족 화장용 장작더미, 바퀴로 움직이는 메루(meru. 여기서는 메루산을 상징하

[그림 136]
발리의 바데(bade)

[그림 137]
1979년 태국 북동부 왓 프라탓파놈(Phra That Phanom)에서 거행된 한 예식의 나가 모양 밧줄 승강대(Tim Carney 사진)

는 다층식 장례용 목조 건축물-역주) 및 1811년에 건축가 끄롬루웡 피딱몬뜨리(Krom Luang Phitakmontri) 왕자가 고안한 밧줄로 납골단지 혹은 유골함(krern)을 들어올리는 승강대 등을 의미한다 [그림 135].[57)]

만일 건축물이 꽤 높은 경우라면 밧줄로 움직이는 승강대가 고안되기 전까지는 유골함을 메루 위로 올리는 것은 꽤 위험스러운 일이었을 것이다. 마찬가지로 바데(bade)라고 하는 높은 목조 메루를 건설하는 발리인들에게도 이것은 상당히 거북한 일이었다. 한 왕자의 장례식의 경우, 왕자의 시신을 운반하기 위해 이례적으로 높은 바데가 설치될 예정이었다. 필요한 높이까지 시신을 올리기 위해서

57) Joti Kalyanamitra, Six Hundred Years of Work by Thai Artists and Architects, Fine Arts Commission, Association of Siamese Architects under Royal Patronage, Bagkok, 1977, p.28

는 장대로 만든 경사로를 세우고, 경사로를 따라 여러 사람들이 시신을 운반해야만 했다[그림 136]. 밧줄 승강대가 고안됨으로써 떨어지는 위험을 감소시키고, 전체적인 장례절차를 훨씬 품위 있게 만들었다. 이것은 1979년 3월에 태국 북동부 지역의 사원 왓프라탓파놈(Phra That Phanom)에서 거행된 왕족 장례식에서 입증되었는데, 나가(naga) 모양의 밧줄 승강대 위에 놓인 부처의 사리함이 장엄한 모습으로 경사로를 타고 올라가 성스러운 기념건축물의 중심부에 안치되었다[그림 137].

[표 4-1] 태국의 왕들을 위해 건설된 메루의 규모

왕명(고인)	높이(미터)	중앙기단의 측면길이(미터)	건설기간 (개월)	건축년도 (추정)
나레쑤원 왕	74			1606
쁘라쌋텅 왕	102.75			1656
나라이 왕	102.75	15	8	1689
펫-라차 왕	102.75	15	11	1704
프라짜오쓰어 왕(Suea)	102.75	15	11	1707
끄롬루웡요타팁 여왕	41	11		
끄롬루웡요타텝 여왕	41	11		1707
타이싸 왕	41	11	9	1734
버롬마꼿 왕	102.75	15	8	1759
라마1세 왕	80	14		1811
라마2세 왕	80			1825
라마3세 왕	80		8	1852
삔끌라오 부왕*	40			1866
라마4세 왕	40			1869

*그림 138을 볼 것.

'메루'에 관한 주제는 본서 제 1장에서 처음 언급되었으나, [표 4-1]에서 보이고 있는 바와 같이 태국의 연대기에서 묘사되고 있는 메루의 엄청난 규모는 주목할 만하다[58].

높이의 차이는 여러 가지 요인들의 결과이다. 즉, 후계자의 선왕에 대한 존경도(타이싸 왕의 후임자였던 버롬마꼿 왕의 경우는 최소였다), 고인의 왕실 내 위계, 전쟁으로부터의 회복(나레쑤원 왕과 방콕왕조 시작의 경우), 20세기 이후의 다양한 경제적 영향들이 그러한 요인들이다.

위 표에서 알 수 있는 사실은 가장 높은 메루의 높이는 32층 높이의 건물과 맞먹는 102.75미터였다는 것이다. 권위 있는 학자들조차 어떻게 나무로 그 같은 높이의 건축이 가능한지에 대해 당황하여, 연대기 기록자들이 그 사실을 과장하였거나, 아니면 옛 측정 단위가 방콕 후기에 사용된 것과 일치하지 않을 것이라고 추정한다. 하지만 방콕 시대의 보다 최근의 정확한 기록들은 왕족 화장시설들이 최소한 80미터였다는 것을 확인한다. 하나의 흥미로운 점은 이 규모들이 102.45미터의 프라빠톰 쩨디, 67미터의 왓아룬의 쁘랑, 그리고 42미터 높이에 불과한 앙코르와트와 비교되어야 한다는 것이다. 이것이 의미하는 것은 기본적으로 같은 상징체계와 고전적 원리를 이용하여 태국의 건축가들이 나무로 지은 건축물들의 규모가 동남아시아에 존재하는 거의 모든 석조 건물들의 수직적 크기를 능가했다는 것이다.

일의 양, 높은 목조기술 수준, 성실성, 아울러 노동력과 재료의 전적인 동원은 상상을 넘어선다. 라마 2세 왕의 재위 기간(1800~1824년-역주) 중, 80미터의 중앙 메루와 40미터 높이 여덟 개의 보조 메루 및 다른 부대 건물의 건설을 위해 수도로 수송

58) Ayuthaya Chronicles (Royal Autograph Version), variuos editions; and Chao Phraya Thiphakorwong, Bangkok Chronicles, Second, Third and Fourth Reigns (in Thai), variuos editions 등에서 모아 정리.

된 목재의 양만해도 다음과 같았다.[59)]

[그림 138]
삔글라오(Pinklao) 부왕(副王)을 위해 1866년에 건축된 것으로 추정되는 메루(방콕 국립도서관 제공)

896개의 대형 티크 통나무
5,500개의 다른 통나무
2,800장의 대나무 널판
40만개 혹은 그 이상의 대나무 장대

비록 이 숫자들이 환상적이라고 해도, 아유타야 시대의 건축규모와 공들인 장례식과는 비교되지 않았다. 하지만 당시 이 나라는

59) Sompop Piromya, Phra Merumat (in Thai), private limited edition, Bangkok, 1977, pp.97-7, second edition, Boon Rawd Brewery Co., Ltd., Bangkok, 1985

1767년에 벌어진 이 옛 수도(아유타야-역주)에 대한 약탈로부터 거의 회복되지 않았음을 감안해 볼 때, 새 왕조가 순전히 반사적으로 그들이 할 수 있는 최선을 다해 거대한 목조건축의 전통을 지속시킨 것이다.

방콕에서의 마지막 거대한 메루는 1869년에 세워졌다. 이후 왕령에 따라 이 관습을 폐지했는데, 비록 단순한 소규모 메루의 건축이 오늘날까지 계속되고 있기는 하지만, 시대의 변화를 반영한 것임은 의심할 바 없다. 이 왕령의 제정 이전에도, 근대적 경제관념이 이 같은 변화를 느껴지게 했는데, 왜냐하면 라마 1세의 재위기간(1782~1809-역주) 중 이미, 전궁의 왕자(라마 1세의 동생으로, 그가 거주하던 곳을 전궁(前宮) 또는 타이어로 왕나(Wang Na)라고 했다. 현재의 방콕 국립박물관과 인근지역을 포함한다-역주)가 재사용할 수 있게 영구적 석조 화장시설을 건축한 바 있다. 후속 왕들의 치세기간을 통해, 전통적 목조 메루의 크기는 작아지는 반면, 더 많은 석조 메루가 건설되었다. 사실 완전히 타버리는 사찰의 주지용 작은 메루와는 달리, 왕족 화장시설은 파괴되지 않는다. 메루의 중앙 첨탑 아래에서 화장이 거행되며, 전체적인 메루 건축물은 불에 손상되지 않는 방식으로 이루어진다. 대신, 메루는 나중에 해체되어 목재는 사찰을 건축하는데 사용된다.

거대한 목조 메루를 없애는 것은 민족의 본성과 자긍심의 핵심부를 없애는 것과 동일한 것이었다. 1911년경, 라마 5세를 위해 훨씬 작은 메루가 필요했을 때는, 한 유럽의 엔지니어가 그 메루를 설계하도록 초청받았다.

이제 태국의 메루 건설자들 즉, 직접 건축물 위에 올라가 건설하는 그 특별한 부류의 사람들과 그 건축물들을 개념화하는 사람들인 설계자들을 칭찬하는 것이 적절한 것 같다. 일반적으로 메루의 건설자들은 목공과 목조건축에 대한 철저한 지식을 소유하고 있는 것 이외에도, 공중과 꽤 높은 곳에서 균형을 잃지 않은 채 일하기 위해서는 특별히 민첩해야했다. 긴 장대 위에 오르는데 특별하게 능숙하며, 특별한 축제 때 곡예를 보여주는 '유원혹(yuan-hok)'으로 불리는 일군의 사람들은 비계, 높은 건축물 및 쩨디를 세우는데 고용되곤 했다. 전통에 따르면, 이들은 건축물의 위에서의 목각(木刻)을 의미하는 크르엉마이쑹(khrueang-mai-sung)과 연관된 오랜 가계(家系)로부터 왔다. 메루 건물을 설계하고 감독하는 설계자들은 옛날엔 항상 초인으로 간주되었다. 연대기 기록자들이 메루산 모양으로 설계되었다고 한 1759년 버롬마꼿 왕을 위한 102.75미터의 메루 건물의 경우, 그 설계자는 자신의 댓가를 받았다. 그의 명칭-계급은 쿤쑤메루팁(Khun Sumeru-thipraj)로 기록되었는바, 그는 사실 우주의 축과 동일시되었고 이에 따라 불멸의 존재로 간주 되었다.

최근까지 신왕(神王)사상에 따라, 대부분의 메루는 아마도 쁘랑 형태였다. 쁘랑 정상에 시바(Shiva)신의 삼지창을 설치하여 신의 임재를 나타냄으로써, 건축물은 카일라스산(Mount Krailas)의 정상을 상징한다. 1869년에 건축된 메루는 쁘랑만을 배타적으로 사용하기는 했지만, 다층의 회랑들과 쁘랑을 결합시켰다. 중앙의 쁘랑은 십자형 평면 위 다층지붕이 교차하는 곳 위에 솟아있었다. 여기서 기본적으로 석조 혹은 돌과 연관된 크메르 쁘랑과 태국의 전형적 목조 지붕과의 결합은 처음에는 시대착오적으로 보이지만, 잘 생각해보면 융통성과 적응성에 대한 이 지역사람들의 속성과 충분히 일치한다. 이보다 몇 년 전에 방콕의 그랜드팰리스에 역대 왕들의 조상(彫像)을 봉안한 쁘라쌋 프라텝비던(Prasat Phrathepbidorn) 건물[그림 139]의 건축이 시작되었으며, 이 건축물은 젊은 건축가들의 주목을 끌지 않을 수 없었다. 석조로 보이는 쁘랑과 그것을 지지하는 목조 지붕 간

[그림 139]
방콕 그랜드팰리스에 있는 왕들의 조상 봉안당인 쁘라쌋 프라텝비던

의 절충을 이룬 설계해법은 최선의 상태로 보인다. 정상적으로는 불가능으로 간주되는 해법이 이 사례에서는 지역 전통 속에서 더할 나위 없이 좋은 해결책이 되어, 가능할 것 같지 않은 상반된 요소들이 예상을 깨고 또 완벽하게 공존한다.

소우주 속의 소우주

권위 있고 웅장한 배치 및 구성 이외에도, 우주적 상징은 또한 소우주 속의 소우주와 같은 많은 주제들을 만들어낸다. 건축물의 각 부분 혹은 구성품은 그 자체로서 하나의 세계인데, 탑 위에 부착되는 다층의 금속 꽃장식인 일산(日傘, chat)과, 탑 자체 및 중층(重層) 기단도 별도의 우주적 실체이다. 그러므로 지붕의 정상에는 몽꿋의 복제품을 포함하여 뾰쪽한 장식들이 다양한 모습으로 나타난다.

몽꿋은 왕이 실제로 우주적 상징을 쓴다는 것을 의미한다. 태국의 고전무용을 보면, 인도의 대서사시인 라마야나에 등장하는 톳싸깐(Thotsakan)을 포함하여 많은 주연들이 동일한 상징적 머리장식을 쓴다. 톳싸깐의 경우 열 개의 머리가 우주적 질서를 상징하는 다층으로 배열된다[그림 140]. 마찬가지로, 무대 위에 등장하든 건축적으로 표현되든 촘푸타윕에 사는 모든 신성하거나 신비한 존재들의 머리장식도 하나의 우주적 상징이다. 그러므로 건물, 가구 혹은 도구의 꼭대기에 뾰쪽한 층 모양을 부여하려는 경향이 존재한다. 명백한 우주적 상징인 탑의 경우, 전형적인 태국-스리랑카 스타일의 쩨디[도판 16]부터 특이한 스타일인 치앙마이 소재 왓꾸따오(Wat Kutao)의 쩨디[그림 141] 및 태국 북동부와 라오스에서 프라탓(phra-that)이라고 칭하는 곡선적 오벨리스크(obelisk, 방첨탑(方尖塔)-역주)[그림 142]에 이르기 까지 다양한 스타일과 형태들이 있다.

[그림 140]
10개의 머리가 층으로 배열된 톳싸깐.(Siam Commercial Bank 제공)

[그림 141]
치앙마이 왓꾸따오의 쩨디

모든 우주적 상징들 중 다층의 일산이 건축과 의례에서 가장 풍부하게 사용된다[그림 143]. 일산이 성스러운 건축물에서 불멸의 부분을 나타낼 때는 금이나 다른 금속으로 만들지만, 평범한 일상의 의식에서는 간단하면서 경제적인 대나무 조각이나 종이로 만

[그림 142]
태국 북동부 지방 왓프라탓파놈(Wat Phra That Phanom)에 있는 프라탓.(Tom Chuawiwat 사진)

든다. 이것은 어떤 물건에 부착되거나 아니면 단순히 이리저리 운반되기도 한다. 일산(日傘)의 동원이 필수불가결한 왕실의례에서는 보다 정교하게 만들어진다. 운반가능하며 화려하게 치장된 이 우주적 상징에 대한 가장 인상적인 기록은 라마 1세의 장례행렬에 대한 묘사이다. 왕의 장례행렬은 바퀴가 달린 몇몇의 커다란 메루(raj-rot. 왕실마차)가 이끌었는데, 그 안에는 왕의 납골(納骨)단지와 함께 모두 80마리의 신수(神獸) 및 수많은 다른 상징들이 탑재되어 있었고, 모두 126개의 일산이 장례행렬에 동반했다. 126개의 찻 중 16개는 7층 형에 속했고, 90개는 5층 형, 그리고 20개는 3층 형이었다.

그 다양한 구성에도 불구하고, 이 일산들 모두 우주적 질서에서 하나의 공통된 기원을 갖는데, 층수의 차이는 왕실 및 종교적 계급제도에서 각기 다른 계급을 상징할 뿐이다. 중요한 것은 이 모든 것이 물을 배경으로 보여야 한다는 것이다. 왜냐하면 아유타야가 수도였을 때, 이 같은 행사는 강 위에서 거행되었을 것이기 때문이

[그림 143]
양쪽에 일산이 달린 배 모양의 보좌. 그랜드팰리스, 방콕.(Tom Chuawiwat 사진)

다. 어쨌든 이 사례에서 메루와 신수(神獸) 모두는 나가로 장식된 배 모양의 대차 위에서 운반되었다. 따라서 상징적으로 전체 행렬은 수생적이다.

찻의 다양한 용도 가운데, 다른 어떠한 의식도 궁정에서 신성한 행사의 거행 장소를 구분하기 위해 치루는 의식보다 우주적 의미에 가까운 것은 없다. 이 같은 행사에서는 수많은 찻이 경계의 주

[그림 144]
찻을 사용하는 궁정 의식 사례.(방콕 국립도서관 제공)

[그림 145]
멩위(Mengwi), 발리.

변과 안쪽에 설치되며 중앙에 설치되는 주(主) 찻은 11층으로 구성된다[그림 144].

이제 분명해진 것은 지붕으로부터 기단은 물론 경계 벽 등 왕궁 및 사원 건물 도처에서 열광적인 층 쌓기(tiering) 표현이 발견된다는 사실이다. 흥미롭게도 층쌓기는 발리 섬으로부터 중국 및 일본에 걸쳐 다른 지역에서도 닮은꼴이 발견된다[그림 145].

건축에서의 나가

태국의 풍부한 고전 건축용어 중 피할 수 없이 만나게 되는 '나가'는 건물의 여러 부분에 또 다양한 형태로 자주 등장한다. 지붕을 타고 흘러내리는 물이 갖는 우주적 함의 이외에도, 항해적 상황으로 표현하면, 해변에 부딪혀 뒤집어진 배에서 흘러내리는 물의 모습으로도 볼 수 있다. 어떤 경우든, 물이 지붕을 타고 흐르는 모습은 다음과 같은 태국의 건축적 특징들[60]을 만들어낸다.

- 낙람영(naak-lamyawng): 뱀모양의 박공널[그림 139]
- 낙-쌈루워이(naak-samruay): 위와 동일하나, 덜 뱀처럼 보이며, 일반 가옥의 박공에 적용될 때는 빤롬(pan-lom)으로 알려져 있다(제3장을 보라).
- 낙빡(naak-pak): 지붕마루 끝에서 마치 낮은 층으로 물이 떨어지기를 기다리고 있는 것처럼 머리를 세우고 있는 머리가 세 개 또는 다섯 개인 나가[그림 146].
- 낙브언(naak-buean): 모든 나가의 머리가 정면으로 배열된 점을 제외하면 위 낙빡과 같다.
- 라오(rau): 나가와 용 사이의 변종을 상징하는 지붕마루의 스투코 장식.
- 낙-싸둥(naak-sadung): 물결 같은 동작을 하고 있는 나가로서, 난간 및 담장을 포함 사원의 여러 부분에서 사용된다[도판 4].

물의 상징 나가는 워낙 광범위하게 사용되고 있기 때문에, 각기 다른 사용 사례를 일일이 모두 열거하는 것은 불가능하다. 예를 들어, 이것은 문, 창문, 기둥, 계단 등에서 발견되며(부처 스스로 나

60) Joti Kalyanamitra, Dictionary of Architecture and Related Arts(타이어), Electricity Generating Authority of Thailand, Bangkok, 1975, pp,413-18, 813

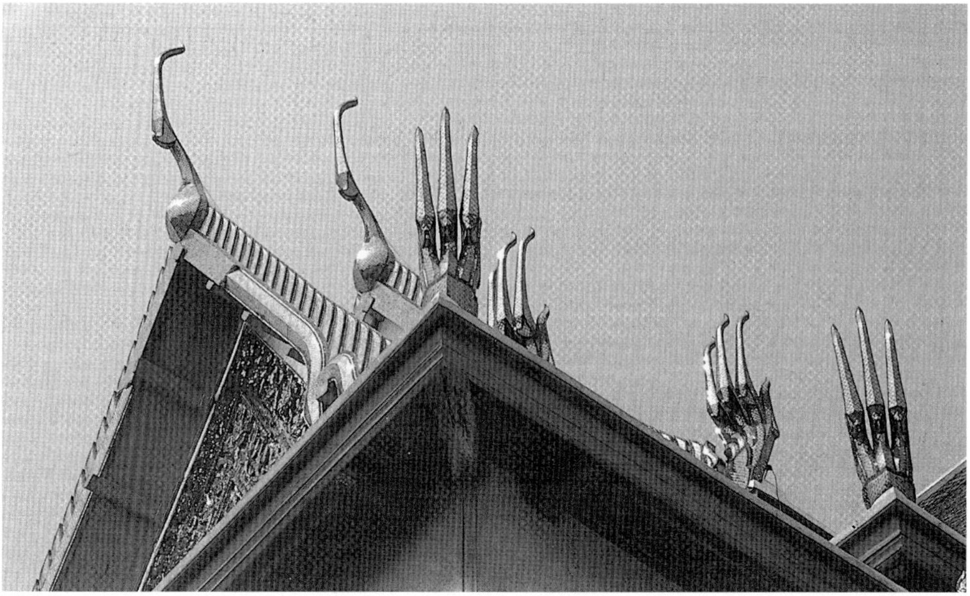

[그림 146]
방콕 전궁(前宮)의 불당 지붕마루 위 낙빡(naak-pak)이라 부르는 다두(多頭) 나가 장식.

가 계단을 타고 내려오는 모습이 보이는 [그림 147]을 보라), 북부의 왕자들이 보시할 때 사용하는 문장(紋章)처럼 생긴 나무 조각들(뚱끄라당. tung-kradang) 이외에도 다양한 건축 구성요소와 가구에서도 발견된다. 게다가 이 수생 생물은 몇 가지 변종이 있는데, 과거 언젠가는 육상 동물들이나 식물과도 합쳐 잡종을 만들기도 했다.

요약하면, 나가를 포함하여 태국 전통건축에서 사용되는 장식들과 상징들은 우주적이거나 수생적인 두 가지 범주에 속한다. 건축 장식에서 보이는 육상 동물들은 우주적 범주에 속한다. 마찬가지로, 조각 및 스투코 작업이나 칠기로 된 궤 그리고 불경을 담는 함 등에 널리 장식하는 잎사귀 무늬는 우주 4대륙 중 하나인 섬부주(贍部洲)의 신비한 숲을 상징한다는 점에서 우주적이다. 코끼리나 가루다(garuda)와 같은 다른 동물들도 우주적 기능을 갖는데, 왜

[그림 147]
왓프라씽, 치앙라이, 북부 태국. (Tom Chuawiwat 사진)

냐하면 이들은 우주의 다양한 곳에 거주하는 신들의 개별적 승용 동물이기 때문이다. 예를 들면, 코끼리는 인드라(Indra) 신의 승용동물이다.

건축 장식

수초인 연(蓮)은 고전 건축에서 적잖게 중요한 역할을 한다. 본질적으로는 수생이지만, 불교와 직접적으로 연관되는 연꽃잎은 이음매나 띠장식의 세공과 기단부나 주두(柱頭)의 다양한 의장 등 사찰의 여러 곳에서 발견된다. 그러므로 장식쇠시리(moulding. 몰딩)에 해당하는 타이어가 연꽃에 해당하는 말과 동일한 것은 우연의 일치가 아니다. 하지만 여기서 중요한 사항은 연꽃이 불당이나 탑의 기단을 장식할 때면, 전체적인 건축물이 물 위에 떠있는 느낌을 준다는 것이다.

최후의 그리고 아마도 가장 중요한 장식 하나가 순수하게 타이적인 건축물인지의 여부를 결정한다. 이것은 처화(chaw-fa)로 알려진 지붕끝장식(처화는 지붕의 용마루 끝과 박공널의 상단이 만나는 지점에 설치한다-역주)이다. 박공널의 상단에 설치되는 이 장식의 사용은 오직 왕실 혹은 종교적 건물로만 제한된다[그림 146]. 건물에 있는 연꽃잎, 장식쇠시리, 신수(神獸), 잎사귀 장식, 심지어 나가 등의 장식 요소나 상징 요소를 몽땅 제거한다 하더라도, 만일 처화 장식이 남아 있다면 건물은 그 전체적인 성격을 여전히 유지한다. 건물이 더욱 심하게 낡아 뼈대만 남아 있다고 하더라도 이 지붕끝장식에 위로 젖혀진 곡선 형태가 남아 있다면 건물은 여전히 시각적 완결성을 잃지 않을 것이다.

아무도 처화의 기원과 그 의미를 알지 못한다. 하지만 태국의 여러 곳에서 처화는 다양한 형태로 묘사되고 있는데, 그중에는 인식할 수 있는 일반적인 동물의 모습이나 여러 가지 해석을 낳게 할 수 있는 신수(神獸)의 모습이 포함된다. 이 장식에 대한 다양한 형태와 그 설명에 대한 목록은 다음과 같다.

(a) 나가를 잡고 있는 가루다: 메루산 정상에서 인드라가 뱀-구름과 싸우는 장면을 묘사하는 테마이다. 신화적 새인 가루다는 비쉬누(Vishnu) 신의 승용동물이자 상징이며, 비쉬누는 때때로 인드라의 복장을 한다.

(b) 신화적 백조(홍, hong): 미얀마의 건축에서 널리 보급된 의장요소. 미얀마인들은 이 장식이 사실 백조로부터 유래한 것이라고 말한다. 이것은 몬족의 상징인 항사(hamsa)로부터 유래한 것으로서, 항사는 브라흐마(Brahma) 신의 승용동물이다.

(c) 뿔 모양: 인도네시아 군도의 일부 전통가옥에서 발견된다.

(d) 닭 머리: 박공널 끝에 돌출된 용마루 장대의 모습에 대한 단순한 해석이다.

(e) 쟁기 모양: 다른 동남아시아 건축에서 유례를 찾아볼 수 없는 하나의 농업적 해석이다.

(f) 키(방향타): 용마루가 배 모양으로 되어 있는 중국과 수마트라 지붕에서 옛 자취를 찾을 수 있는 항해적 설명.

(g) 나가: 나가의 머리가 뚜렷하게 묘사되어 있는 많은 지붕장식에서 보인다. 덧붙여, 이 장식은 불교의 우주론에서 6개의 천계를 표상하는 상징이기도 하다.

이외에도, '처화'라는 단어가 '하늘의 꽃다발' 혹은 '천계'를 의미한다는 주장도 있다. 하지만, 처화의 '처(chaw)'는 문자적으로 볼 때 돌출된 어떤 것을 의미하는데 아마도 하늘로 돌출된 어떤 것을 의미한다. 태국 북부 지방의 방언에서 '처(chaw)'는 깃발을 뜻하기도 하는데, 따라서 이 단어에 다른 가능한 의미를 부여한다.

이 지붕끝 장식에 대한 모든 다른 변용과 해석들 중 나가가 가장 눈에 띈다. 그 모양이 추상적일 때조차도 용마루의 중앙에 종종 메루산을 표상하는 장식이 있어서, (나가로 상징되는) 물의 흐름이 박공널을 따라 아래로 떨어지기 전에 메루산을 출발하여 박공널의 상단에 도달한다는 사실을 감안하면, 이 지붕끝장식은 뱀의 머리임이 드러난다 . 이것을 나가로 해석하는 것이야말로 수수께끼 같은 처화의 진정한 기원이 지질시대(수상이나 수륙양서의 주거가 위주이던 제 4기 지질시대. 3장을 참고. -역주)와 연결되는 것과, 또 인드라가 뱀-구름을 죽이는 신화와 연결되는 것을 이해하게 된다.

만일 과정을 뒤집어 건물로부터 장식들을 하나씩 해체하여 지붕까지 도달하면, 용마루 끝 부분을 이루는 그 단순한 곡선들(처화의 곡선-역주)이 남는데, 이를 통해 수상 생활인들의 본성과 육지기반 요소들을 완벽하게 융합한 건축정신의 전형을 음미할 수 있다.

제5장

5 수상도시

"... 범람이 시작되면, 가옥들, 점포들, 마을회관 및 개집 등으로 구성된 전체 공동체는 자동적으로 물 위에 뜨게 되는데, 마을 사람들은 언제 그랬냐는 듯 무관심하다."

나코라와 나가랜드

'태초에 물과 하늘이 있었다.' 다양한 변형을 지닌 이 창조의 주제는 수메르, 그리스, 중국, 크메르 및 폴리네시아 등의 수많은 문명세계에서 반복적으로 나타난다.

고대 태국의 연대기인 '쑤완콤캄(Suwankhomkham)'은 태초(太初)에 대해 다음과 같이 묘사한다.

> 그 깝(Kappa, 겁 劫-역주)[고대의 시간]에 세상은 완전히 물에 잠겼다. 그 후, 팟타깝(Phattakappa)[현재]가 되자 물이 물러갔다. 세상의 지형 중 가장 높은 부분이 나타나 산지가 된 한편, 하부의 평원에는 여기저기에 강과 시내가 흘러 여전히 축축했다….[61)]

이어서 이 연대기는 육지가 형성된 후에 도시와 국가가 등장했다고 기록한다. 쑤완콤캄 지역에 관해서는 '짜오 씽온왓꾸만(Chao Singhonvatkuman)' 이라는 이름의 한 타이인 지도자가 사람들을 이끌어 그곳에 정착하게 하고, 기원전 675년에 낙판(Naakphan. 또는 Naakhen)이라는 도시를 건설했다고 전한다.

연대기의 정확성, 언급된 날짜와 장소의 정확성은 중요하지 않으나, 나가(Naakphan)족이 이 지역에 정착해 도시를 건설했다는 사실은 흥미롭다. 이 기록을 이해하려면 선사시대 나가족은 곧 수상족이었다라는 사실을 인식해야 한다. 왜냐하면 그 이름이 암시하듯, 마지막 빙하기말부터 연속적으로 이루어진 이주의 물결을 통해 '아시아 해안'의 다양한 지역으로 배를 타고 도착한 사람들이 바로 이들이기 때문이다. 따라서 그 이후에 등장한 일련의 나가랜드

---

61) Phraya Prachakijkorjak (Chaem Bunnag), Yonok Chronicles (The National Library Version), (inThai), Bangkok, 1961, pp. 4, 5 및 127.

(naga-land. 나가의 땅-역주)들은 수상(水上)국가를 상징하는 것이었다. 메루산과 마찬가지로 나가랜드는 이주를 끝내고 새로운 정착지를 건설한 사람들의 정신 속에 형성된 하나의 상징이자 개념이었다.

다른 기록물에서도, 동남아시아의 몇몇 도시 및 국가들은 똑같은 방식으로 배를 타고 이주해온 사람들이 건설했음을 전한다. 태평양의 서쪽 끝의 해상이주민들은 나코라(nakora, 말레이어) 즉, 선장의 지휘를 받는 엄격한 조직을 구성했는데, 그들이 뭍에 상륙해 정착하기로 결정했을 때 미성숙한 그들의 선상 정치 조직체도 육지위로 함께 옮겨졌다 .

필리핀 사람들의 마을인 바랑가이(barangay)는 이에 대한 명백한 사례로서, 바랑가이는 이 지역에 널리 퍼졌던 배의 형태를 가리키는 이름이다. 동남아시아 반도지역 및 도서부에 이슬람화가 진행됨에 따라 육지 정착을 진두지휘했던 선장들은 술탄이 되었는데, 나코라 사당(Nakora Saddang), 술루(Sulu), 따위따위(Tawi-Tawi), 브루나이 및 마닐라(Manila)의 술탄(Sultan)이 그 예이다. 그리고 17세기의 유명한 나코라였던 다잉(Daing)형제들은 1722년에 리아우(Riau)군도를 통치하게 되었고, 1745년에는 셀랑고르(Selangor), 페락(Perak) 및 케다(Kedah)의 술탄이 되었으며, 조호르(Johore)를 보호 하에 두었다.

따위따위에서 여전히 시행되고 있는 나코라 체제는 자연스럽게 나코라 선장, 부선장, 숙달된 항해사, 숙달된 지리전문가, 날씨, 바람, 해류, 조류 등 예측 전문가, 숙달된 목수, 수학자 및 여러 언어에 능통한 사람들로 구성된다. 폴리네시아의 선장과 마찬가지로, 나코라가 바다로 나가면 항해와 생존기술을 이용하여 구름의 움직임을 관찰하고, 해협을 통과하는 물체들을 살펴 해류의 세기를 파악하며, 파도, 물고기, 새, 곤충의 동향을 관측한다. 나코라의 옛 이름이 '대양의 왕'을 의미하는 랏자 라우타 라자라웃(Ladja Lauta-Rajah Laut, 말레이어)이었다는 점은 흥미롭다.

동남아시아의 반도지역 및 도서부에서는 나코라가 수상족, 그들의 국가, 그리고 정착지 및 바다 사이에 매우 뚜렷한 연결고리를 제공했던 것처럼, 내륙에 있던 아시아인들에게 있어서는 나가(naga)가 매우 신비롭고 상징적인 연상을 통해 그 같은 연결고리를 제공했다. 태국과 크메르의 신화에서는, 프라텅(Phra Thawng)이라는 최초의 군주가 프라낙(Phra Naak) 즉 나가 왕의 딸과 결혼함으로써 나라와 도시가 성립되었다고 전한다. 사위에게 왕국을 주기 위해, 프라야 낙(Phraya Naak. 나가 왕-역주)은 물을 들이켜 땅에서 물을 없앴다. 전설에 따르면 캄보디아는 이렇게 탄생되었다. 이 전설은 1297년에 중국사절단의 일원으로 앙코르톰에 왔던 초우타쿠안(Chou-Ta-Kuan)이 기록한 설명과 일치하는데, 이 설명에 따르면 여러 가지 형태와 크기로 된 많은 저수지가 있던 왕궁에는 나라의 모든 땅을 실제로 소유하고 있던 아홉 개의 머리를 가진 나가 여왕이 살고 있었다. 매일 밤 이 뱀은 여성의 모습으로 나타났으며, 왕은 이 뱀과 성교를 나누고 나서야 이곳을 떠나 다른 부인들을 돌볼 수 있었다. 만일 어느 날 밤 나가가 나타나지 않으면, 이것은 왕의 죽음이 임박했다는 확실한 징조로 받아들여졌다.

세대를 거쳐 재현된 프라텅과 나가 왕의 딸 간의 결합은 인간과 물 요소와의 관계에 대한 하나의 상징으로 간주될 수 있다. 사람들이 어디로 가건 이 상징이 뒤따르고 재현되었는데, 언급했던 것과 같은 전설 속 의인화에 의해서만은 아니고, 여러 의례 및 도시계획에서도 나타났다. 어쨌든, 이 같은 원초적 관계는 가장 작은 규모로부터 역사상 가장 큰 것들에 이르기까지 무수한 마을과 도시에 영향을 미쳤다.

크메르 도시계획

캄보디아와 태국에는 매우 크고 형식화된 고대 도시들의 좋은 사례가 많다. 특히 캄보디아에는 하나의 형식예술인 도시계획뿐만 아니라, 수상민족들과 그들의 해양적 과거간의 연결고리를 넘어 인간과 원초적 우주구조론 사이의 연결고리가 되는 상징주의가 존재한다. 크메르 도시의 상징은 사실상 바다와 산에 대한 종합적인 경험과 및 대우주 규모의 전체 환경이 요약된 것이었다. 현대의 설계자들이 설계를 위한 포괄적인 자료로 간주하는 것은 경제적, 사회적, 인구통계적, 지리적 그리고 기술적 데이터들인데, 고대의 크메르는 이를 더욱 확대하여 전체적인 우주를 다뤘던 것 같다. 당연히 물리적 요인이 중요한 역할을 차지하여 수력기술이 가장 중요했으나, 크메르의 도시는 현대의 설계자들이 다루는 물리적 요인들 이외의 또 다른 압박에 대응해야 했다. 요약하면 크메르 도시는 여러 요소들과 완벽하게 조화를 이루어야 했으며, 이를 달성하기 위해 도시는 궁극적인 대우주 그 자체의 리듬과 질서를 반영해야만 했다.

크메르인들과 그 전임자들이 자신들의 도시 건설 방식을 완성하기까지는 10세기가 소요되었다. 즉 옥-에오(Oc-eo)를 기반으로 했던 2세기부터 앙코르톰을 세 번째이자 마지막으로 건설했던 12세기까지의 기간이다.

우유부단함, 고지대와 물이 많은 지대사이의 빈번한 수도이전, 그리고 중앙의 산(메루산-역주)과 우주적 대양들을 통합하려는

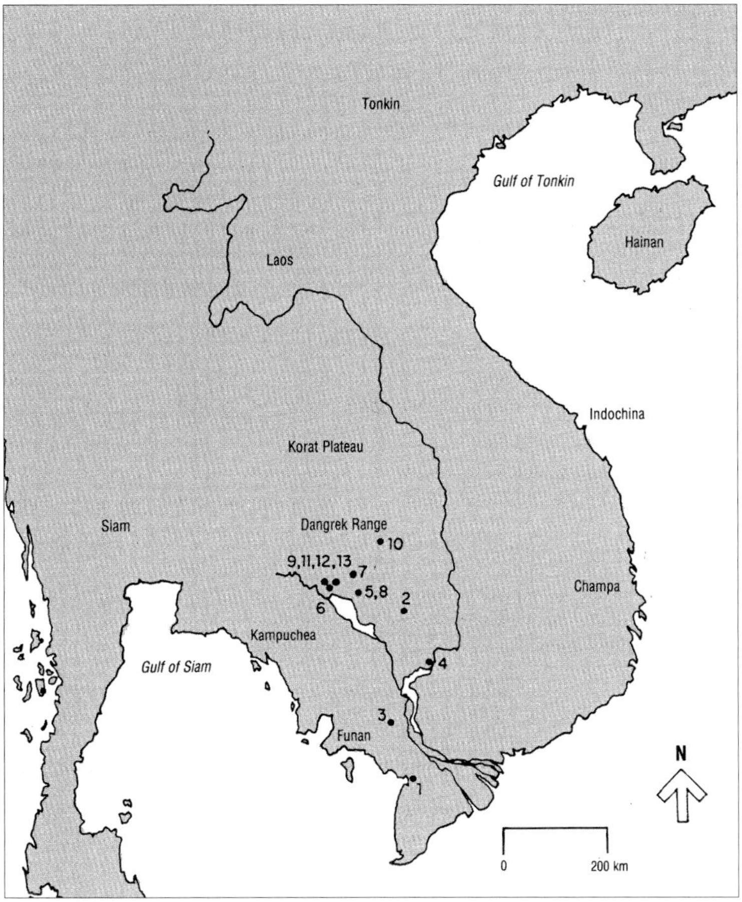

[그림 148]
크메르 수도들의 순서를 나타내는 지도.

[그림 149]
크메르 수도들의 순서를 나타내는 도형.

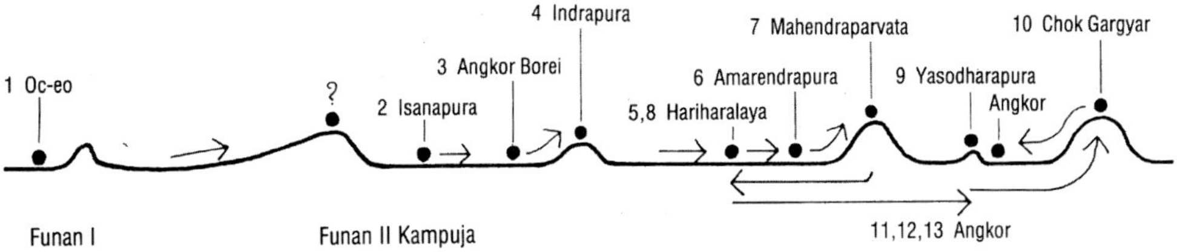

시도는 형성기[62]의 특징이었다[그림 148 및 149]. 자야바르만 7세가 12 세기말 그 자신의 독자적 형태의 앙코르(앙코르톰-역주)를 건설

62) 자세한 사항은 Sumet Jumsai, 'Mountain and Water, how cities strove for harmony by being macrocosmically planned', Ekistics, September 1975 참고.

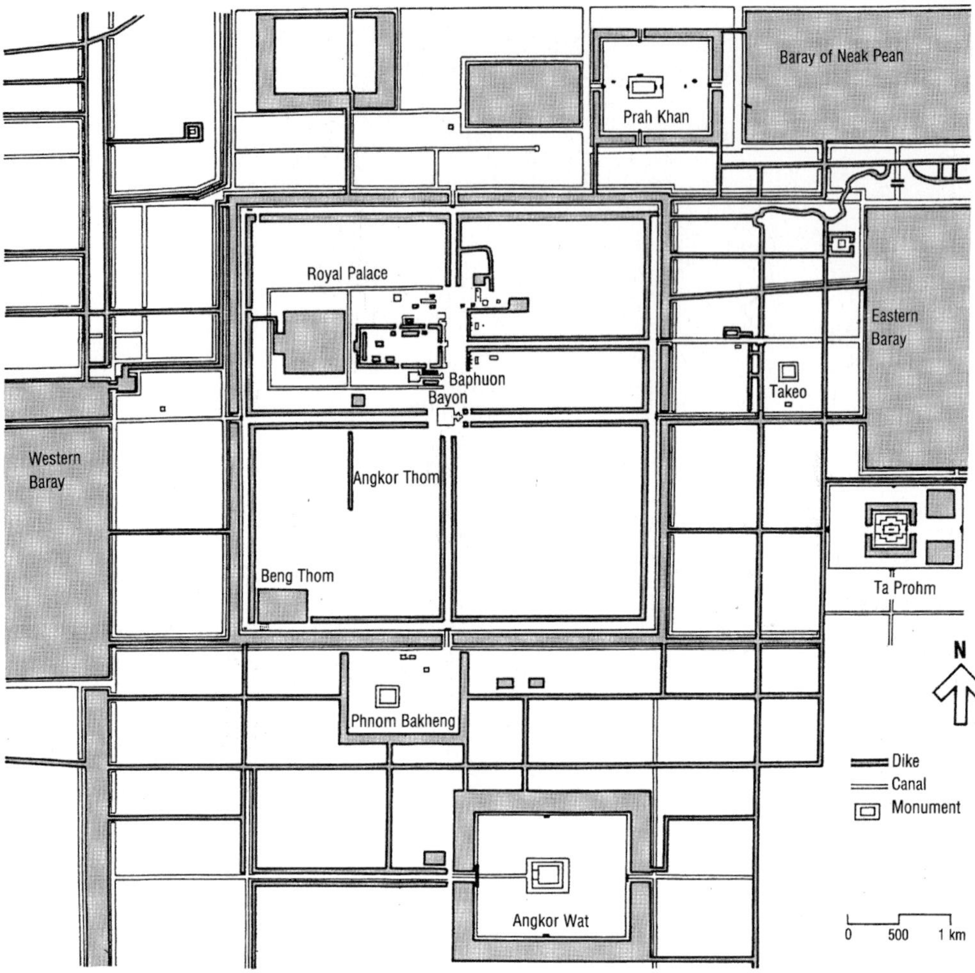

[그림 150)]
앙코르의 평면도

했을 때, 크메르의 고전적 도시계획은 이미 완성된 단계에 이르렀다. [그림 150].

중앙의 산-대륙(메루산-역주)인 바욘은 이제 대륙을 상징하는 제2의 첨탑들과 우주적 대양을 상징하는 인공저수지 바라이(baray) 및 이중 해자에 의해 장엄하게 둘러 싸였다. 우주적 대양의 위에는 다리가 놓여 있다. 이 다리 위에는 비쉬누의 대리인들이 나가를 끌어당기는 모습으로 유명한 난간이 있는데, 앙코르톰 전체를 영생의 우유바

[그림 151]
쑤코타이 모형. 그림의 상단이 북쪽이며, 바라이는 우측 상단에 위치(국립박물관, 쑤코타이).

다젖기 신화와 관련시키는 주제이다.

타이인들이 13세기에 크메르의 북서부에 독립 국가를 세웠을 때, 그들은 크메르의 전초기지였던 쑤코타이를 차지했는데, 가로 1400미터, 세로 1600미터의 크기를 가진 직사각형의 유적으로 남아있다[63]. 이곳에서 크메르의 유산을 증언하는 것은 쌀라 파댕(Sala Phadaeng), 왓 씨싸와이(Wat Sisawai) 사원 및 왓 프라파이루웡(Wat Phraphailuang) 사원이다. 이 셋 중, 왓 프라파이루웡 사원이 배치 및 전체적인 도시계획과의 통합 측면에서 가장 중요하다[그림 151].

쑤코타이의 지형은 대체적으로 서부 산지에서 동부 평원으로 경사를 이루고 있는 배수 패턴이 특징이다. 하지만 이 도시의 북동쪽 교외에서 연례적으로 발생하는 범람으로 인해 넘쳐난 물은 클렁매람판(Klong Maeramphan)이라고 하는 굽이쳐 흐르는 운하가 증명하듯이 북서쪽으로부터 배수가 된다. 이 자연적 배수패턴은 크메르의 도시계획과 맞았으며, 앙코르의 원리에 따라 하나의 거대한 바라이가왓프라파이루웡(Wat Phraphailuang) 사원의 동쪽 축 상

63) 최근 발굴은 성벽이 후기 태국시대의 것으로 보는 것 같다. 만약 이것이 사실이라면, 비록 태국의 도시계획에 대한 크메르의 영향이 확인될 수 있을지 몰라도, 이 크메르 도시는 여전히 아직 확실한 것은 없는 상태이다.

에 건설되었는데, 땅을 파낸 것이 아니라 자연스럽게 흘러가는 물을 땅위에 가두었던 다른 모든 크메르의 저수지처럼 제방을 쌓아 만든 것이었다. 직사각형의 제방들이 사원의 주변부까지 뻗어있었는데, 아마도 후대에 깊게 파낸 것으로 추정되는 현재의 해자들을 포함하고 있다. 다른 크메르 도시들과 마찬가지로, 쑤코타이에서도 바라이는 우주적 대양을 표상했다. 하지만 여기서는 사원을 둘러싸고 있는 직사각형의 해자가 사원에 같은 상징적 의미를 제공하였다. 그러므로 이 두 개의 수역들(사원의 해자와 동쪽에 위치한 바라이-역주)은 사원의 동서축을 형성하는 것 이외에도, 상호 완벽하게 보완했다.

과거에는 종종, 클렁매람판이 물길을 돌려 바라이와 북동쪽 해자들 및 운하들에 물을 공급했었으며, 이것은 항공사진을 통해 여전히 식별이 가능하다. 그 이후에는 다시 원래의 흐름을 회복하여 동쪽으로 흐른다. 그러나 또 다른 보다 작은 운하가 한 고대의 댐으로부터 도시의 남서쪽으로 흘러 남쪽 해자에 물을 공급하고, 도시 성곽의 남동쪽으로 물길을 돌려 클렁매람판과 합류했다.

제방을 쌓은 흔적들은 보다 뚜렷하게 나타난다. 두 개 혹은 세 개의 곧은 제방들이 바라이의 바닥(동쪽) 끝으로부터 떨어진 곳에 연달아 위치하여, 주요 제방을 통해 새어 나올 수 도 있었던 물을 가두어 물이 낭비되지 않도록 했었다. 하지만 다른 제방들은 형식 없이 배치되어있는데, 타이인들의 시대(타이인들이 건국한 쑤코타이 왕국 시대. 왓프라파이루웡은 크메르의 자야바르만 7세때 처음 만들어진 것으로 보인다-역주)에 시공되어 땅위의 물을 도시내부로 돌리는 수단으로서의 추가적 저수지 역할을 했던 것 같다. 이 제방들은 특별한 상징적 의미는 없었던 것처럼 보인다. 물론 이 도시의 북쪽과 남쪽에 위치한 고대의 제방 타논프라루웡(Thanon Phra

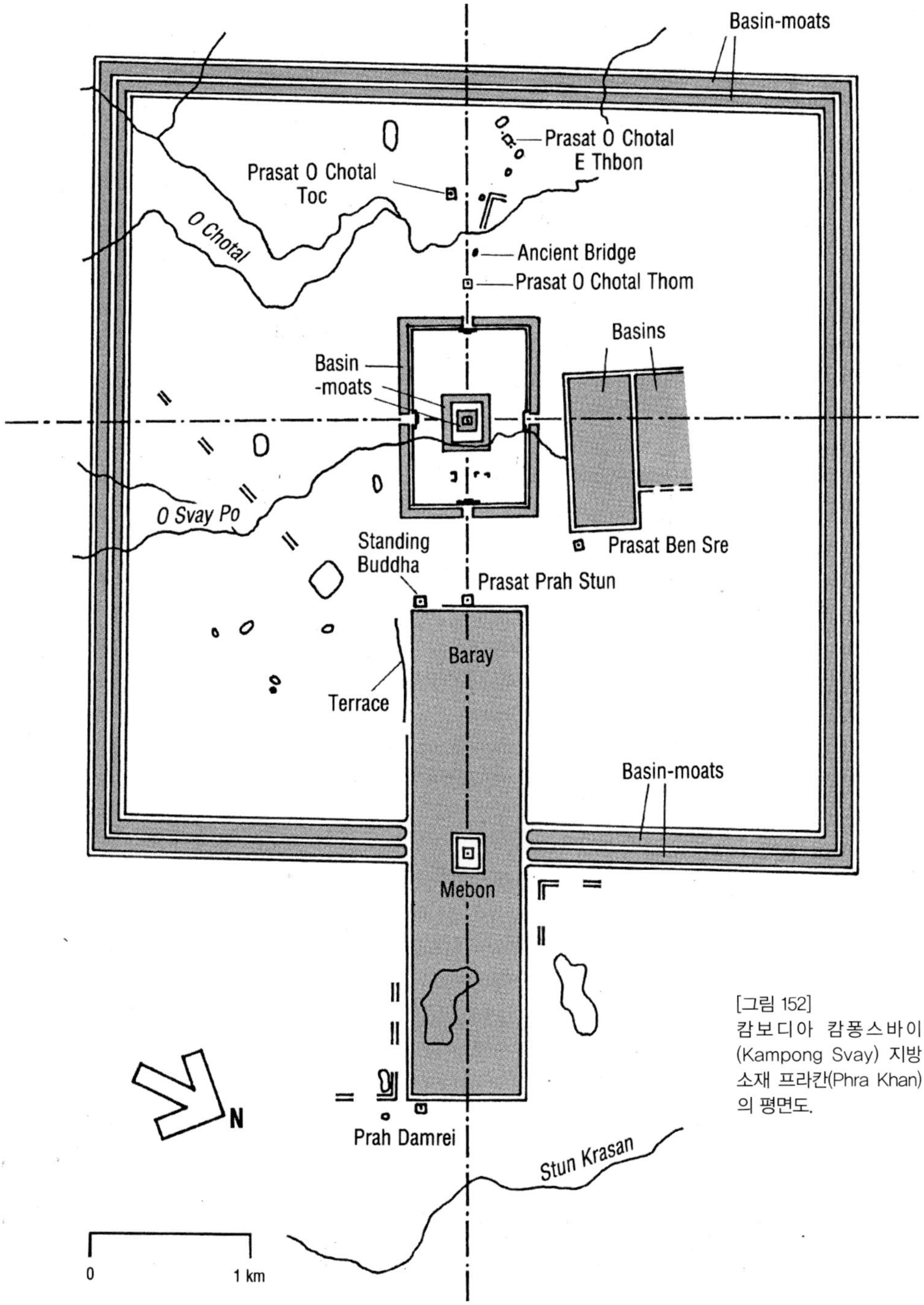

[그림 152]
캄보디아 캄퐁스바이(Kampong Svay) 지방 소재 프라칸(Phra Khan)의 평면도.

Ruang)이 도시 바깥으로 흐름으로써 어느 정도까지는 물길을 다른 데로 돌리는 수력적인 기능을 했던 것 같다.

왓프라파이루웡과 쑤코타이의 직사각형의 성벽들 간의 축상 관계(axial relationship)는 앙코르톰과 앙코르왓의 축상 관계와 유시하다. 이 유사성은 너무도 분명하여, 쑤코타이가 기본적으로 크메르의 도시라고 가정하지 않는 것이 어려울 정도이다. 게다가, 옛 태국 비문들이 도시 방어의 이상 형태로 제시했던 소위 3중 토벽들(tri-bur)은 앙코르톰 혹은 캄퐁스바이(Kampong Svay)의 프라칸(Phra Khan) 등에 있는 제방을 쌓아 만든 이중 해자들처럼, 두 개의 연이은 저수지 혹은 해자들을 포함하는 제방들이었음이 확실하다[그림 152]. 정확하게 대칭으로 놓이지 않은 4개의 성문들과 같은 이들 토벽들에서의 불규칙성들은 본래의 제방체계를 희생하여 만든 후대의 개조의 결과임이 분명하다. 도시를 둘러싸고 있는 이중 저수-해자(basin-moats)는 크메르의 도시상징론에서 대양들의 동심원을 표상했기 때문에, 쑤코타이에서도 이것이 같은 경우에 해당한다는 것은 의심할 이유가 없다. 유일하게 사라진 고리는 중앙의 산인데, 오늘날 이 위치를 차지하고 있는 것은 왓차나쏭크람(Wat Chanasongkhram)사원이다.

도시의 내부와 주위에 남아있는 석조 유적은 109개로 집계될 수 있는데, 비록 석조 유적의 규모면에서는 쑤코타이가 상대적으로 작지만, 숫자 면에서는 앙코르보다는 많다. 석조 유적을 제외한 도시의 나머지 부분은 틀림없이 목조의 왕궁, 주택 및 고상가옥 등으로 채워져 있었을 것이다. 유일한 증거이기는 하지만 넌쁘라쌋(Nern Prasat)이라는 토대석 위에 나무기둥을 고정시켰던 흔적이 남아있다.

크메르 도시의 타이화

쑤코타이에서 발견되는 건축물들은 이미 언급한 세 개의 크메르 건축물을 제외하면 모두 타이인들이 만든 것이다. 만약 좀 더 많은 크메르 건축물들이 존재했었더라면, 이 도시의 새로운 지배자가 그 위에 새로이 건축을 하였을 것이다. 사실 후대의 건축물들은 전체적인 도시계획과의 관계를 알아차릴 수 없을 만큼 흩어져 있다는 면에서 매우 다르다. 이 같이 자유로운 구도는 형식적이거나 육지기반적인 요소들이 부차적인 고려사항에 불과한 곳이나, 수륙양서적 사람들에게 전형적인 비형식적 배치가 육지기반적 요소와 공존하는 곳에서 나타난다. 마찬가지로 도시계획도 그 같은 융합의 산물이다. 그러므로 크메르인들이 그들의 도시에 대우주를 재현하는 웅대한 설계에 착수한 반면, 타이인들은 수륙양서적인 주택들 속에 자유로이 흩어져 있는 개별적인 건물들이 상징하는 그저 조각난 소우주들에 만족했었다.

타이인들이 쑤코타이에 있던 크메르의 도시체계와 처음 실제로 직면했을 때, 광범한 조건 속에서 생각하는 것을 거부했던 것이 또한 분명하다. 종전의 점유자들로부터 도시를 빼앗고 나자 광범하게 계획된 이 수력 도시를 어떻게 운영할 것인가가 문제가 되었다. 크메르의 도시를 작동시키기 위해서는 비나 홍수에 대한 정교한 기록, 평지와 등고선에 대한 조사, 수문 및 아마도 수관의 운영, 그리고 운하와 바라이에 대한 계속적 유지관리 등이 결정적 요소들이었다. 타이인들은 이 같은 것들을 다루는데 그저 실패했다. 이내 도시의 제방들은 무너졌고 바라이와 운하들은 흙이 쌓였으며 수문들은 사용할 수 없게 되었다. 이 수력적 도시조직은 정지되었다.

그러나 사람들의 타고난 유연성은 그들을 절망적 상황에 굴복하도록 하지는 않았다. 그들은 재빠르게 생존을 위한 대안을 만들었는데,

크메르의 엄격한 수력적 계획보다 앞서고 그들의 기질에 보다 더 잘 맞는 것이었다. 그들은 서로 연결된 수역들 대신에 엄청난 수의 작은 저수지들과 우물들을 파서 도시에 연중 물을 공급했다. 1978년에 모두 424개의 저수지들과 우물들이 밝혀졌으며, 조사가 진행되면 틀림없이 보다 많은 것들이 발견될 것이다.

수력학에 대한 타이인들의 무관심에도 불구하고, 물 요소는 사람들의 문화적 삶에 대해 지배적인 영향력을 계속 유지했다. 쑤코타이 시대동안 문학과 민간의 격언 분야에서 수생적 주제들에 대한 발전이 이루어졌는데, 특히 '프라루웡(Phra Ruang)의 잠언들'('배를 강력한 조류에 거슬러 세로로 놓지 말아라'와 다른 것들)은 유명하다. 러이끄라통(Loy Krathong) 축제도 이 당시 정기적인 행사가 되었던 것으로 추정된다. 게다가 현재까지 전해지는 이 도시에 대한 동시대의 묘사들 중 하나가 '왕의 바다(탈레루웡, Thalay Luang)'라는 명칭으로서, 매우 의미심장한 표현이다. 그러나 전체적으로 이 도시는 수생적인 정신을 가진 사람들에게는 너무나 육지기반적이었다. 그러므로 수도가 된지 150년도 지나지 않은 1378년에 왜 이 도시가 남부 범람원의 수상도시인 아유타야에게 굴복했는지 이해할 만하다.

태국의 고대 도시들

태국에는 크메르는 아니더라도 어떤 크메르적 특징을 보이는 수많은 도시와 정착지의 사례가 있는 것 같다. 태국의 고대 도시 형태에 대한 권위자인 티와 쑤파짠야(Thiva Supajanya)[64]는 항공사

64) Thiva Supajanya and Srisakra Vallibhotama, 'The Need for an Inventory of Ancient Sites for Anthropological Research in Northeastern Thailand', Southeast Asian Studies, Tokyo, September 1972, pp.284-97

진으로 확인된 약 900여개의 해자로 둘러싸인 장소들 중 상당수가 직사각형 또는 정사각형의 형태였고, 많은 경우 크메르의 전통적인 형태와 매우 유사한 바라이도 함께 발견되었다고 말한다. 모든 직사각형의 도시 형태가 고대 크메르인들에게서 기원한다고 말할 수는 없다. 유명한 사례가 태국의 북부에 있는 치앙마이(Chiang Mai)인데, 정사각형의 성곽을 지닌 이 도시는 앙코르톰과 앙코르왓의 조합처럼 가까운 곳에 정사각형의 담장을 설치한 왓쑤원덕(Wat Suandawg)이라고 하는 사원이 있다. 그런데 이 사원의 기원은 크메르 영향으로부터는 멀리 벗어난 시기인 1796년으로 거슬러 올라갈 뿐이다.

해자로 된 도시들이 가장 집중적으로 밀집되어 있는 지역은 태국 북동부 지방인데 지금까지 약 500개의 장소가 발견되었다. 이곳은 전통적으로 태국에서 가장 불모의 지역이자 가장 가난한 지역이지만, 이처럼 수많은 고대도시가 존재한다는 것은 이곳이 한때 동남아시아에서 가장 번성하고, 또 아마도 가장 인구가 밀집했던 지역이었음을 의미한다. 이 지역의 문화적 진화를 올바르게 이해하려면, 추가적인 연구가 필요하며, 이는 매우 거대한 주제가 될 것이다.

캄보디아와 가까운 태국의 북동부 지역은 직사각형이나 정사각형 모양의 해자로 된 도시들이 무수히 존재한다. 하지만, 이 지역은 아메바형, 타원형 및 원형[그림 153-156] 등 여러 다른 형태를 한 고대 정착지들도 존재한다. 그들 중 다수가 운하와 원시적인 제방체계를 가지고 있었는데, 부리람(Buriram)지방에 소재한 반싸부아(Ban Sabua)의 한 해자로 된 도시는 모든 장소들 중 가장 특별한 장소로서 전적으로 제방에 의존하고 있었던 것 같다. 그림 156을 보면, 약간 떨어진 산이 있는 쪽으로 오르막 경사가 있는 지형에 이 도시가 위치하고

[그림 153]
태국 북동부 싸꼰나콘 지방 소재 반치앙캄(Ban Chiangngam)의 직사각형 성곽도시.(방콕 Royal Survey Department 제공)

[그림 154]
태국 북동부 차이야품 지방 소재 컨싸완(Khon Sawan)에 있는 원형 해자 도시.(방콕 Royal Survey Department 제공)

있음을 볼 수 있다. 자연배수로와 나란히 있는 곧고 긴 제방은 물을 저장하고 범람과 토루(흙으로 만든 보루-역주)의 침식을 피하기 위해 쌓았던 것 같다.

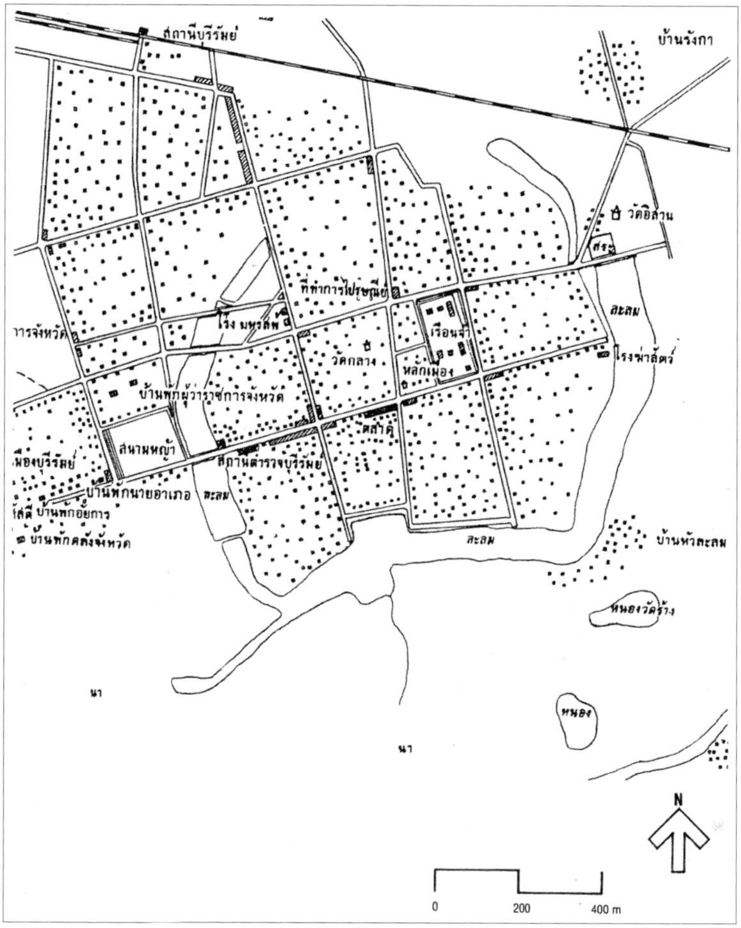

[그림 155]
1960년에 제작된 태국 북동부 부리람 지방 소재한 아메바형 도시의 지도.(방콕 Royal Survey Department 제공)

태국 북동부 지역에 있는 대다수의 도시유적들은 하나의 미스테리이다. 이 도시유적에 관한 설립, 역사, 인구 등에 대해 거의 알려진 것이 없다. 이 가운데 가장 흥미로운 것들 중 하나는 아메바 형태의 도시인 므엉화댓쑤원양(Muang Fadaed-sung-yang)이다[그림 157]. 탑들과 정교하게 조각된 쎄마(sema) 즉 성스러운 석조 표지들은 이 도시가 번성했던 곳이었음을 보여준다. 이 지방의 구전 역사에 따르면, 이곳에는 원래 화댓(Fadaed)과 쑤원양(Sung-yang)

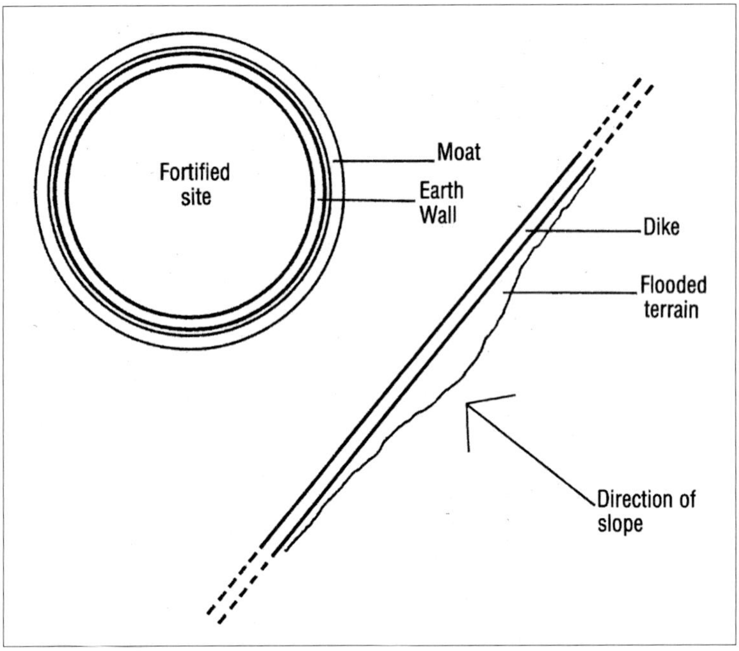

[그림 156]
태국 북동부 부리람 지방 싸뜩(Satuek) 반싸부아(Ban Sabua) 소재 보호용 제방이 있는 원형 성곽도시.

두 개의 이웃하는 도시들이 있었는데, 이들은 제방을 쌓아 만든 뒤틀린 직사각형 모양의 커다란 바라이를 공유했었던 것 같다. 운하망의 계속적인 확장으로 이 두 도시들은 서로 그물처럼 엮여 하나의 도시가 되었으며, 몇몇 운하가 해자 경계선 너머로도 뻗어 있었지만 도시 주변에 있는 논까지는 미치지 않았던 것이 분명하다. 이와 관련하여 의문이 제기될 수 있다. 이곳의 운하망은 물을 공급함과 동시에 배수로로 이용되었던 것일까 아니면 교통로이기도 했을까? 만일 후자의 경우라면, 왜 이 운하망은 다른 정착지들과 인근 빠오(Pao) 강과 연결되지 않았을까? 그렇다면 불모지인 코랏(Korat)고원 위에 수상도시를 창조하려 했던 수상족들의 시도는 아마도 실패였단 말인가?

태국 북동부의 이 해자 유적지들은 운하망이 훨씬 잘 발달된 먼 남쪽의 해안 삼각주 즉 충적 평야에 위치한 도시들과는 대조를 이룬다.

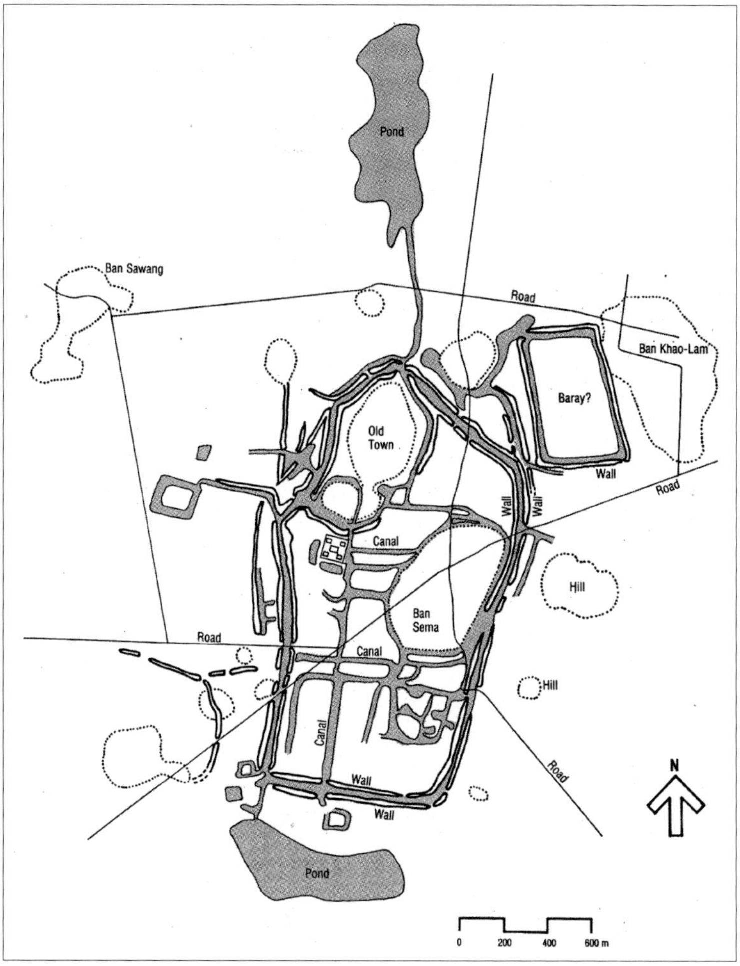

[그림 157]
태국 북동부 깔라씬(Kalasin)지방 소재 아메바형 도시 므엉화댓쑤원양(Muang Fadaed-sung-yang)

이에 대한 하나의 좋은 사례가 완만한 직사각형 모양의 도시인 방콕의 남서쪽 랏차부리(Ratchaburi) 지방 소재 반쿠부아(Ban Khubua)이다[그림 158]. 해자가 둘러싼 도시 내부와 서쪽에 인접한 지역 안에는 흙이 침적된 운하의 흔적들이 드러나는데, 아무렇게나 모든 방향으로 구불구불하게 나있는 운하망은 전체적으로 바다로 흘러 나가는 한 하천과 연결되고 있다.

[그림 158]
방콕의 서쪽 랏차부리 지방 소재 반쿠부아. 이 도시는 가로 575미터, 세로 2100미터의 규모이며, 해자 좌측의 한 지역을 포함하여 셀 수 없는 운하들이 교차하고 있다. 이 그림의 상단이 북쪽이다. (방콕 Royal Survey Department 제공)

소라(Conch)형 도시계획

상징적 동기가 분명한 크메르 유적들을 제외하면, 앞서서 언급한 사례에는 여전히 불가사의한 점이 남아있지만, 외견상으로는 자유로운 형태로 설명될 수 있을 만한 하나의 또 다른 범주가 있다. 이 범주는 '소라(conch)형 도시계획'으로 명명할 수 있다. 짬테위웡(Jamthewiwong)이라는 태국의 한 연대기는 7세기와 8세기 사이 하리푼차이(Hari-phunchai, 현대의 람푼, Lamphun)의 도시계획[그림 159]을 다루는 한 구절에서 이 특별한 양상의 도시 형태와 상징성을 언급하고 있다. 와쑤텝

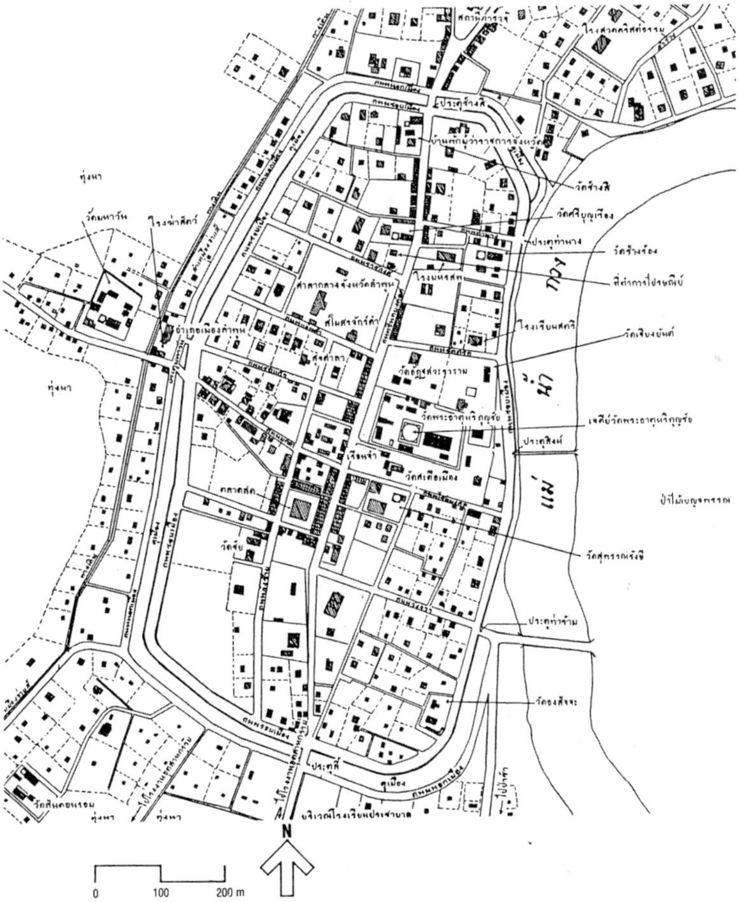

[그림 159]
1960년에 제작된 태국 북부 하리푼차이(람푼)의 지도.(방콕 Royal Survey Department 제공)

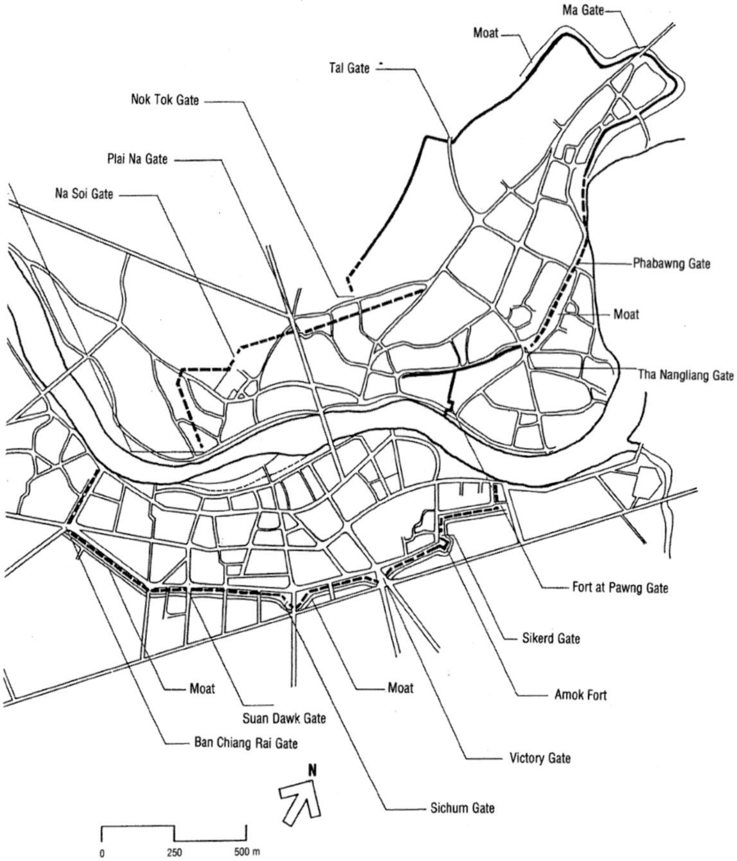

[그림 160]
태국 북부 켈랑나컨(람빵)의 평면도

(Vasuthep 또는 쑤테와 Sutheva)과 쑥까탄(Sukkathanta)라는 두 명의 수도자들이 이 도시의 공동 창건자들이자 설계자들이었다. 그들은 함께 이 도시의 가장 적합한 형태를 소라로 결정하고, 이와 관련해서 제 3의 수도자인 프라쌋차나라이(Phra Satchanalai)에게 소라를 공급해 줄 것을 요청했다. 소라는 때에 맞춰 바다 속에서 발견되었으며, 도시 건설 예정지로 가지고 와서 도시 형태의 윤곽을 그리는데 사용했다.

도시를 건설할 때 창건자들은 남쪽에서 유명한 짬테위(Jamthevi) 여왕을 초대하여 새 도시를 다스리도록 했다. 짬테위와 두 창건자들은 나중에 켈랑나컨(Khelangnakhon)이라 부르는 또 다른 도시를 건설했는데, 바로 오늘날의 람빵(Lampang)이다. 이 사례에서는 소라에 대한 직접적인 언급은 없으나, 켈랑나컨이 두 수도자들과 연관이 있고, 같은 연대기에서 이 도시를 하리푼차이와 비교하고 있기 때문에, 이 도시의 모양도 의도적으로 소라의 모양을 따라 설계되었다고 결론짓는 것이 합리적이며 실제로 이 도시는 소라를 꽤 닮았다[그림 160][65].

치앙마이의 창건자인 망라이(Mangrai)왕은 1296년에 치앙마이를 건설할 때, 쑤코타이의 왕인 람캄행(Ramkhanghaeng)왕과 파야오(Phayao)의 군주인 프라응암므엉(Phra Ngam Muang)에게 도시계획과 관련하여 자문을 구했다. 람캄행 왕과 프라응암므엉은 하리푼차이가 소라 형태로 설계되었던 사실을 숙고했었다고 전해진다. 그렇다면, 아메바 모양의 도시인 옛 치앙마이는 모든 가능성으로 보아 원래는 소라의 형태를 반영했던 것으로 가정해 볼 수 있다[그림 161 및 162].

새로운 도시를 건설할 때마다 자문을 담당했던 프라쌋차나라이(Phra Satchanalai)는 다른 두 수도자들보다 소라형 도시계획에 훨씬 능숙했던 것 같다. 그러므로 프래(Phrae)[그림 163]처럼 소라모양을 한 이 지역의 다른 도시들도 거의 확실하게 그의 자문을 받거나 그의 도시계획 이론에 영향을 받았을 것이다. 도시건설에서 소라의 중요성은 널리 확산되었던 것 같다. 아유타야의 경우에도 도시를 건설할 당시 가장 성스러운 사건들 중 하나가 소라의 기적적인 발견인데, 도시 예정부지와 정확히 일치하는 곳에서 발굴되었던 것이다.

태국에서 소라는 비쉬누 신의 화신인 나라이(Narai) 왕의 승리를 상징한다는 점을 잊지 말아야 하는데, 비쉬누 신은 우유바다젓

---

65) 싹랏타나차이편집. Sak Rattanachai(ed.), The Heritage of Lampang (in Thai), Lampang, 1969, Vol.1. p.28. 학자들은 도시계획에서 소라의 중요성을 주장하는 싹랏타나차이를 평가절하한다. 하지만, 도시의 기원에 대한 최근 연구의 주안점은 순수하게 물리적이며 경제적인 고려로부터 도시계획의 이면에 숨은 주된 동기의 하나로서의 신화론과 상징론으로 옮겨갔다.

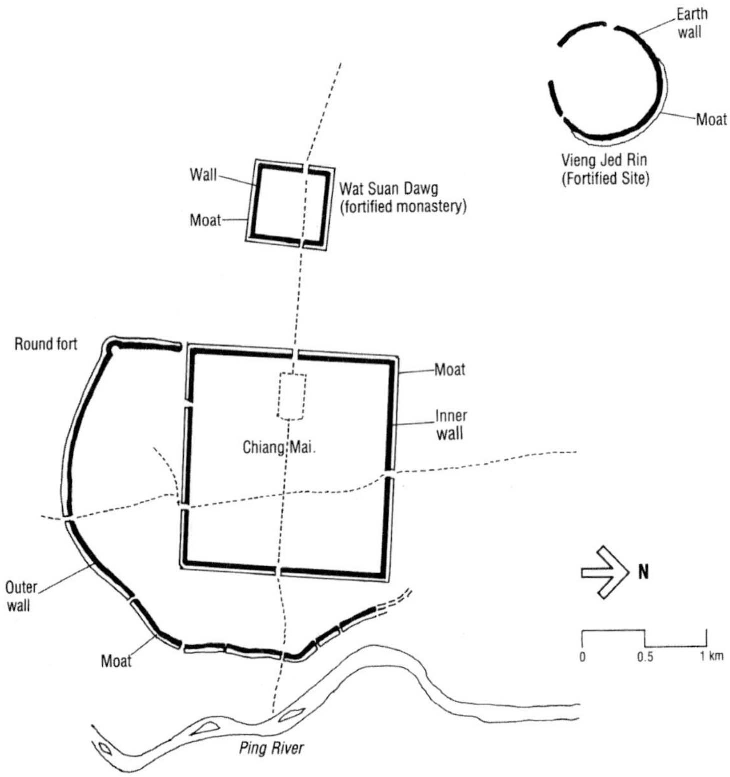

[그림 161]
치앙마이의 개략적 평면도

[그림 162]
치앙마이의 바깥 성벽에 있었던 원형 요새(1920년대에 W.A.R. Wood가 촬영한 사진)

[그림 163]
1960년 제작된 북부태국 프래의 지도.(방콕 Royal Survey Department 제공)

기 장면에서 등장하는 나가의 조종자이다. 소라 도시계획에서는 실제 도시건설의 유형적 부분을 엄격한 우주도형적 배치로부터 자유롭게 함으로써 원래의 우주구조로 되돌아가도록 하는 요소들이 탐지된다.

수반되는 의식에 관해서 좀 더 많이 알려지면, 이 특수한 형태의 우주적 도시계획이 보다 확실하게 증명될 것이다. 치앙마이의 해자가 건설된 방식을 간단히 설명하는 것도 충분할 것이다. 이것은 다음과 같이 정확한 순서로 이루어졌다. 첫째로 북동쪽 해자를 팠고, 다음으로는 남쪽을 팠으며, 그리고 정해진 방향으로 계속 팠는데, 이 결과, 수체(水體)가 궁극적으로 도시를 감싸는 완벽한 원을 만들었다. 순서는 성스러운 중심인 수미산을 나가가 시계방향으로 도는 탁씨나(thaksina)와 일치한다.

수륙양서적 정착지

전반적으로 지금까지 언급한 도시들은 크메르 또는 브라만 상징주의, 즉 히말라야 남부의 문화적 반향에 지나치게 의존하거나, 모든 수생적 잠재력을 만족시키기에는 너무도 건조한 환경에 놓여있었다. 하지만 태국 중부평원의 범람원에서는 달랐다.

해발 2미터에 불과한 태국 중부 평원은 본래 4개의 주요 강 유역들과 연결되는 복잡한 운하망인데, 이 강들 중 가장 중요한 강이 짜오프라야(Chao Phraya)이다. 우기인 5월에서 11월동안 호우로 육지가 범람한다. 게다가 북쪽에서 모인 빗물이 서서히 밀려 내려와 중부평원에 다다를 때면, 타이만(Gulf of Siam)의 바다는 최고 수위에 이른다. 이 두 가지의 일이 한꺼번에 벌어짐으로써 전 지역이 범람하게 되며 지역 전체를 사실상 하나의 거대하고 얕은 담수호로 만들어 버린다. 그러므로 사람들은 일 년 중 3분의 1을 물이 많은 환경 속에서 살게 된다. 그러나 건기에도 물은 여전히 엄청나게 중요하다. 여러 운하와 강에 저장된 물은 교통로 및 공급원이 되며, 특히 우기에 행하는 여러 활동에 필요한 에너지와 본능의 숨은 저수지 역할을 한다.

태국의 중부평원에 있는 정착지의 진화단계에는 수많은 가능성들이 존재했었다. 높은 지대에는 마치 네덜란드의 테르펜(terpen. 둑, 제방-역주)처럼 반던(ban dorn) 혹은 반넌(ban non)으로 불리는 마을들이 많이 모여 있기도 했으나, 대다수는 단순히 수면

가옥 공동체 또는 강이나 운하 옆 고상가옥 마을에서 살았다. 방(bang)으로 알려진 수상 정착지들 중 많은 수가 얼마 지나지 않아 수로의 양쪽으로 즐비하게 늘어선 모습으로 성장했다[그림 164]. 또한 다수의 수상 정착지들이 강의 한쪽 혹은 양쪽 둑 위에 길게 요새화된 도시들로 발전했다. 양쪽 둑 위에 세워진 후자의 경우에는 '갈라진 도시들(split towns)'로 불렸으며, 핏싸누록(Phitsanu-lok), 쑤판부리(Suphan Buri) 및 방콕도 어느 정도는 이 범주에 속했다[그림 165].

[그림 164]
방콕 부근 운하의 양쪽에 길게 늘어선 주거지들. (출처: 톰 추아위왓 사진)

완전히 수생적 성격을 지닌 수면공동체를 제외하고는 태국 중부평원의 정착지들은 항상 수륙양서적 성격을 띤다. 한 유명한 사례가 이례적으로 이중생활을 하는 한 도시의 사례이다. 즉 한쪽은 건조한 육지생활을, 다른 한쪽은 수상생활을 하는 도시이다. 방리(Bang Li)라고 알려진 이 도시는 쑤판부리 지방의 자연적 지반 침하지에 위치한

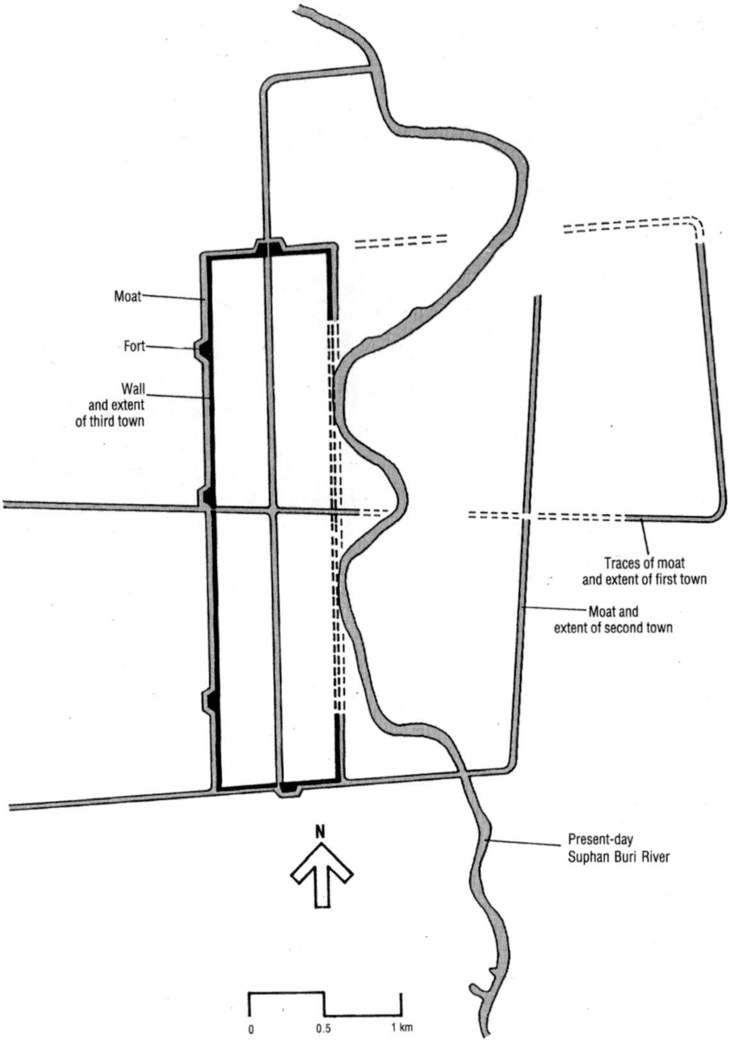

[그림 165]
쑤판부리의 평면도, 태국 중부.

다. 이 특별한 성격이 두 개의 건축 층위를 만들어냈다. 목조로 된 점포와 시장은 모두 상층에는 서로 연결된 상점가로 구성되어 있고, 지면 층에는 회랑을 이루고 있다. 건기에는 이 지역 여타 도시들의 모습과 다름없이 자동차들이 거리를 돌아다닌다. 범람기가 다가오면 주민들은 우기를 대비하기 위한 준비를 시작한다. 어떤 믿을 수 없는 본능에 따라 갑자기 그들은 모두 자신들의 소유물을 이층으로 옮기

며 얼마 지나지 않아 반드시 범람이 시작된다. 차들은 하룻밤 새 확연하게 사라지고, 대신 배들이 떠들썩하게 왕래하면서 일들은 평상시처럼 계속된다[그림 166]. 시장, 이발소, 약국, 식당 및 심지어 주유소까지 갑자기 위층에 나타나는 것을 보는 것은 잊을 수 없을 것이다. 주유소는 계속 기름을 제공하는데, 그 대상은 자동차가 아닌, 순서대로 기다리고 있는 수상 버스들과 롱테일보트들이다. 하지만 이제 곧 이 모든 것이 과거의 일이 되어버릴 것이다. 왜냐하면 현대화에 열중하고 있는 정부가 도시의 거의 모든 지역을 흙으로 채움으로써 그 독특성을 파괴해왔기 때문이다.

[그림 166]
태국 중부 쑤판부리 지방의 방리. 우기에 촬영한 사진.(Sangaroon R. Kasikorn 제공). 같은 곳의 건기의 모습인 그림 108과 비교해 보라

방리 주변 또한 흥미롭다. 정부가 현대화를 추진하고 있으나 아직은 전 지역의 현대화는 이루지 못했기 때문에 외딴지역이나 농가들은 여전히 수륙양서적인 성격을 지닌다. 심지어 물소 우리와 건초더미들조차도 복층으로 건축된다[그림 167].

[그림 167]
2층 건초더미. 쑤판부리 지방.(Tom Chuawiwat 사진)

[그림 168]
태국 남부 쑤랏타니 지방의 타카눈. 그림 102도 볼 것.

비교를 위해, 태국 남부 쑤랏타니 지방의 다른 수륙양서적 정착지를 언급하고자 한다. 이곳에 타카눈(Tha Khanon, Khirirat Nikhom)으로 알려진 옛 마을이 키리랏(Khirirat) 강을 따라 길게 뻗은 저지대에 위치한다. 매년, 몬순기간 중에는 강물이 강둑을 넘치고 타카눈은 10-20미터의 깊이까지 범람한다. 범람은 그 물이 빠질 때만큼 빠르게 갑자기 진행된다. 이 순환은 이 기간 중 여러 차례 반복되며 각 범람상태는 며칠에서 몇 주씩 지속된다. 이에 대처하기 위해, 주민들은 그들만의 고유한 주거지 설계방법을 고안해냈다. 그들의 목조 가옥은 땅위에 세운 기둥 위에 건축되지만 땅에 고정되지는 않는다. 가옥 밑으로 수백 개의 대나무들을 수평으로 엮어 매단다. 추가로 각 집은 20미터가 넘는 장대를 땅의 네 구석에 꽂는다. 집과 연결한 밧줄을 이 장대들에 매다는데, 멀리서 마을 전체를 보면 색다른 실루엣이 나타난다. 범람이 시작되면, 가옥들, 점포들, 마을회관 및 개집 등으로 구성된 전체 공동체는 자동적으로 물위에 뜨게 되는데, 마을 사람들은 언제 그랬냐는 듯 무관심하다[그림 168].

방콕의 남부 육지와 바다가 만나는 곳에는, 수많은 공동체들이 물 안으로 깊숙이 들어간 곳에 지은 튼튼한 수상가옥에 산다. 예를 들어 촌부리(Chonburi)는 한때 온전히 바다 속에 서있었던 꽤 큰 도시였고, 최근 들어서야 이곳을 지나는 간선도로가 생기면서 도시는 육지 쪽으로 이동했다[그림 169 및 170]. 이 같은 유형의 가장 좋은 사례는 태국 남부 팡응아(Phangnga) 지방 소재 빤이(Panyi)섬에 있는 마을로서, 지금도 여전히 볼 수 있다[그림 171]. 물론 이 모든 것은 서태평양 해양주거지 유형의 전반적인 그림과 꼭 맞는다. 민다나오 섬과 보르네오 섬 사이에 있는 캄퐁아예르(Kampong Ayer, 브루나이), 부트레스베이(Bootless Bay), 포트모스비(Port Moresby) 및 시탄키(Sitanki) 마을이 전형적인 사례들이다[그림 172].

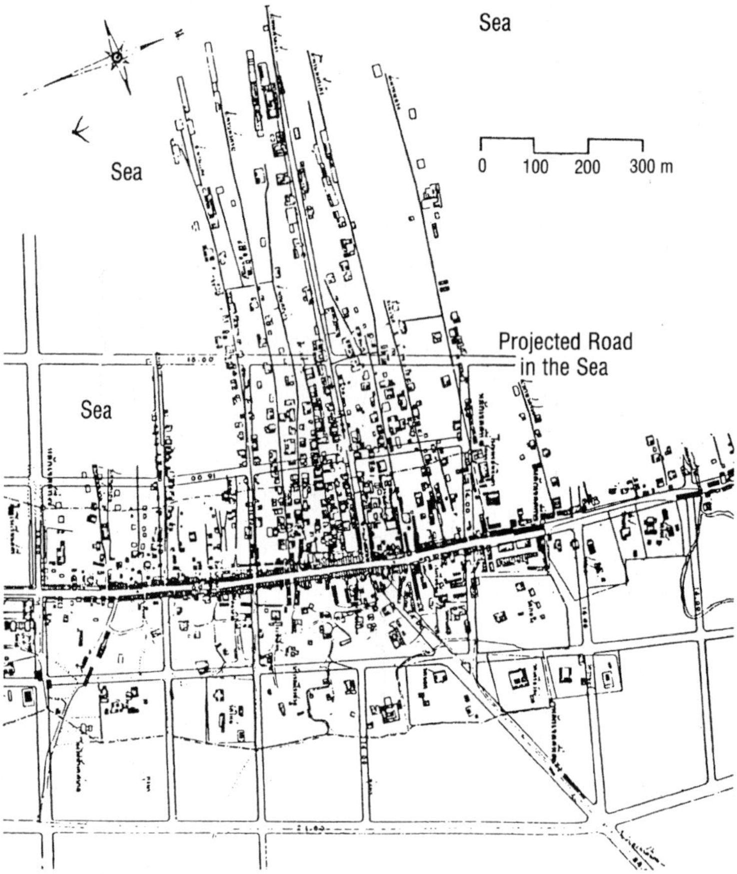

[그림 169]
1957년 추정 촌부리 평면도. (방콕 Public Works Department 제공)

[그림 170]
1980년도의 촌부리.

[그림 171]
태국 남부 팡응아 지방 소재 빤이 마을. (태국 관광청 제공)

[그림 172]
브루나이 캄퐁 아예르 (Sangaroon R. Kasikorn 사진)

아유타야의 상징적 시작

수상인들인 타이인들은 보통 바다에서 약간 떨어져 있는 강과 범람원의 좀 더 평온한 환경을 선호한다. 이러한 환경을 갖춘 아유타야는 1351년에서 1767년까지 태국의 중부와 남부지역 수도로서 역사상 제일 위대한 도시로 발전할 수 있었다.

아유타야에는 엄격한 크메르적 도시계획과 수력적 공사의 흔적은 없으며, 유일하게 인정되는 도시의 상징은 도시의 명칭과 신성한 도시의 기둥(lak-muang, 락므엉. 도시의 수호신을 모신 남근 모양의 기둥으로서 방콕, 아유타야 등 주요 도시의 중심지에는 락므엉이 설치된 사당이 있다-역주)이었다. 도시가 스스로를 지칭하는 그 장황한 형용사들의 목록을 보면, 'Krung Thep Dvaravati Sri Ayud-hya…'라는 긴 경칭(敬稱)에서 '끄룽(krung)'은 '운하 혹은 강'을 뜻하는 몬(Mon)어 끄렁(krerng)으로부터 나온 말이다. 이것이 의미하는 것은 누구든 강을 통제하는 자가 자동적으로 '짜오끄룽(Chao-Krung)' 즉 군주가 되며, '끄룽'만으로 왕의 보좌 혹은 수도와 동의어가 되었다는 것이다. 아유타야의 경우 이 도시는 비쉬누 신의 화신이자 수많은 태국 왕들의 이름이기도 한 라마(Rama)의 보좌가 있는 곳(라마야나 Ramayana 신화에 따르면, 아유타야는 비쉬누 신의 화신 라마가 다스리는 왕국의 수도 이름-역주)이므로 이것은 우주적 함의를 지닌다.

도시명 이외에도, 또 다른 중요한 도시상징은 신상한 도시의 기둥이다. 이 기둥은 나무 기둥으로서 도시나 마을의 중앙에 세운다. 이것은 정령신앙으로부터 기원한 것이지만 형태적으로는 시바(Shiva) 신의 링가(linga. 시바 신 숭배에 사용하는 남근상으로서 시바 신을 상징한다-역주)와 유사하며, 층층으로 정교하게 조각된 이 기둥은 수면가옥들을 확실히 묶어두기 위해 강에다 고정하는 기둥과 같이 전 공동체의 중심축으로 기능했을 것이다.

우리가 살펴 본 일련의 우주적 상징들이 바다나 하천에서의 수생적인 기원과 관련된다는 점을 염두에 두면, 우리는 아유타야의 왕권이 시초부터 이러한 표상(表象)들로 둘러싸여 있다는 점을 알 수 있다. 우텅(Uthong) 왕이 1351년에 아유타야를 건국하기 이전에, 아요타야(Ayodhya)라는 보다 오래된 도시가 11세기부터 인근 지역에 이미 존재하고 있었다. 아요타야는 1323년에 창건된 대형 사찰 왓파난층(Wat Phanangcherng)의 뒤에 위치한 지역으로 추정되는데, 이곳에서 광대한 운하망과 가로 300미터 세로 860미터 규모의 바라이의 흔적이 발견된다. 1307년에 프라야끄랙(Phraya Kraek)이 아요타야의 왕이 되었다. 이 사례에서는 인드라 신이 도움을 주고 왕위의 상징물들을 제공했다. 아요타야의 다른 군주들은 강 위에 왕실 의장선을 띄워 왕위계승자 앞에서 경사스럽게 멈추게 하는 의식을 거행함으로써 보좌에 올랐다. 하지만 우텅 왕의 즉위 시에는 우주적 상징과 실제의 해양배경이 동시에 반영되었다. 지역의 왕가와 혼인을 한 우텅은 중국의 해상무역상 출신으로 타고난 뱃사람이었다[66]. 넝쏜(Nong Sno)라고 부르는 한 호수에 '새로운 도시' 아유타야를 세우고, 또 여기서 소라(conch)를 발견했을 만큼, 시작부터 해양적 또는 수생적 표상이 가득했다. 이 때 새 왕은 수많은 기적을 행하였는데, 그 기적 중 하나가 새 왕이 나가를 죽였던 일이다. 물론 이 행위가 은연중 암시하고 있는 것은 인드라 신이 메루산 정상에 걸려있던 뱀-구름을 살해한 일로서, 단순하게 해석하더라도 이 상징은 새 왕이 호수의 물을 빼내 새 도시를 건설할 수 있게 되었다는 것을 의미하였다.

66) Charnvit Kasetsiri, The Rise of Ayudhya, A History of Siam in the Fourteenth and Fifteenth Centuries, Oxford University Press, Kuala Lumpur, 1976. 특별히 4장을 보라.

아유타야의 도시계획

아유타야를 세울 때, 새 부지는 롭부리(Lopburi) 강의 유(U)자형 만곡부 안쪽 3면이 둘러싸인 곳이었다. 나머지 한 면도 3.5킬로미터 길이의 운하를 파서 강물과 연결함으로써, 도시는 평균적인 단면도 상 가로 4킬로미터 세로 2.5킬로미터 크기의 섬으로 바뀌었다[그림 173 및 도판 18]. 아유타야의 평면도는 많은 다른 도시들의 평면도처럼 정적이지 않았다. 계속된 운하건설은 변화무쌍한 패턴을 만들어냈는데, 자연적인 물길과 직각을 이루거나, 아무렇게나 설계된 옛 운하들과 흙이 침적된 운하들을 대체하기 위해 새로운 운하들을 계속 만들었기 때문이다. 그러므로 최후로 재구성된 평면도는 어느 특정시기의 도시를 나타내는 것이 아니라, 4세기 이상 축적된 확인 가능한 모든

[그림 173]
1726년에 프랑수아 발렌틴(Fran ois Valentyn)이 발간한 아유타야 평면도. 17세기 중엽의 한 도시평면도에 따라 작성된 것임.

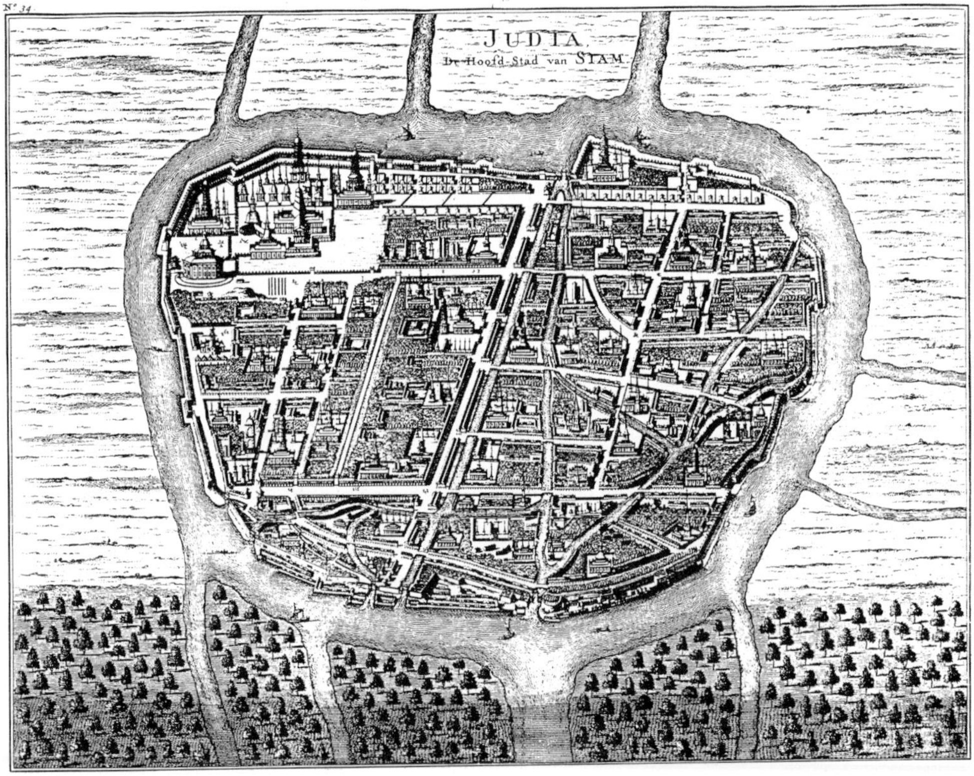

거리, 운하 및 건물 전체를 나타낸다[도판 19].[67]

이 평면도에서 다음과 같은 통계가 나타난다. 궁궐의 성벽을 제외하고 도시의 성벽은 대략 12킬로미터 길이이고 17개의 요새를 갖추고 있었다. 왕궁은 7개의 요새를 갖추고, 3개의 전궁(前宮. Palace to the Front)이 있었다. 도시에는 거의 100개에 달하는 문이 있었고, 왕궁을 포함하면 이 숫자에 최소한 22개가 더 추가될 수 있으며, 이 중 약 20개가 배가 드나들 수 있는 수문들이었다. 성곽 안의 운하들은 길이가 56.4킬로미터였고, 운하 위에는 약 28개의 교량이 설치되어 있었다. 많은 교량들이 배들이 통과할 수 있도록 벽돌로 높게 만든 아치형이었으나, 홍토로 만든 교량도 한 개가 있었고, 도개교((跳開橋)도 하나가 설치되어있었다. 이 도면 범위 내에 위치한 근교까지 포함하면, 전체 운하망은 140킬로미터가 넘는 것으로 측정되었다. 강둑을 따라 따로 만든 운하들은 강물의 조류에 영향을 받지 않아 상류로 이동하기에 이상적인 뱃길이었다. 이와는 대조적으로 벽돌로 포장한 아유타야의 도로는 61킬로미터에 달했다. 이 도로들은 성곽 안에서 시작하고 끝나므로, 육상교통이 얼마나 제한적이었는지를 보여준다. 도시구역 내부와 주변에는 550개에 달하는 유적지가 있었는데, 대부분이 사원이며, 왕궁, 전궁, 후궁(後宮. Palace to the Rear) 및 공공건물도 포함된다[그림 174].

수생적 성격에 맞게 아유타야의 운하들은 건기에 물을 저장하기 위해 수문에 설치한 낮은 댐들을 제외하고는 수력적 중요성을 띠고 있진 않았다. 우기에는 물이 댐 위로 범람했다. 우기에는 운하 이외의 지역에서도 배들이 쉽게 운행될 수 있을 정도로 도시가 물에 잠겼

67) Sumet Jumsai, 'The Reconstructed Plan of Ayudhya', In Memoriam Phya Anuman Rajadhon, Siam Society, Bangkok, 1970, pp.301-14

[그림 174]
왓마하탓(Wat Mahathat).
아유타야.

다. 가옥들은 기둥 위에 설치되어 있었기 때문에, 연례적으로 발생하는 범람은 대다수 사람들에게는 하나의 축복이었다.

몇몇 외곽의 운하들이 당초 이 도시를 인근의 서로 다른 두 강인 빠싹(Pasak)강과 짜오프라야강에 연결하기 위해 건설되었다. 하지만, 막상 벌어진 일은 강들이 완벽하게 흐름을 바꾸어, 아유타야는 세 개의 주요 강들의 합류점에 위치하게 되었다. 이 우월한 입지적 조건 덕분에 아유타야는 대규모의 식량생산지역이 되었을 뿐만 아니라 북부의 도시국가들과 외양(外洋)에 대한 통제권을 확보했고, 이에 따라 남부 반도지역(도서부) 및 인도와 일본 간 무역에 대한 통제를 행사할 수 있었다.

아유타야는 16세기부터 '동양의 베니스'로 유럽인들에게 알려졌다. 그러나 여기에는 명백한 차이점이 나타난다. 베니스의 존재는 순전히 인간의 의지로 형성된 반면, 아유타야는 인간의 의지 못지않게 자연 그 자체가 만들어낸 산물이다.

프랑스의 슈아지(Choisy) 신부는 그가 1680년대에 목격한 수생적 장면을 다음과 같이 요약하였다.

"우리는 도시 밖으로 산책을 갔다. (중략) 나는 세느(Seine)강보다 세 배나 크고, 프랑스, 영국, 네덜란드, 중국, 일본 및 태국의 선박들과 약 60여명의 노잡이들이 노를 젓는 화려한 의장선들이 떠있는 강물로 둘러싸인 이 거대한 섬 도시에 감탄했다. (중략) 그러나 감탄을 넘어서는 것은 여기저기에 흩어져 있는 목조로 된 수상가옥에 거주하는 수많은 종족과 버팔로, 소, 돼지 떼가 서식하는 교외의 마을들인데, 이것은 마치 물 위에 떠 있는 것처럼 보인다. 도로의 기능을 하는 수로에는 항상 신선한 물이 흐르며, 물은 육안으로 볼 수 있는 곳까지 흘러가서 큰 나무들과 수많은 사람들이 거주하고 있는 가옥들 사이사이로 사라진다. 이 마을들을 조금만 더 지나면 배로 지나다니는 논들이 있다. (중략) 끝없는 수평선 아래로 금빛 첨탑들과 불탑들의 모습이 비친다. 내가 당신에게 이 아름다운 광경을 제대로 묘사하고 있는지 아닌지는 모르겠다. 하지만 나는 불탑을 제외한 모든 것들이 수수한 자연의 일부인 이 광경보다 더 아름다운 것을 본적이 없다[68]."

아유타야는 태국의 수륙양서적 특징이 궁극적으로 표현된 도시이다. 그러나 이 도시는 광범위하게 흩어져 있고, 지리적 중심지가 없었다는 점에서 역설적으로 하나의 반 도시(反 都市, anti-city)이다. 전성기 때 아유타야의 인구는 약 100만 명에 이르렀을 것으로 추정되는데, 도시의 내부뿐만 아니라, 도시의 외부에도 상당수의 인구가 거주했다. 외부의 적이 포위했을 때만 사람들은 도시의 내부로 모였다. 건축적으로는 어떤 건물도 하나의 단일한 초점을 제공하지 않는다. 앙코르 톰의 경우와는 달리 왕궁조차도 강과 이웃하기 위해 지리

68) Abb de Choisy, Journal u Suite du Voyage de Siam en forme de lettres famili res…, Amsterdam 1687, entry for 27 October. 저자번역.

적 중심지와는 떨어져 위치하는데, 이것은 후대인 방콕의 경우를 포함해서 다른 도시에서도 잘 확립된 관행이다. 물론 인상적인 사찰들과 쩨디 탑들이 있었지만, 어느 것도 중심적인 메루 산이라고 할 만한 것은 없었다. 그러므로 하나의 고정된 중심 대신에 아유타야는 도시의 여기저기에 흩어진 쩨디 탑들에 의해 표상되는 수많은 메루 산들이 특징이었다. 슈아지가 목격한 것은 사실 우주적 모형이 전국에서 가장 강력하게 집중된 곳이었다.

슈아지 신부가 보지 못하거나 깨닫지 못한 것은 종횡으로 건너다녔던 물이 도시의 요새였다는 점인데, 왜냐하면 연례적인 범람으로 형성된 아유타야의 침수지역은 방어를 위한 가장 중요한 수단이었기 때문이다. 유럽의 한 목격자는 다음과 같이 말한다.

> "이 도시는 난공불락이라는 장점을 가졌다. (중략) 포위가 수개월 지속되어도 충분히 견딜 수 있을 만큼 강하게 느껴졌다. 이 도시는 6개월이 지나도 실패하지 않는 확실한 안전장치를 가지고 있는데, 강이 넘치면 어떠한 전선도 유지될 수 없으며, 어떠한 주둔지라도 틀림없이 제거될 것이기 때문이다.[69)]"

1549년과 1592년 사이 여섯 차례의 미얀마군의 포위공격이 있었는데, 이에 대해 기록한 17세기 유럽인의 보고서에는 꽤 엄청난 규모를 언급하고 있다. 30만 명부터 90만 명의 병력이 순서대로 동원된 다섯 차례의 출정은 물의 범람 때문에 결국 퇴각하지 않을 수 없었다. 1564년에 전개된 출정은 명백하게 90만 명의 병력이 동원되었었다.

69) Jean Albert de Mandelslo, Voyages C l bres & Remarquables Faits de Perse aux Indes Orientales…, Amsterdam, 1719, pp.308, 9

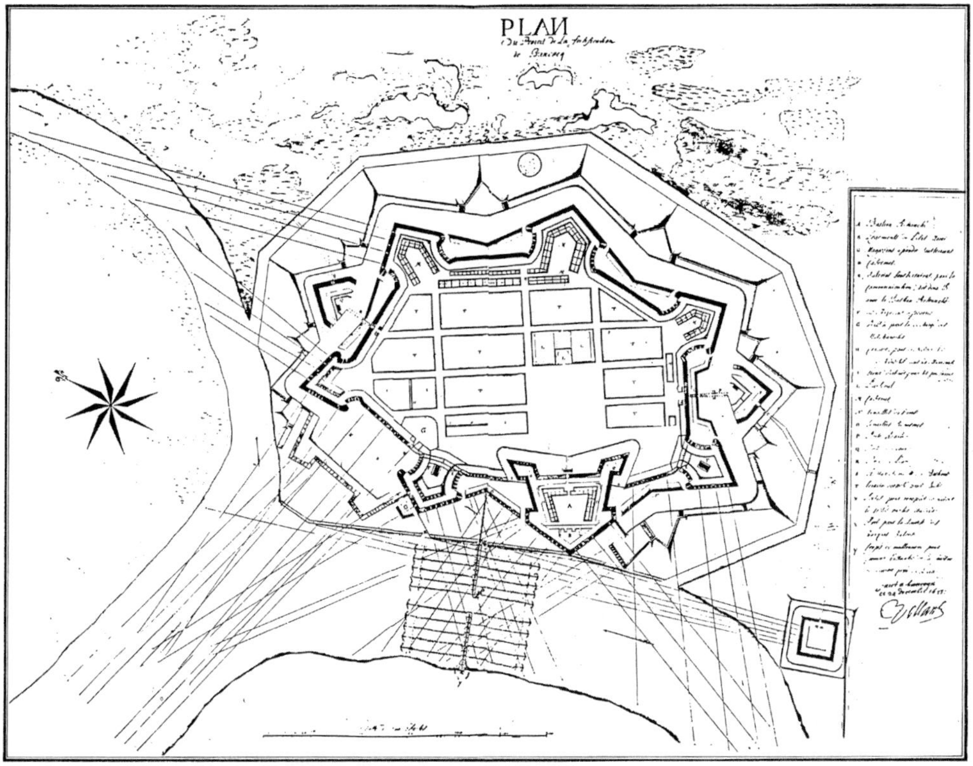

[그림 175]
1687년에 프랑스 엔지니어 볼렌트(Vollant)가 그린 방콕의 설계 평면도 (Service historique de la Marine, Château de Vincennes; recueil 62; carte No. 85 제공)

"그 강이 약 120마일에 걸쳐 그 나라를 범람한 후 3개월이 지날 때까지 태국의 왕은 정치적 지연책을 찾으면서, 겉으로는 계속 공격을 가하는 체 했다. 그의 이 연례적 범람 이후, 일부는 익사하고 일부는 타이인들(이 전리품을 위해 배에 타고 있던)에게 넘겨져 도륙 당해야 했었는데, 그 엄청난 군대 중 7만 명만이 마르토반(미얀마)으로 귀환했다…[70)]"

하지만, 1569년의 포위공격에서는 미얀마 군의 숫자가 140만 명에 달했던 것으로 알려졌다. 이 공격은 24개월간 계속되었는데, 내

70) Samuel Purchas, Purchas his Pilgrimage, or Relations of the World and the Religions…, 3rd. ed., London 1617, p.558

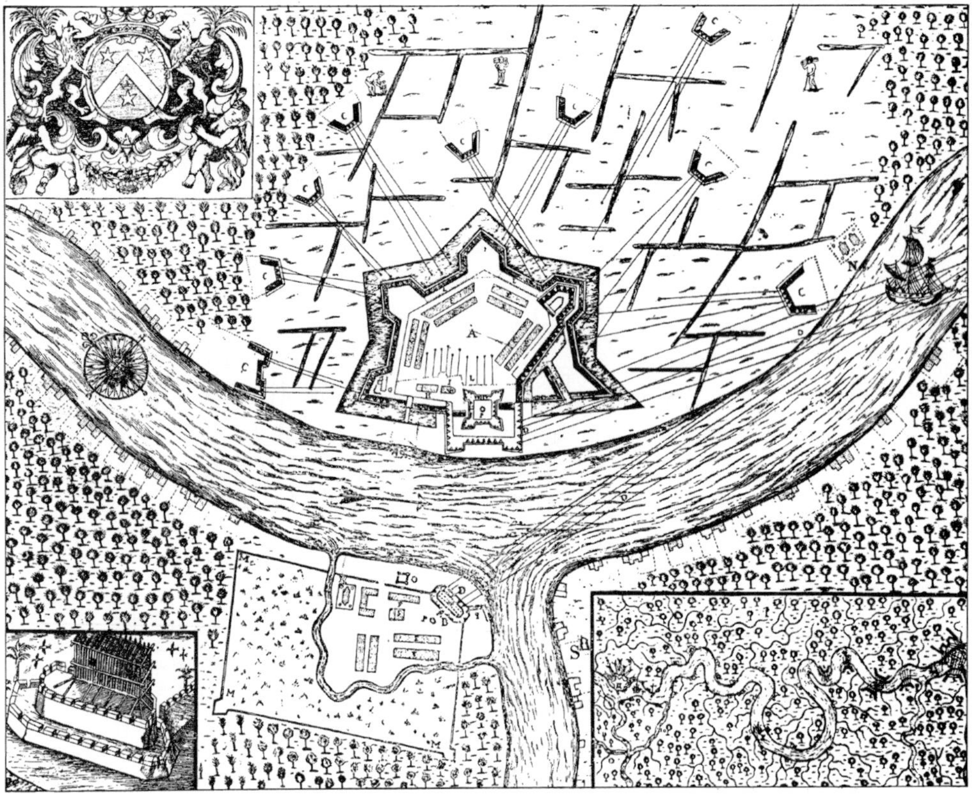

[그림 176]
17세기 후기 프랑스에서 제작한 강둑 왼편에 위치한 방콕의 평면도. 이 평면도는 1688년에 프랑스인들이 점령한 방콕 요새에 대한 타이인들의 공격을 보여준다. (방콕 Royal Survey Department 제공)

부에서 적을 위해 문을 열지 않았다면, 아유타야는 난공불락으로 남았을 것이다.

17세기에 프랑스의 엔지니어들이 별모양 혹은 보방(Vauban) 스타일의 두터운 요새 건축에 참여했던 때가 있었는데, 특히 눈에 띠는 사례가 아유타야 바로 북쪽에 위치한 롭부리, 남쪽에 위치한 나컨씨리탐마랏, 그리고 방콕의 요새이다. 이 중 방콕 요새의 평면도는 1687년에 제작된 것으로서 방콕 최초의 기본설계도이기도 한데, 보방 요새가 철저히 둘러싸고 있는 하나의 꽤 큰 공동체를 보여준다[그림 175]. 결국 1688년에 프랑스인들은 조금 더 작은 규모의 요새를 그곳에 건설했다. 여기서 흥미로운 것은 타이인들이 물의 역할을 프랑스인들을 공격하기 위한 역할로 바꾸어 놓았다는 점이다. 이 사례에서, 타이인들은 요새를 포위하듯 거미줄과 같은 운하망을 파고, 태국 군대를 위한 포격 위치들과 병참로를 확보했다[그림 176]. 공격은 성공리에 끝나, 협상을 통해 프랑스인들을 철수시키고, 요새를 철거했다.

짜오프라야 강을 기준으로 이 요새의 반대편에는 강의 U자형 만곡부에 위치한 우회 운하를 지키기 위해 1557년경 건설한 방콕 원래의 성곽도시가 있었다. 도시는 가로 260미터, 세로 480미터의 크기 불과했고, 두 개의 운하와 6개의 교량을 포함하고 있었는데, 도시의 공식적인 명칭은 '영광스럽고 위대한 해양의 번영도시'라는 의미를 지닌 톤부리씨마하싸뭇(Thonburi Si Mahasamut)이다[그림 177].

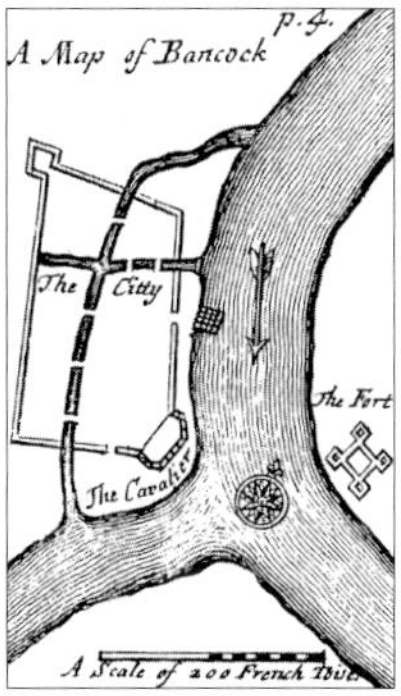

[그림 177])
짜오프라야 강의 우측 강둑에 있던 방콕의 평면도, 1687년 제작. (출처:Simon de la Loubre, A New Historical Relation of the Kingdom of Siam…, London, 1693)

이 도시는 사실 위대한 도시가 될 운명이었는데, 상징적으로는 해양도시일지도 모르지만, 수상도시가 분명했다. 이제 우리는 이 작은 규모의 성읍도시가 창건과 규모의 확대를 통해 1767년에 새 수도가 되어 오늘날 방콕에서 뗄 수 없는 부분이 된 점을 주목하지 않을 수 없다. 미얀마인들에 의해 아유타야가 점령된 1767년에 방콕(톤부리, 즉, 짜오프라야 강의 우측 강둑)은 딱씬 왕에 의해 새로운 수도로 선택되었는데, 나중에 왕은 더 나아가 좌측 강둑 위, 아마도 수륙양서적 가옥들과 수수면 가옥들이 차지하고 있던 지역까지 수도를 더 확대하였다. 1782년도에는 라마 1세가 새로운 왕조를 창건하면서 수도는 전적으로 좌측 강둑으로 이전되었다. 아유타야의 창건 당시를 떠오르게 하는 이 조치는 수도를 강의 만곡부에 위치시킴으로써, 북쪽과 남쪽 그리고 미얀마가 있는 방향인 서쪽에 자연적이고도 매우 넓은 해자를 보유하게 된 한편, 동쪽은 습지여서 우기에는 이미 양호한 방어전선을 형성할 수 있게 되었다.

수상도시 방콕

좌측 강둑에 방콕을 건설할 때, 아유타야의 영광을 재현하려는 시도가 이루어졌는데, 방콕의 새 명칭인 끄룽텝프라마하나컨(Krungthep Phra Maha Nakhorn)의 접두어는 옛 수도와 마찬가지로 강(krung)위의 왕좌임을 의미한다. 미완성된 것으로 보이는 딱신왕이 세운 성벽은 철거되고, 새로운 해자(Klong Ongang. 클렁 옹앙)와 성벽이 옛것들보다 더 동쪽으로 배치되었다. 왕궁들과 사원들은 아유타야에 세워졌던 것들의 기억을 불러일으키도록 건축되었다. 건축물의 양식이나 건축계획에서 이 건물들은 옛 건물과는 달랐음에도 불구하고 과거의 영광을 재현했다[도판 20].

그러나 또다시 반 도시적 요소가 여기에도 드러났다. 왜냐면 방콕 또한 중심지가 없었으며, 어쩌면 그 중심지인 프라메루(Phra Meru, Phramain–싸남루윙으로도 알려져 있다–역주) 광장은 오늘날에도 여전히 그렇듯 두 왕궁이 있었던 지역들 사이에 있는 커다란 빈 공간에 불과했기 때문이다. 수많은 활동들이 벌어지는 도시의 심장으로서 기능하면서, 이 광장은 거대한 목조 메루(meru) 산이 임시적으로 건설되는 장소였다. 그러므로 유럽의 성당, 시청건물, 혹은 궁전이나 앙코르의 산–사원처럼 도시의 중심을 표시하는 항구적인 석조기념물 대신, 태국의 도시중심지는 때론 수레위에 실려 운반이 가능하거나 때론 그저 빈 공간에 불과한, 정의내리기 어려운 메루로 구성된 덧없는 곳이었다(메루는 이미 설명된 바와 같이 나무로 만든 왕족의 장례용 화장시설로서 이 광장에 설치한다. 하지만 장례식이 끝난 후에는 철거되므로 광장은 다시 비어있게 된다–역주).

19세기 중엽 방콕은 확대되어야만 했다. 첫 번째, 두 번째 해자와 어느 정도 평행을 이루는 세 번째 해자(Klong Krung Kasaem. 클렁파둥끄룽까쌤)가 만들어져 도시의 기존 수로망과 연결되는 새 운하가 되

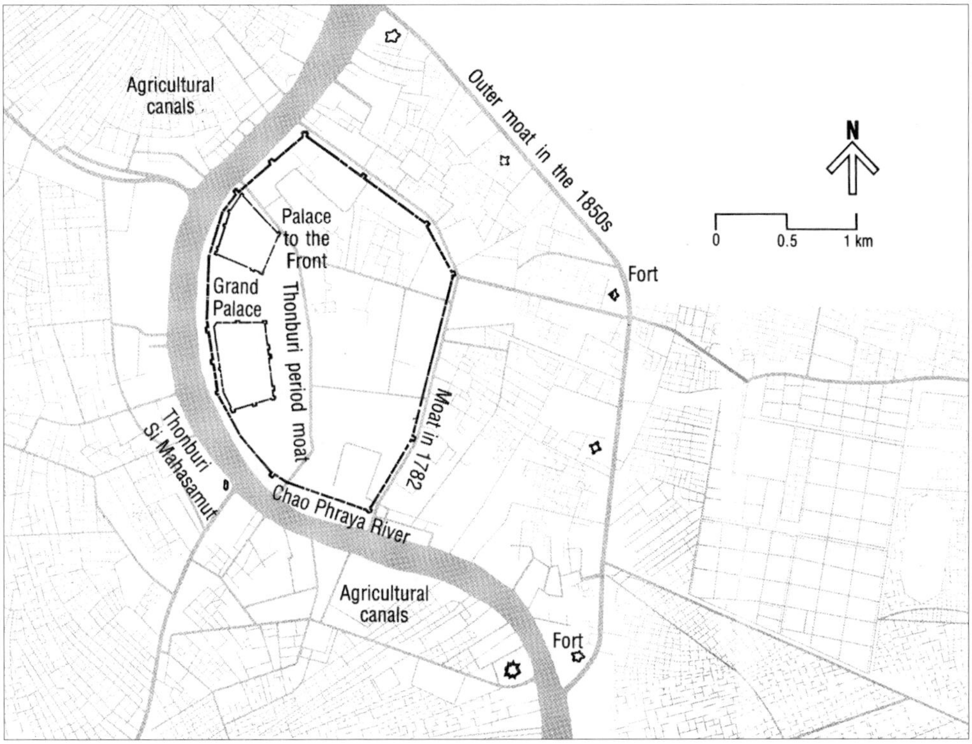

[그림 178]
Royal Survey Department의 1895년도 지도에 의거한 19세기 방콕의 평면도

었다. 이 바깥 해자는 성벽은 없었지만, 여섯 개의 요새가 산재해 있었다[그림 178]. 애초부터 당연한 것이었겠지만, 인구밀집지역에 위치한 짜오프라야 강은 운하망과 함께 약 35만 명의 수상인구를 포함하고 있었던 것으로 알려졌다[71][그림 179]. 19세기까지 거슬러 올라가는 방콕에 대한 수많은 사진들과 판화들을 살펴보면 육상가옥보다는 수상가옥이 더 많이 발견된다는 점에서, 이 수치는 사실임을 보여준다. 1850년도와 1900년도 사이의 방콕의 전체 인구는 약 40만 명이었으므로, 방콕은 대부분이 하나의 수상도시였다는 것을 의미하는데, 이 점은 방

71) Frederick Arthur Neale, Narrative of a Residence in Siam, London, 1852. 당시 미국사절단의 대표였던 Townsend Harris는 부정확할 수치일 도 있지만 7천 채의 수면가옥에 35,000명이 거주했다고 말했다.

[그림 179]
방콕의 수상가옥들. (출처: Sir John Bowring, The Kingdom and People of Siam, 2 vols., London, 1857)

콕을 세계에서 아주 독특한 곳으로 만드는 사실이다. 수상도시에는 물위에 떠있는 집(수면가옥 水面家屋-역주) 이외에도 수륙양서적인 것, 즉, 강과 운하의 둑 위에 산재해 있던 고상가옥들이 있었다. 일반적으로 높은 기초 위 혹은 단단한 토대석 위에 건설되는 석조건축물, 의례용 왕궁건물 및 사찰의 건물들은 아유타야 시대 때와 마찬가지로 건물의 기단에 배의 선체를 표상하는 옴폭한 곡선 장식을 부여함으로써(제4장 참조), 상징적으로나마 물위에 떠 있으려고 노력했다.

육지기반적인 징후가 1857년에 시작되었는데, 최초의 진정한 도로(라마 4세로)가 개통되었고, 이어 1887년에 전차가 소개되었으며, 1890년에는 철도가 개통되었다. 식민지 침략이 한창일 때 시작된 서구화의 물결 속에서 유럽의 육지기반적 생활양식과 기술을 충분히 소화하지 않은 채 문명의 필요한 척도로 받아들였다. 문화의 충돌이

드러나면서 20세기의 전환기에 방콕의 모습을 묘사했던 한 프랑스인은 다음과 같이 언급했다.

> "(생략) 공공기관들 및 실생활의 모든 국면에 날마다 도입되는 개혁 속에서 사람들의 미신적 관습과 전통은 흔들렸다. 전차들이 사원과 성스러운 코끼리 사이사이를 누비고 자전거들이 귀족들의 가마를 가로질러 다니며 과거의 이동지식과 모든 법칙을 무너뜨려 버린 거리의 변화 속에서 사람들은 이러한 변화를 더 이상 감수할 수 없었다.[72]"

식민지시대의 정점에서 기록된 이 설명은 깊은 인류학적 통찰력을 보여준다. 이미 이 저자는 도시의 다른 두 측면에 대해서도 주목했다.

> "하나는 해상적이고 다른 하나는 육지기반적인 두 도심들은 조악하게 봉합되어 이상한 모습으로 상호 모순되며, 각자의 기능들이 상호 중첩되는데, 특히 시대(centuries)가 그들의 현실들을 분리시켰다. 전자는 조만간 후자에게 양보하게 될 것이 분명하며, 그러한 일이 발생하게 되면 수사적 지리학자들은 동양의 베니스라는 상투적 문구를 단념해야 할 것이다."

점진적으로 문화적 생경함이 유행이 되었고, 유행은 일상적인 필요가 되었다. 건축은 진정으로 처음에는 기묘한 신고전적 스타일이었으나 나중에는 땅위에 네모꼴로 세워진 정체 모를 스타일을 띄었다. 주로 육지기반적 사람들인 중국인들은 이 상황을 더욱 악화시켜,

---

72) J. Hoche, Le Siam et les Siamois, in Notre tour du monde, Paris, 1898, p.132. 저자번역.

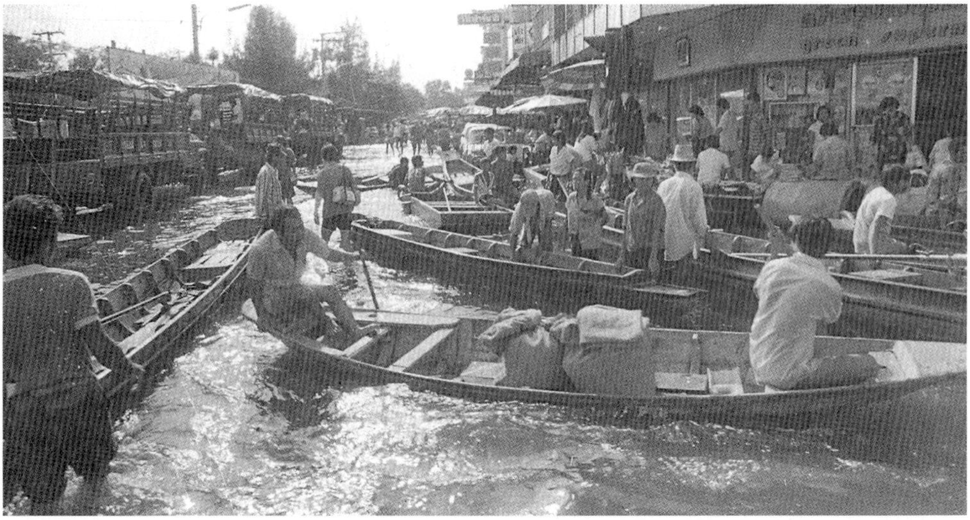

[그림 180]
방콕의 범람. (Prasert Lekavivat 사진)

[그림 181]
화분이 있는 전통 태국 정원. (Tom Chuawiwat 사진)

[그림 182]
방콕의 한 화물차 조종대 위에 달린 매야낭. (Weeraphan Shinawatra 사진)

이내 방콕을 끝없이 늘어선 그들의 주거형 상점(shophouse)으로 뒤덮었다. 한편 운하들은 메꿔져 도로와 배수관으로 대체되었다. 방콕과 그 근교는 19세기 40만 명이 살던 도시로부터 1984년에 600만 명이 사는 도시로 성장하였다. 도시 고속도로들과 1990년도에 개통예정인 고가전철은 불과 1세대도 되기 전의 도시 모습을 찾을 수 없을 만큼 변한 방콕의 스카이라인을 더욱 변모시킬 것이다. 두 번째 변화가 분명하게 눈앞에 있다.

이제 거대도시가 된 방콕은 그 배경 및 환경과는 무관한 이국적인 유기체의 모습으로 나타나는 바, 부분적으로 메꿔진 땅 위에 건설된 거대한 콘크리트 더미는 모든 육지기반적 과장에도 불구하고, 매년 발생하는 범람에 굴복할 수밖에 없다.

[그림 183]
배 매야낭.
(Tom Chuawiwat 사진)

"육지동물이 되어야 했던 그 해양생물들의 경우처럼 (중략) 갑작스레 그들은 자신들의 모든 본능들이 평가절하되고 흔들리는 것을 발견했다. 과거에 그들을 인도해줬던 물이 흐르는 곳에서 그들은 두 다리로 걷고 스스로 이동해야만 한다. 엄청난 중량감이 그들을 짓눌렀다. 그들은 가장 단순한 조작에 대해서조차도 무능함을 느낀다. 왜냐하면 이 새로운 미지의 세계에서 그들은 더 이상 그들의 무의식적 본능의 안내에만 의존할 수 없기 때문이다.[73)]"

매년 물이 도로를 범람하고, 도시가 마비되며[그림 180], 어린이들은 갑자기 생명과 기쁨으로 가득 찬다. 공원들(유럽 사냥터의 유산)은 모습을 감추고, 늙은이들은 범람수위보다 높은 나무판자 혹은 찬반(chanban) 위에서 화분이 있는 그들의 수륙양서적 정원을 돌본다[그림 181]. 방콕의 교통체증 속에서도 화물차 운전기사들은 조종대 위에 매달아 놓은 매야낭이 끝없는 홍수를 안전하게 건너도록 해줄 것이라는 확신을 하면서, 그들의 차를 태평하게 조작한다[그림 182 및 183].

73) Friedrich Nietzche, The Genealogy of Morals, 1887.

후기

뱃머리를 꽃과 선향으로 장식한 색동천을 매야낭이라 부르는데, 물의 정령에게 바치는 공물이다. 니체가 적절히 설명했던 것처럼, 이것은 수생으로부터 육상생활로의 변화에도 불구하고 쉽게 사라지지 않는 상징이다.

육지기반적인 서구문화의 확산과 도시의 거대화는 모든 종류의 인간 본능을 해치는 경향이 있으며, 이에 따라 아시아 해안에서의 수생적 행동은 현저히 억압되어왔던 것으로 보인다. 겉으로 보기에는 과거 수생적 생존의 유산인 상징들만이 공허하게 남아있고, 수생적 행동은 설사 여전히 남아있다고 하더라도 도시에서 멀리 떨어진 곳에 고립된 채 흩어져 있어서 인류학적 연구 이외에는 연관성을 갖지 않는 것으로 보인다.

이 책은 처음부터 끝까지 수생적 본능이 여전히 존재한다는 점과 이러한 본능은 대부분의 시간동안 휴면상태에 있긴 하나, 의례를 치루는 광경에서 갑자기 떠오르거나 기대하지 않은 기본적인 환경에서 차분하게 떠오른다는 사실을 보여주려고 시도했다.

이 모든 것에 어떤 함축적 의미라도 있을까? 뱃사람들의 본능과 경량구조인장(lightweight structural tensioning) 원리를 이해하는 아시아 해안 사람들의 내재적 능력을 확고하게 믿었던 풀러(R. Buckminster Fuller)에 따르면 이 모든 것은 매우 큰 의미를 갖는다. 그는 미래의 세계는 인류가 보다 적은 재료, 보다 가벼운 무게, 보다 적은 에너지 등을 이용하여 보다 많은 것을 창조해야만 생존할 수 있을 것이라고 확신했다. 그의 아이디어가 수학적 보전과 구조체계적 효율성을 다루는 측지 기하학(geodesic geometry)의 발견을 통해 구체화면서, 보다 적은 것을 가지고 보다 많은 것을 얻는 경향은 현재 분명해졌다. 달착륙선과 우주탐사를 위해 설계된 기타 구조물들, 로봇공학, 컴퓨터기술 등이 그 사례이다.

다음의 세계 대변동에서 비쉬누가 모든 사물과 존재를 반드시 불로(즉, 핵에 의한 대학살로) 없앨 필요는 없을 것 같지만, 아주 확실한 것은 거대한 환경변화, 즉 새로운 빙하작용이 생명을 집어 삼켜버릴 것이다. 지구가 한 번 더 간빙기에 들어가거나, 혹은 비쉬누가 인드라의 복장을 하고 메루 산 정상에 있는 뱀-구름을 살해할 때, 지금은 잠자고 있는 뱃사람의 본능이 인류의 생존을 위해 다시 작동할 것이다.

용어해설

Baisi(바이씨)-(타이) 제물로 사용되는 꽃장식. 바이씨팍참이라고 하는 단순한 형태와 꽃과 잎을 수직으로 공들여 장식한 바이씨톤이 있다.

Bang(방)-(타이) 수상주거지.

Barangay(바랑가이)-(필리핀) 큰 널로 만든 보트 또는 마을

Baray(바라이)-(크메르) 제방을 쌓은 저수지

Bot(봇) 또는 ubosot-(타이) 불교 승려들의 참회식이나 수계식이 열리는 불당.

Bot-nam(봇남)-(타이) 수상불당. 물위에 건축된 불당.

Busbok(부싸복)-(타이) 몬돕 즉 정점을 향해 점차 좁아지는 다층의 지붕을 가진 정방형 건물의 작은 복제물. 종종 닫집 용도로 쓰인다.

Chan-ban(찬반)-(타이) 베란다

Chat(찻)-(타이) 의장용 다층의 일산(양산)

Chaw-fa(처화)-(타이) 용마루 끝과 박공마루 상단이 만나는 곳에 설치하는 장식

Chedi(쩨디)-(타이) 타이 또는 스리랑카 스타일의 탑. 통상 복발형의 탑.

Garuda(가루다)-(산스크리트)사람의 모습을 한 신조(神鳥). 비쉬누 신의 승용동물. 타이어로는 크룻(khrut).

Hamsa(항사)-(산스크리트) 백조. 타이어로는 홍(hong).

Hawng(헝)-(타이) 전통 가옥에서 칸(기둥과 기둥사이)의 단위

Haw-trai(허뜨라이)-(타이) 장경각. 주로 야자 잎사귀에 쓴 필사본을 보관.

Krung(끄룽)-(타이) 운하, 강. 또는 강 옆에 위치한 수도를 나타내는 접두어

Kutti(꾸띠)-(타이) 승려들의 요사채

Lak-muang(락므엉)-(타이) 도시 창건의 일환으로 땅에 박아 세우는 신성한 기둥

Lam-yawng(람영)-(타이) 뱀 모양의 곡선적 박공널

Likay(리께)-(타이) 타이의 민속 악극

Linga(링가)-(산스크리트) 시바 신을 상징하는 남근상.

Mae-yanang(매-야낭)-(타이) 물의 정령에게 바치는 제물로서, 채색천과 꽃으로 뱃머리를 장식하거나 운전대 위에 설치한다.

Meru(메루)-(산스크리트) 위로 쌓아올릴수록 좁아지는 다층의 화장용 장작더미 또는 장례용 건축물로서 메루산을 상징한다. 타이어로는 phramain(프라멘) 또는 멘(main)이라 한다.

Mondop(몬돕)-(타이) 정점을 향해 점차 줄어드는 중층지붕을 한 정사각형 평면의 건물

Mongkut(몽꿋)-(타이) 왕관

Naga(나가)-(산스크리트) 물 요소와 관련된 우주적 뱀. 타이어로는 낙(naak)이라고 하며 1) 출가의식을 치루고 있는 승려 희망자 2) 나가 형태의 건축장식을 가리키는 접두사 3) 금동합금을 의미하기도 한다.

Nakora(나코라)-(말레이) 선장

Ngao(응어)-(타이) 커브 모양의 박공널 끝단

Pan-lom(빤롬)-(타이) 박공널

Phra-that(프라탓)-(타이) 불교의 사리함 또는 태국 북동부와 라오스의 오벨리스크 모양의 불탑

Prang(쁘랑)-(타이) 크메르 스타일의 불탑

Sala-kanprien(쌀라-깐쁘리얀)-(타이) 사찰의 강당

Sema(쎄마)-(타이) 봇 주위에 설치하는 표지석으로서 신성한 구역임을 나타낸다. 통상 8개를 설치한다. 씨마(sima)라고도 한다.

Thaksin(탁씬)-(타이) 시계방향으로 돌기 또는 오른손 방향, 남쪽 방향. thaksina(탁씨나)라고도 한다.

Thawng-samphao(텅쌈파오)-사찰 건물에서 배의 선체 형태를 한 옴폭한 기단

Thep(텝)-(타이) 신(神).

Tung(퉁)-(타이) 사원의 기(旗). tung-chai(퉁차이)라고도 한다. tung-kradang(퉁-끄라당)은 나무에 조각한 것.

Uthok-sima(우톡씨마)-(타이) 저수지의 형태로 봇을 위해 성별(聖別)된 구역

Viharn(위한)-(타이) 승려들만을 위한 공간인 봇과 달리 승려와 평신도가 함께 법회를 열고 예불을 드리는 불당이다.

싸얌, 타이랜드, 싸야미스, 타이 그리고 따이 등의 용어에 관한 주석

국명(國名) 싸얌(Siam)은 1787년 라마1세의 「3개의 옥새에 관한 법(the Law of the Three Seals)」에서 시작되었다. 1939년에 타이랜드(Thailand. 공식명칭 랏차아나짝타이-역주)로 바뀌었으나 1946년에 다시 싸얌으로 환원되었다가, 얼마 지나지 않아 다시 타이랜드로 바뀌었다. 오늘날 이 두 가지 명칭이 모두 쓰이고 있는데, 싸얌은 주로 경축행사나 왕실 명칭이 붙은 경우에 사용된다. 싸얌은 지리적, 다민족적 그리고 다문화적 함의를 갖으며, 이 같은 이유로 본서에서 사용되고 있다.

타이(Thai)는 싸얌의 대다수를 차지하는 종족명으로 사용된다. 따이(Tai)는 언어계통상의 집단을 의미한 용어로, 타이족은 따이어족에 포함되는 하위집단의 하나이다. 따이족에는 태국의 타이족 외에도 베트남의 능족, 미얀마의 샨족 등이 포함된다.

형용사 타이(Thai)와 싸야미스(Siamese)는 호환적이다. 왜냐하면 태국민(Siamese)의 대다수가 타이족(Thais)이기 때문이다.

(본서를 번역함에 있어 'Siam'은 '태국'으로, 'Siamese'는 '태국-' 등으로, 'Thai'는 문맥에 따라 '타이-' 또는 '태국-' 또는 '타이어'로, 'Thais'도 문맥에 따라 '타이족'(종족) 또는 '타이인'(민족)으로 번역하였다-역주)

도판

1. 우주도형. 채색필사본, 왕실본, No.10, 톤부리, 1770년. (방콕 국립도서관 제공)

2. 자바(Java) 섬의 짠디 수쿠(Candi Sukuh) 소재 피라미드 기단부 제단으로 보이는 우주적 거북이.
(Tirachai Kambhu 사진)

3. 태국 북동부 왓프라탓파놈(Phra That Phanom) 사원 정문 위의 나가. (Tom Chuawiwat 사진)

4. 태국 북부 도시 난(Nan) 소재 왓프라탓채행(Wat Phrathat Chaehaeng) 사원의 나가. (Tirachai Kambhu 사진)

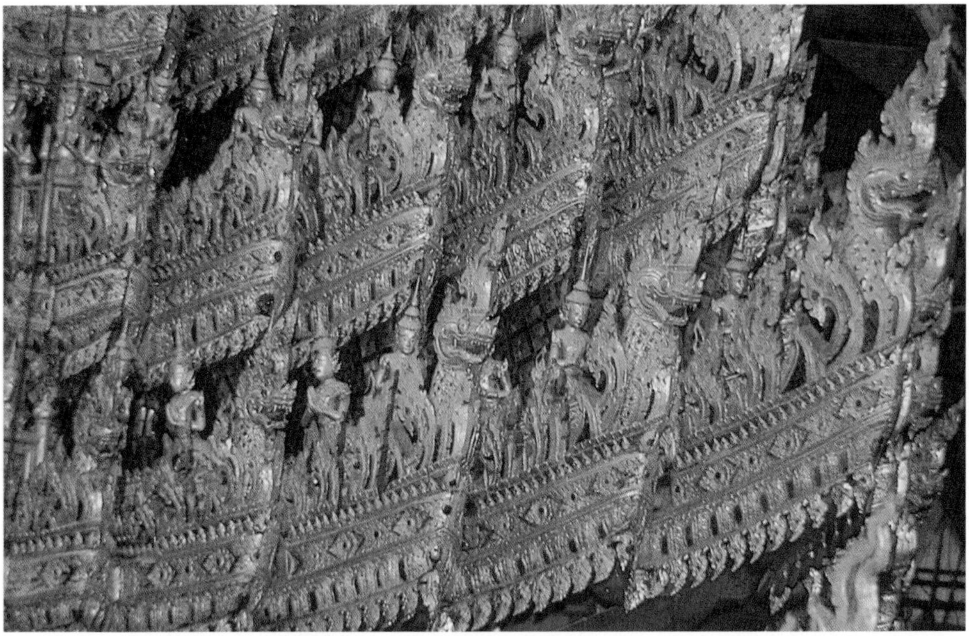

5. 왕실 장례마차에 조각된 나가. 방콕 국립박물관 소장. (Tom Chuawiwat 사진)

6. 1986년에 열린 와이싸매화루왕(Waisa Maefa Luang) 의식에서 걸어놓은 사찰의 기(旗), 치앙라이, 북부 태국.

7. 아난따낫카랏(Anantanakraj)라는 이름의 왕실 나가 의장선, 방콕, 1982년. (Thai Government Public Relations Department 제공)

8. 태국 중부 쑤코타이 지방 씨쌋차나라이(Si Satchanalai)의 핫씨야우(Hadseaw)에서 열린 코끼리를 타고 가는 출가 행렬. (Sangaroon R. Kasikorn 사진)

9. 북부 태국 피찟(Phichit)의 보트 경주. (Thai Government Public Relations Department 제공)

10. 남부 태국 쑤랏타니 지방 따삐(Tapi) 강에서 열린 불상끌기 의식(착프라) 용 뗏목. (Thai Government Public Relations Department 제공)

11. 니아족 촌장의 집, 바워마탈루오(Bawomatalou) 마을, 니아스, 수마트라.

12. 바탁(Batak) 가옥, 토목(Tomok) 마을, 수마트라.

13. 태국의 전 수상 M.R. Kukrit Pramoj 소유의 방콕 고상가옥. (Tom Chuawiwat 사진)

14. 일본 이세(Ise) 신궁(神宮). (Office The Grand Shrine of Ise 제공)

15. 북부 태국 도시 난(Nan) 소재 왓푸민(Way Phumin) 사원. (Tirachai Kambhu 사진)

16. 북부 태국 치앙라이에서 1986년에 열린 와이싸매화루웡(Waisa Maefa Luang) 의식에서 운반중인 대나무와 종이로 만든 쩨디.

17. 발리 섬의 브라탄(Bratan) 호수 사원.

18. 아유타야의 전경. Johannes Vingboons 1640년 작. (암스테르담 소재 Rijksmuseum 제공)

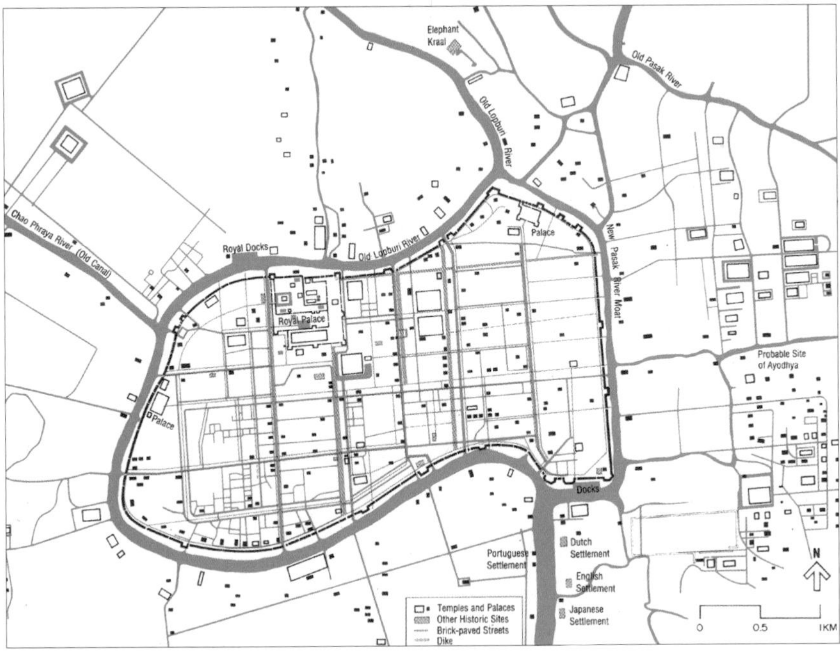

19. 저자가 재구성한 아유타야의 평면도.

20. 강에서 본 방콕의 왕궁 그랜드팰리스의 모습.

참고문헌

An Chih-min. 'The Kan Lan (Pile Dwellings) in Ancient China', in K'ao Ku Hsueh Pao (with English Abstract), No.2, Peking, 1963. Aymonier, Etienne, Cambodge, Paris, 1901.

Ayudhya Chronicles (Royal Autograph Version) (in Thai), various editions.

Bellwood, Peter, Man's Conquest of the Pacific, Collins, Auckland, 1978.

Benfey, Otto Theodor, 'Dodecahedral Geometry in a T'ang Era Incense Burner Preserved in the Shosoin', Proceedings of the Fourteenth International Congress of Historians of Science, Tokyo, 1975.

Beyer, H. Otley, 'The Philippine Rice Terraces', Kalinangan, Vol. 1, No. 2, Department of Education and Culture, Manila, April-june 1975.

Bouvet, Joachim, Voiage de Siam du Pere Bouvet, published under the auspices of the Cornell Southeast Asian Program, E.). Brill, Leiden, 1963.

Bowring, Sir john, The Kingdom and People of Siam, 1 vols., London, 1857, reprinted Oxford University Press, Kuala Lumpur, 1969.

Casino, Eric, Ethnographic Art of the Philippines, an Anthropological Approach, Bookman Printing House, Quezon City, 1973.

Chaichongrak, Rutai, The Traditional Thai House (in Thai), private limited edition, Bangkok, 1979.

Charernsupkul, Anuwit and Temiyabandha, Vivat, Northern Thai Domestic Architecture and Rituals tn House-Building, Fine Arts Commission, Association of Siamese Architects under Royal Patronage, Bangkok, 1978.

Charpentier, Sophie and Clement, Pierre, Elcments comparatifs sur les habitations des ethnies de langues Thai, Centre d'Etudes et de Recherches Architecturales, Institut de l'Environnement, Paris, 1978.

Choisy, Abbe de, Journal ou Suite du Voyage de Siam en forme de lettres famililires ... , Amsterdam, 1687.

Coates, Austin, Islands of the South, Heinemann, London, I 974. Covarrubias, Miguel, Island of Bali, Alfred A. Knopf, 1937, reprinted Oxford University Press, Kuala Lumpur, 1972, Singapore, 1984.

Damrong, Prince, Bangkok Chronicles, Second Reign (in Thai), published for the cremation of Mom Kaew Thinakorn, Bangkok, 31 january 1955. Doran, Edwin, Jr., Wangka, Austronesian Canoe Origins, Texas A & M University Press, College Station, Texas, 1980.

Duly, Colin, The Houses of Mankind, Thames and Hudson, London, 1979.

Dumar9ay, jacques, The House in South-East Asia, Oxford University Press, Singapore, 1986.

________,The Temples of Java, Oxford University Press, Singapore, 1986.

Edmondson, Amy C.. A Fuller Explanation. The Synergetic Geometry of R. Buckminster Fuller, Birkhiiuser, Cambridge, Massachusetts, 1987.

Fuller, R. Buckminster, Critical Path, St. Martin's Press, New York, 1981. Govinda, Lama Anagarika,

Psycho-cosmic Symbolism of the Buddhist Stupa, Dharma Publishing, Emeryville, California, 1976.

Groslier, Bernard Ph., Angkor, Hommes et Pierres, Arthaud, Paris, 1956.

Gutkind, Erwin Anton., Revolution of Environment, Kegan Paul, Trench, Trubner and Co., London, 1946.

Heyerdahl. Thor, Early Man and the Ocean, Allen and Unwin, London, 1979. Roche, j., Le Siam et les Siamois, Paris, 1898.

Horridge, Adrian G., 'The Design of Planked Boats of the Moluccas', Maritime Monographs and Reports No. 38, National Maritime Museum, Greenwich, London, 1978.

________, 'The Lambo or Prahu Bot: a Western Ship in an Eastern Setting', Maritime Monographs and Reports No. 39, National Maritime Museum, Greenwich, London, 1979.

________, 'The Konjo Boatbuilders and the Bugis Prahus of South Sulawesi', Maritime Monographs and Reports No. 40, National Maritime Museum, Greenwich, London, 1979.

________, The Prahu, Traditional Sailing Boat of Indonesia, Oxford University Press, Kuala Lumpur, 1981.

________, 'The lashed-lug boat of the eastern archipelagoes', Maritime Monographs and Reports No. 54, National Maritime Museum, Greenwich, London, 1982.

________, Sailing Craft of Indonesia, Oxford University Press, Singapore, 1986.

Huyen, Nguyen Van, Introduction a l'litude de l'habitation sur pi/otis dans l'Asia du Sud-est, Paul Geuthner, Paris, 1934.

Izikowitz, K. G.. and S.prensen, Per, The House in East and Southeast Asia, Scandinavian Institute of Asian Studies Monograph Series, Curzon Press, London, 1982.

Jennings, jesse D. (ed.), The Prehistory of Polynesia, Harvard University Press, Cambridge, Massachusetts, 1979.

Jumsai, Sumet, Seen, Architectural Forms of Northern Siam and Old Siamese Fortiflcations, Fine Arts Commission, Association of Siamese Architects under Royal Patronage, Bangkok, 1970.

________, 'The Reconstructed Plan of Ayudhya', In Memoriam Phya Anuman Rajadhon, Siam Society, Bangkok, 1970.

________, 'Mountain and Water, how cities strove for harmony by being macrocosmically planned', Ekistics, September 1975.

________, 'Water and Mountain', Ekistics, September/October 1979.

________, 'Nam (Water), Origins of Thai Culture', Laksana T/tai (in Thai), Thai Wattana Panich, Bangkok, 1982, reprinted in paperback, Thai Wattana Panich, Bangkok, 1986.

Kalyanamitra, joti, Dictionary of Architecture and Related Arts (in Thai), Electricity Generating Authority of Thailand, Bangkok, 1975.

________, Six Hundred Years of Work by Thai Artists and Architects, Fine Arts Commission, Association of Siamese Architects under Royal Patronage, Bangkok, 1977.

________, 'Traditional Thai Architecture', Laksana Thai (in Thai), Thai Wattana Panich, Bangkok, 1982.

Kasetsiri, Charnvit, The Rise of Ayudhya, A History of Siam .in the Fourteenth and Fifteenth Centuries, Oxford University Press, Kuala Lumpur, 1976. Kurais II, Muhammad, 'Boatbuilding of the Sarna', Mindanao Journal, University Research Center, Mindanao State University, April-June 1975. Leakey, Richard E. and Lewin, Roger, Origins, Macdonald and Jane's, London, 1977.

Lewcock, Ronald · and Brans, Gerard, 'The Boat as an Architectural Symbol', in Paul Oliver (ed.), Shelter, Sign and Symbol, The Overlook Press, Woodstock, New York, 1977.

Lewin, Roger, 'The Leakeys', Science Year, The World Book Science Annual, Kingsport, USA, 1976.

Loubere, Simon de la, A New Historical Relation of the Kingdom of Siam, London, 1693.

Mc Grail. Sean, The Ship, Rafts, Boats and Ships From Prehistoric Times. Her Majesty's Stationery Office, London, 1981.

Meller, james (ed.), The Buckminster Fuller Reader, Pelican Books, London, 1972.

Morrison, Wright and Wang, K. F., Vanishing World, Weatherhill, Tokyo, 1978.

Neale, Frederick Arthur, Narrative of a Residence in Siam, London, 1852. Needham, joseph, Science and Civilization in China, Vol. 1, Cambridge University Press. Cambridge, 1965.

________, Science and Civilization in China, Vol. 4, Part 3, Cambridge University Press, Cambridge, 1971.

Oppenheimer, Stephen, Eden in the East.

Peralta, jesus T., Southwestern Philippine Art, Anthropological Papers No. 7, National Museum, Manila, May 1980.

Piromya, Sompop, Phra Merumat (in Thai), private limited edition, Bangkok, 1977, second edition, Boon Rawd Brewery Co., Ltd., Bangkok, 1985. Prins, A. H. S.. 'A Handbook of Sewn Boats ...', Maritime Monographs and Reports No. 59, National Maritime Museum, Greenwich, London, 1986. Rudolfsky, Bernard, Architecture Without Architects, Academy Editions, London, 1964.

Sandbukt, (Z)yvind, 'The Sea Nomads of Southeast Asia-New Perspectives on Ancient Traditions', Annual Newsletter of the Scandinavian Institute of Asian Studies, No. 17, Copenhagen, 1983.

Scott, William Henry, Boat Building and Seamanship in Classic Philippine Society, Anthropological Papers No. 9, National Museum, Manila, December 1981.

Smyth, Warrington H.. Five Years in Siam, London, 1898.

Solheim, Wilhem G.. 'North Thailand, Southeast Asia and World Prehistory', Asian Perspectives, Vol. 13, 1970.

________, 'An Earlier Agricultural Revolution', Scientific American, April, 1972.

Supajanya, Thiva and Vallibhotama, Srisakra, 'The Need for an Inventory of Ancient Sites for Anthropological Research in Northeastern Thailand', Southeast Asian Studies. Tokyo, September 1972.

Thiphakorwong, Chao Phraya, Bangkok Chronicles, Second, Third and Fourth Reigns (in Thai), various editions. Watson, William, Cultural Frontiers in Ancient East Asia, Edinburgh University Press, Edinburgh, 1971.

Wilson, David M.. The Vikings and their Origins, A and W Visual Library, New York, 1980.

Zimmer, Heinrich, Myths and Symbols in Indian Art and Civilization, Harper Torchbooks, New York, 1962.

찾아보기